Employee Experience, Gestão de Pessoas e Cultura Organizacional

A TRILOGIA PARA ATRAIR, ENGAJAR E DESENVOLVER TALENTOS

O GEN | Grupo Editorial Nacional – maior plataforma editorial brasileira no segmento científico, técnico e profissional – publica conteúdos nas áreas de ciências sociais aplicadas, exatas, humanas, jurídicas e da saúde, além de prover serviços direcionados à educação continuada e à preparação para concursos.

As editoras que integram o GEN, das mais respeitadas no mercado editorial, construíram catálogos inigualáveis, com obras decisivas para a formação acadêmica e o aperfeiçoamento de várias gerações de profissionais e estudantes, tendo se tornado sinônimo de qualidade e seriedade.

A missão do GEN e dos núcleos de conteúdo que o compõem é prover a melhor informação científica e distribuí-la de maneira flexível e conveniente, a preços justos, gerando benefícios e servindo a autores, docentes, livreiros, funcionários, colaboradores e acionistas.

Nosso comportamento ético incondicional e nossa responsabilidade social e ambiental são reforçados pela natureza educacional de nossa atividade e dão sustentabilidade ao crescimento contínuo e à rentabilidade do grupo.

ROBERTO MADRUGA

Employee Experience, Gestão de Pessoas e Cultura Organizacional

A TRILOGIA PARA ATRAIR, ENGAJAR E DESENVOLVER TALENTOS

- O autor deste livro e a editora empenharam seus melhores esforços para assegurar que as informações e os procedimentos apresentados no texto estejam em acordo com os padrões aceitos à época da publicação, *e todos os dados foram atualizados pelo autor até a data da entrega dos originais à editora.* Entretanto, tendo em conta a evolução das ciências, as atualizações legislativas, as mudanças regulamentares governamentais e o constante fluxo de novas informações sobre os temas que constam neste livro, recomendamos enfaticamente que os leitores consultem sempre outras fontes fidedignas, de modo a se certificarem de que as informações contidas no texto estão corretas e de que não houve alterações nas recomendações ou na legislação regulamentadora.

- Data do fechamento do livro: 29/10/2021

- O autor e a editora se empenharam para citar adequadamente e dar o devido crédito a todos os detentores de direitos autorais de qualquer material utilizado neste livro, dispondo-se a possíveis acertos posteriores caso, inadvertida e involuntariamente, a identificação de algum deles tenha sido omitida.

- **Atendimento ao cliente: (11) 5080-0751 | faleconosco@grupogen.com.br**

- Direitos exclusivos para a língua portuguesa
  Copyright © 2022, 2023 (2ª impressão) by
  Editora Atlas Ltda.
  Uma editora integrante do GEN | Grupo Editorial Nacional
  Travessa do Ouvidor, 11
  Rio de Janeiro – RJ – 20040-040
  www.grupogen.com.br

- Reservados todos os direitos. É proibida a duplicação ou reprodução deste volume, no todo ou em parte, em quaisquer formas ou por quaisquer meios (eletrônico, mecânico, gravação, fotocópia, distribuição pela internet ou outros), sem permissão, por escrito, da Editora Atlas Ltda.

- Capa: Daniel Kanai

- Editoração eletrônica: Karen Ameomo

CIP-BRASIL. CATALOGAÇÃO NA PUBLICAÇÃO
SINDICATO NACIONAL DOS EDITORES DE LIVROS, RJ

M157e

    Madruga, Roberto
    Employee experience, gestão de pessoas e cultura organizacional: a trilogia para atrair, engajar e desenvolver talentos / Roberto Madruga. – 1. ed. [2ª Reimp.] – Barueri [SP]: Atlas, 2023.

    Inclui bibliografia e índice
    ISBN 978-65-5977-010-6

    1. Administração de pessoal. 2. Cultura organizacional. 3. Desenvolvimento organizacional. 4. Motivação no trabalho. I. Título.

21-73950   CDD: 658.314
                                                                   CDU: 005.583.1

Meri Gleice Rodrigues de Souza – Bibliotecária – CRB-7/6439

Dedicatória e agradecimentos

Este livro é um projeto de três anos de construção em que, a cada acréscimo, cada revisão, eu só pensava em como ajudar o leitor a refletir, entender o que leu e a colocar em prática aquilo que aprendeu.

A fase final da redação se deu no ano de 2021, em plena pandemia. Tempos difíceis, com muitas dores e receios. Escrever me fez manter o equilíbrio e a energia para superar essa fase e rumar para novos tempos. Dessa forma, dedico o livro a todos os líderes e liderados da área da saúde, que são verdadeiros heróis e que trabalham incansavelmente na arte mais nobre de todas: a vida.

Agradeço às instituições de ensino USP, FGV, HSM, UFRJ, PUC, IBMEC, ÂNIMA e à consultoria CONQUIST, por me proporcionarem a oportunidade de pesquisar, ensinar e de ajudar a transformar vidas. Agradeço também ao Bruno Hatzfeld pelo apoio nas pesquisas.

Dedico este livro a meus alunos, clientes de consultoria e aos meus talentosos colaboradores e parceiros. Todos vocês são a minha razão de estudar novas competências, escrever e de trabalhar com prazer, dedicação e amor.

Dedico o livro também à minha esposa, à minha mãe e ao meu pai (*in memoriam*), pois vocês iluminam minha vida.

Roberto Madruga

Material Suplementar

- *Slides* utilizados na gravação dos vídeos (exclusivo para professores).

O acesso ao material suplementar é gratuito. Basta que o leitor se cadastre e faça seu *login* em nosso *site* (www.grupogen.com.br), clicando em Ambiente de Aprendizagem, no *menu* superior do lado direito.

O acesso ao material suplementar online fica disponível até seis meses após a edição do livro ser retirada do mercado.

Caso haja alguma mudança no sistema ou dificuldade de acesso, entre em contato conosco (gendigital@grupogen.com.br).

Recursos didáticos

Para facilitar o aprendizado, este livro conta com o seguinte recurso:

» vídeos do autor, que podem ser acessados por meio de QR Codes apresentados na abertura de cada capítulo. Para assisti-los, é necessário ter um leitor de QR Code instalado no *smartphone* ou *tablet* e posicionar a câmera sobre o código. Também é possível acessar os vídeos por meio da URL que aparece abaixo do código.

MBA em
Customer Experience e
Employee Experience

Certificação em
Customer Experience e
Customer Success

Certificação em
Employee Experience e
Employer Branding

GARANTA SUA VAGA COM **10%** DE DESCONTO! INSIRA O CUPOM!

#GEN10

MBA EM CUSTOMER EXPERIENCE E EMPLOYEE EXPERIENCE

SAIBA MAIS

O MBA em Customer Experience e Employee Experience é a primeira pós-graduação no Brasil unindo metodologia de implantação e pesquisa, visando desenvolver o aluno para os novos desafios do mercado de trabalho.

CERTIFICAÇÃO EM CUSTOMER EXPERIENCE E CUSTOMER SUCCESS

SAIBA MAIS

A formação na Experiência e no sucesso do Cliente mais completa do Brasil, idealizada pelo autor do livro best-seller Gestão do Relacionamento e *Customer Experience* e pioneiro na implementação da metodologia CX & CS no país.

CERTIFICAÇÃO EM EMPLOYEE EXPERIENCE E EMPLOYER BRANDING

SAIBA MAIS

Cursos de Employee Experience e Employer Branding estão em ascensão no mundo, faça parte de uma mudança sem precedentes nas empresas!

Entre em contato com a gente:
conquist@conquist.com.br | 21 98228-267

A efetivação do desconto na compra, bem como a continuidade de disponibilização do curso, são de inteira responsabilidade do autor.

Para eventuais dúvidas e/ou reclamações, entrar em contato pelo *e-mail*: roberto.madruga@conquist.com.br

Sumário

Capítulo 1 – *Employee Experience, Employee Journey Mapping* e Gestão de Pessoas conectando a Cultura Organizacional **5**

Quantas mudanças externas e internas nas empresas 6

Employee Experience: conectando a experiência das pessoas............................ 7

Framework EX+GP+CO: *Employee Experience,* Gestão de Pessoas e Cultura Organizacional 9

20 tendências e desafios para Gestão de Pessoas..................................... 13

FeedMentor, a revolução do *feedback* em 20 minutos..................................... 17

Employee Experience, Employee Engagement e *Employer Branding*..................... 21

Como evitar o presenteísmo através de níveis de engajamento......................... 25

Employee Journey Mapping – EJM 26

Método 7 passos e 5 camadas do *Employee Journey Mapping* 28

32 indicadores GP e EX: medindo a Gestão de Pessoas e a experiência do colaborador.. 34

Medindo o Índice de Foco no *Customer Experience* – IFCX 38

Medindo a maturidade das empresas com o *Employee Experience Maturity Index* – EXMI... 38

Conectando *Employee Experience* no *Customer Experience* 44

Medir para melhorar: *Employee Experience* e *Customer Experience* 45

Employee Experience dá lucro 47

Capítulo 2 – Tornando *Employee Experience* e Gestão de Pessoas estratégicos e o *rebranding* do RH **49**

Uma breve história dos papéis exercidos pela área de RH................................ 50

O *rebranding* de Recursos Humanos 53

Nomes para o *rebranding* 54

O ser humano e as suas "etiquetas" nas organizações 57

Gestão por Competências através do C.H.A.R. 58

C.H.A.R., o fim do estacionamento de competências 60

Abrangência das competências.. 61

EMPLOYEE EXPERIENCE, GESTÃO DE PESSOAS E CULTURA ORGANIZACIONAL

Competências essenciais e complementares de Talentos Humanos 62

Sete passos para implantar o *Employee Experience* 66

O *design thinking* apoiando o *Employee Experience* 66

Gestão estratégica e a integração das funções organizacionais 68

Planejamento estratégico ágil e a participação de TH 69

As estratégias SEMEAR para a elaboração do planejamento de pessoas 73

O planejamento estratégico e as respostas de Talentos Humanos 74

Employee Experience e GP, dilema ou paradoxo? 76

Consultoria externa em EX+GP+CO 78

Novos tempos, novas soluções de consultoria 80

25 projetos estruturantes e 10 soluções operacionais................................ 81

O processo de trabalho das consultorias estruturantes 82

Diagnósticos amplos de Gestão de Pessoas 84

A terceirização em Gestão de Pessoas 85

Capítulo 3 – Como medir, desenvolver e modelar a Cultura Organizacional para alcançar a alta *performance* **89**

Fundadores, líderes e novos entrantes formam a cultura da empresa 90

O papel dos fundadores e dos líderes na cultura da empresa.......................... 92

Cultura Organizacional não é sinônimo de um espaço bonitinho 93

Intersecção entre culturas diferentes 95

Valores pessoais moldam a cultura das empresas 96

Valores organizacionais podem ser trabalhados.................................... 97

Alinhamento entre valores pessoais e organizacionais.............................. 99

Alinhamento de valores é um dos segredos para o engajamento 101

Valores pessoais são inúmeros... 102

Cultura e engajamento.. 104

16 estratégias para modelagem da Cultura Organizacional 105

Cultura hierárquica *versus* cultura em rede....................................... 107

Sete erros sobre a Cultura Organizacional 108

Como fazer a modelagem da Cultura Organizacional 109

Exemplos de estratégias necessárias para a transformação da Cultura Organizacional 111

Sete dimensões e 28 valores da Cultura Organizacional............................. 112

Questionário para medir a Cultura Organizacional 114

Como analisar os dados e *gaps*... 115

Pesquisa de Clima e de Engajamento – CLIMA-ENGAJA............................. 117

Medindo o *Employee Net Promoter Score* – ENPS................................. 120

Como implantar a Pesquisa CLIMA-ENGAJA 121

O processo de mudança Fisher Transition Curve – John M. Fisher 124

Forming, storming, norming and performing – Bruce Tuckman 125

Sumário

Capítulo 4 – Aplicando o *Employer Branding* e inovando no recrutamento e seleção de talentos 127

O significado de talento.. 128

Employer Branding: finalmente a união entre Marketing e Gestão de Pessoas....... 130

Resultados com a aplicação de *Employer Branding* 132

Sete técnicas para praticar o *Employer Branding*... 133

Dez táticas de como fazer uma proposição de valor para o candidato 137

Seleção com método estruturado gera 3 vezes mais resultados.......................... 139

Seleção por competências e por valores 140

12 técnicas eficazes para seleção de pessoas.. 142

Entendendo o perfil comportamental 146

BOFO – *Back Office versus Front Office*... 148

Teste de perfil BOFO – *Front Office versus Back Office* 149

Quando o processo seletivo falha – quem tem razão? 152

Os dez erros mais recorrentes em processos seletivos.. 153

Técnica de entrevista comportamental 155

Perguntas para se fazer aos candidatos para vagas em TH.................................... 157

Vale a pena recrutar na academia... 158

20 dicas para planejamento e realização do processo seletivo, segundo a jornada do candidato.. 159

O exemplo que veio do Governo do Canadá 160

Recrutamento de *trainees* e estagiários 161

Capítulo 5 – Modelos e Ferramentas de Gestão de Pessoas e de aprimoramento da Cultura Organizacional 165

Framework simplificado de *Employee Experience*, Gestão de Pessoas e Cultura Organizacional.. 166

1. Política de Gestão de Pessoas 167

2. Plano de sucessão para cargos-chave.. 171

3. Aplicação da Matriz *Nine Box* 175

4. Avaliação de desempenho por competências 178

5. Inventário e mapeamento de competências.. 182

6. Plano de Cargos e Salários e de Carreira.. 184

7. Manual de procedimentos de Talentos Humanos.................................... 186

8. *Assessment* e avaliação de perfil... 188

9. Código de ética e manual de normas de conduta 190

10. Revisão da governança corporativa EXGP... 192

11. Prevenção e redução de conflitos 194

30 riscos que podem ser evitados em projetos.. 196

Risco de atrasos no projeto 196

Risco de insatisfação com os resultados do projeto............................. 197

Risco de custos do projeto acima do orçado....................................... 197

Capítulo 6 – Como otimizar a educação corporativa com T&D, *coaching* e *mentoring,* favorecendo o *Student Experience* 199

O poder da educação corporativa de gerar resultados 200

Metodologias ativas de ensino favorecem o *Student Experience* 201

O manifesto Student Experience 202

Metodologia completa para implantar Treinamento e Desenvolvimento presencial e *on-line*... 205

O *design* instrucional moldando o *Student Experience* 210

Mentoring para CEO e diretores.. 213

Mentoria para desenvolvimento e mentoria reversa........................... 215

Multidisciplinaridade torna o mentor mais preparado........................ 216

A mentoria como ferramenta de desenvolvimento.............................. 217

Diferença entre *mentoring* e *coaching* 218

Mentoria e *coaching* não são terapia 220

Mitos sobre *mentoring* e *coaching* 222

Áreas de atuação do *mentoring* 224

O processo do *coaching* em dez passos.. 226

A importância do diagnóstico estruturado 228

Mentoria e *coaching* por valores 229

A terceira geração do *coaching*... 231

Realizar planos é chave para a mentoria.. 232

A importância do momento pós-sessão 233

Saber estudar é estratégico – a autoinstrução................................... 234

Life coaching e os cinco caminhos para o bem-estar.......................... 235

Código de ética para *coaches* 238

Capítulo 7 – A Gestão do Conhecimento conectada à Gestão de Pessoas e à Economia da Experiência.. 241

A Economia da Experiência aplicada ao *Employee Experience* 242

A Economia da Experiência está abalando a aprendizagem das pessoas.............. 243

RH e a inteligência artificial para criar engajamento........................... 244

Nos novos tempos, o conhecimento é mais valioso............................ 245

O *iceberg* invertido do capital intelectual nas empresas inovadoras 246

Como é formado o capital intelectual... 247

Conhecimento organizacional × aprendizagem organizacional........... 249

Sumário

O que as empresas inovadoras estão criando 250

Convergência como chave na aprendizagem 251

A onda da inovação e a competição 252

Vantagens competitivas mais breves 253

Foresight, inteligência competitiva e Gestão do Conhecimento 254

Da vantagem competitiva ao valor e ao resultado 256

A fórmula da transformação = GC + GP + GE 257

Dados, conhecimento e experiências 258

Selecionando e alocando profissionais do conhecimento 259

O novo papel do *business partner* 261

Formas de criar conhecimento 262

Modelo de cinco fases da criação do conhecimento 264

As inteligências múltiplas de Howard Gardner 266

Programação neurolinguística como facilitadora 268

Referências **271**

Índice alfabético **283**

Introdução

Assim como o *Customer Experience* e *Customer Success* se transformaram nos novos paradigmas das organizações quando o assunto é atrair, converter e reter clientes, paralelamente, o *Employee Experience* é o novo paradigma de Gestão de Pessoas, principalmente em empresas que desejam modelar a sua cultura. A trilogia *Employee Experience* + Gestão de Pessoas + Cultura Organizacional (EX+GP+CO) vêm atraindo as atenções dos gestores, influenciados pelos enormes resultados que são gerados, tanto para as empresas quanto para os indivíduos que com elas convivem.

Como atrair, gerenciar, engajar e reter talentos num mundo cada vez mais complexo, que está se reinventando por influência de três megaeventos (a transformação digital, os clientes desejando novas experiências com as empresas e as mudanças nas relações com os colaboradores provocadas pelos novos tempos)?

Como modelar a Cultura Organizacional para que tais mudanças sejam bem aceitas pelos colaboradores e que, ao mesmo tempo, sirvam de inspiração para comportamentos de alta *performance*?

Líderes de todas as áreas de atuação e os profissionais de Gestão de Pessoas estão fazendo novas perguntas. Como elevar o desempenho, o engajamento e a satisfação das equipes com tantas transformações ocorrendo simultaneamente? Como lidar com a força de trabalho multigeracional dentro do mesmo ambiente de trabalho? Como promover o fortalecimento da Cultura Organizacional ou mesmo modernizá-la? Como aumentar a produtividade e o desempenho das pessoas de forma assertiva e justa? Como criar boas experiências para os colaboradores para que se sintam mais engajados e satisfeitos no ambiente de trabalho?

Os tempos mudaram, a pandemia afetou os processos de seleção, *onboarding*, desenvolvimento e engajamento de pessoas. As novas tecnologias chegaram para ficar, e as exigências das novas gerações de colaboradores se multiplicaram, deixando as empresas atordoadas e seus gestores profundamente ansiosos.

Minhas observações revelam que cerca de 70% dos líderes não sabem como promover o *Employee Experience*, e a maioria deles não acredita que o departamento tradicional de Recursos Humanos (RH) conseguirá dar conta das demandas dos novos colaboradores de diferentes gerações nos próximos anos. Além disso, **56%** das pessoas reconhecem que a dificuldade para engajar as pessoas remotamente aumentou, enquanto apenas **14%** reconhecem que é mais fácil fazer isso agora.

Essas e muitas outras questões me moveram para escrever esta obra, que foi construído em quase três anos, a partir de três fontes de conhecimento, que, em minha opinião, são inseparáveis. A primeira é a experiência metodológica e a prática resultante da implantação, em conjunto com minha talentosa equipe e com clientes valorosos, de centenas de projetos de consultoria e de educação corporativa.

A segunda fonte de inspiração é a minha experiência em pesquisa e ensino acadêmico em instituições de prestígio, trocando ideias com alunos e colegas acadêmicos. Aprender com eles, seja por meio das reuniões e aulas ou por meio da literatura científica, é muito gratificante.

A terceira fonte para a construção deste livro é a minha inquietude por aprender coisas novas sempre, o que me move para estudar continuamente. Talvez isso explique por que cursei duas graduações, cinco pós-graduações *lato sensu*, um mestrado e, atualmente, estou cursando o doutorado.

Escrever é uma forma de retribuir aquilo que aprendi, seja na vida acadêmica, seja na vida prática executiva.

Fiquei muito contente com a repercussão do meu livro anterior, *Gestão do Relacionamento e Customer Experience*, que, segundo a editora, se tornou o livro brasileiro referência sobre CX. Meu outro livro recente, intitulado *Treinamento e Desenvolvimento com Foco em Educação Corporativa*, de forma semelhante, está ajudando a resolver questões ligadas à modernização da educação corporativa. Esses dois acontecimentos também contribuíram para eu escrever, agora focado na experiência do colaborador, um importante *gap* atual da literatura no Brasil.

Ao publicar *Employee Experience, Gestão de Pessoas e Cultura Organizacional*, procurei seguir a mesma trilha: dialogar sinceramente com meus leitores e trazer-lhes métodos, ferramentas e práticas para que possam compreender, tirar suas próprias conclusões e decidir quanto a implantá-los em suas empresas.

Ao longo dos capítulos, acredito que o leitor perceberá que procuro unir dois universos que, não antagônicos, muito pelo contrário, são complementares na minha história de vida: a ciência, que aprendi e venho aprendendo na academia, e a prática, que adquiri de muitos anos de idear e implantar projetos em empresas, desde *startups* até organizações complexas e gigantescas com milhares de colaboradores.

Escrever este livro e concluí-lo no ano da pandemia foi um desafio, um enorme investimento de tempo e, acima de tudo, uma grande responsabilidade. Você conseguiria imaginar quais foram meus motivadores?

Em verdade, foram quatro. O primeiro, que descobri há muitos anos (acredito que está gravado no meu DNA), é o meu propósito de atuar na transformação das pessoas. O segundo é um exercício de gratidão por tudo aquilo que aprendi. Sinto-me motivado para levar aos leitores o melhor que aprendi e experienciei. O terceiro motivador é que, à medida que escrevo, também estou aprendendo, pesquisando e exercitando meu cérebro. Isso me move! O quarto motivador é de ordem mais global.

Globalmente, as grandes mudanças desencadeadas pelas exigências das novas gerações, pela Quarta Revolução Industrial, pela transformação digital e pelas consequências da pandemia demoliram de vez o departamento tradicional de RH, que está agonizando. Os líderes das demais áreas também foram pegos em cheio e estão sendo severamente desafiados a mudar, mudar e mudar.

Introdução

A cultura das organizações está sendo dramaticamente afetada por todos esses acontecimentos juntos e misturados, exigindo guinadas rápidas dos modelos de liderar e gerenciar pessoas. Contudo, tais mudanças precisam ser estruturadas e bem orquestradas, pois estamos falando de gente, de emoções.

Precisamos pensar no *rebranding* da antiga área de RH, não apenas com uma nomenclatura mais atual, como Desenvolvimento Humano ou Talentos Humanos, mas, principalmente, mudando a proposta de entrega de valor para os colaboradores e para os clientes. Um novo cenário requer um novo modelo de Gestão de Pessoas e um novo *mindset* dos colaboradores.

Veja os exemplos já concretos sobre o que estou falando. Mark Levy, da Airbnb, posicionou-se como o *Global Head of Employee Experience*. O Facebook batizou sua área de pessoas de *People@*. A empresa Salesforce, líder mundial em soluções de CRM, renomeou sua área de pessoas como *Employee Success*, analogamente ao que estamos implantando na área de relacionamento com clientes: *Customer Success*.

Os exemplos não param por aí. Na empresa de gerenciamento de mídia social Buffer, foi criado o cargo de *diretor de felicidade*, tacada brilhante, contudo, muito alta para certas organizações com a cultura tradicional.

Atrair talentos, desenvolver e engajá-los, promovendo uma experiência com resultados para ambos (empresa e colaborador), se tornou o maior desafio das organizações!

O nome do jogo agora é "experiência", um poderoso ingrediente profundamente valorizado nas estratégias com clientes externos, por meio do *Customer Experience*, e que precisa de mais empenho das organizações quanto às estratégias com os clientes internos, por meio do *Employee Experience*.

Este livro é uma forma de diálogo com executivos, acadêmicos e consultores sobre temas prioritários no mundo do *management*, como engajamento de times, *Employee Journey Mapping*, Cultura Organizacional, *Employer Branding*, seleção e *onboarding* de talentos, educação corporativa, inovação e Gestão do Conhecimento. Por isso, criei o título com a trilogia EX+GP+CO (*Employee Experience* + Gestão de Pessoas + Cultura Organizacional).

Antes de terminar esta introdução, tenho mais uma coisa importante para você. Apresento no livro métodos e técnicas que criei e venho utilizando em projetos, por exemplo, uma nova modalidade de *feedback* que batizei de FeedMentor 20 minutos; o método 7 passos e 5 camadas do *Employee Journey Mapping*, o C.H.A.R., como novo significado de competências; as estratégias SEMEAR para a elaboração do planejamento de pessoas; os passos para modelar a Cultura Organizacional; o teste de perfil BOFO – *Front Office versus Back Office*; a pesquisa CLIMA-ENGAJA; e as 7 técnicas para praticar o *Employer Branding*.

Espero que a sua experiência com a leitura seja gratificante! Lembre-se de enviar o seu *feedback* para meu *e-mail*.

Um abraço,

Roberto Madruga
roberto.madruga@conquist.com.br

Assista ao vídeo do autor sobre este capítulo

Capítulo 1

Employee Experience, Employee Journey Mapping e Gestão de Pessoas conectando a Cultura Organizacional

"Employee Experience não é uma filosofia, tampouco uma iniciativa isolada. EX é uma metodologia multidisciplinar com o objetivo de tornar as experiências dos colaboradores positivas ao longo de sua jornada na empresa, alterando definitivamente o jeito de ser dessa organização e proporcionando engajamento e alta performance para essas pessoas. O Employee Experience é atualmente o principal motor de transformação e inovação dos modelos e processos de Gestão de Pessoas."

Ondas são forças absolutamente incontroláveis da natureza, que ocorrem independentemente da vontade de quem as quer deter. Você pode construir diques e barreiras para amenizar o seu efeito, mas as ondas sempre estarão ali, desde marolas até gigantescos tsunamis.

Paradigmas na área do *management* se comportam assim. São grandes ondas de conhecimento dotadas de uma força incalculável, as quais são criadas, testadas e lentamente adentram as organizações no mundo inteiro. Cabe ao gestor, antenado com as tendências, aproveitar a força dessas ondas, preparar-se para "surfar" nelas e realizar *upgrades* nos modelos de gestão das organizações. Aqueles que cochilarem poderão ser engolidos pela contundência do paradigma e, como consequência, se afogar no tenebroso mar da hiperconcorrência.

O *Customer Experience* e o *Customer Success* se transformaram nos maiores paradigmas de todos os tempos das estratégias e práticas para atrair e fidelizar clientes externos, abrindo rachaduras imensas nos tradicionais processos de negócios. Enquanto isso, quando o tema é o cliente interno, o novo paradigma de Gestão de Pessoas é o *Employee Experience*.

CAPÍTULO 1

Implantar o *Employee Experience* é um grande desafio nas organizações, seja pela complexidade do projeto, seja pelo *mindset* dos executivos. Não é à toa que a antiga área de RH, baseada em procedimentos burocráticos, já era; está agonizando. Sequer o nome continua adequado. Recursos? Para a empresa, eu sou um recurso ou uma pessoa? Neste livro, trataremos de pessoas e das suas experiências.

Abordarei neste capítulo como o **Employee Experience** e a **Gestão de Pessoas** conectam a experiência do colaborador às estratégias de Talentos Humanos – TH da empresa, apresento um exclusivo *Framework* EX+GP+CO: *Employee Experience,* Gestão de Pessoas e Cultura Organizacional, discuto com o leitor as maiores tendências nacionais e internacionais de Gestão de Pessoas para os próximos anos, apresento como podemos engajar os colaboradores nos novos tempos, exponho o Método 7 passos e 5 camadas para praticar o *Employee Experience Journey Mapping.* Apresento também a pesquisa que deu origem ao IMEX – Índice de Maturidade da Cultura *Employee Experience,* que gerei para mensurar empresas em todo o Brasil. Adicionalmente apresento um método assertivo de *feedback* que crei e que centenas de líderes já estão praticando, o FeedMentor 20 minutos.

Quantas mudanças externas e internas nas empresas

Veja quantas mudanças estão ocorrendo ao nosso redor e engolindo a carreira de quem não está atualizando o seu *"software"* mental, isto é, o *mindset.*

Do ponto de vista do mercado, as mudanças que ocorrem externamente às organizações, como a valorização da experiência ao invés de possuir bens, consumidores mais exigentes, querendo sentir-se integrados e desejando informações em tempo real, vêm pressionando as empresas a criarem novas estratégias mercadológicas baseadas no *Customer Experience.*

Customer Success é também uma tendência no *management.* Bryan Hochstein defende que o gerenciamento do *Customer Success* visa garantir que o potencial do produto ou serviço entregue para o cliente seja maximizado por ele. Sendo assim, criar experiências memoráveis para os clientes e trabalhar para o sucesso deles definitivamente vêm influenciando empresas ao redor do mundo a fazerem mudanças em sua Cultura Organizacional e a aplicarem o *Employee Experience.*

Quanto ao ambiente interno, a transformação digital das empresas, as novas gerações exigindo *feedbacks* mais honestos, a pressão pela progressão acelerada na carreira, a aprendizagem não linear, modificando a educação corporativa e as novas modalidades de contratação vêm convocando líderes de todas as áreas das empresas a reinventarem-se e a conhecerem melhor estratégias de *Employee Experience.*

Para abalar ainda mais o mercado, a pandemia ocasionada pela Covid-19 atingiu em cheio as organizações, provocando graves problemas de saúde e uma crise financeira sem precedentes na história mundial.

As consequências para as estratégias de Gestão de Pessoas foram imediatas, como, repentina e não planejada massificação do *home office*, esgotamento das equipes com reuniões nas plataformas de videoconferência, revelação de líderes que não se saíram bem no gerenciamento remoto de times, valorização do processo de *onboarding* a distância, demissões, adiamento de projetos estruturantes e grande impacto na cultura organizacional.

Figura 1.1 Mudanças externas às empresas e internas provocam respostas fundamentadas nos paradigmas de *Customer Experience* e *Employee Experience*.

Fonte: Desenvolvida pelo autor.

Todos esses acontecimentos (juntos e misturados) ajudam a explicar a ruína do RH tradicional e a necessidade de rever os modelos e os processos de Gestão de Pessoas, levando-os a serem mais ágeis, inovadores e focados em criar diferenciais competitivos.

Os novos desafios pedem a revisão da forma como as pessoas estão se saindo nas suas jornadas, no que chamamos de *Employee Journey*. Essa é a era do *Employee Experience* combinado com Gestão de Pessoass e com Cultura Organizacional (EX+GP+CO), a trilogia voltada para o engajamento dos colaboradores, a alta *performance* e a prosperidade das empresas.

Employee Experience: conectando a experiência das pessoas

Antigamente, as empresas se bastavam com estratégias de RH traçadas somente a partir do planejamento estratégico, o que de fato causava um gigantesco afastamento em relação aos funcionários. Essa é uma das principais causas que levaram,

CAPÍTULO 1

em algumas empresas, esse departamento a ser estigmatizado e ao mesmo tempo temido por vários colaboradores, a despeito da vontade de seus profissionais.

Se houve falhas de confiança nos últimos anos, como recuperar a proximidade e transformar a forma de como TH desenvolve e implanta suas estratégias com maior foco nas experiências dos colaboradores e dos clientes?

Uma das chaves para essa revolução que estamos trabalhando em grandes organizações é implantarmos, na prática (e não só na intenção), o *Employee Experience* em todas suas nuances e complexidade.

Para começar, considero importante estarmos bem alinhados com certas definições. Defino *Employee Experience* como:

> *Employee Experience* – EX é o conjunto das experiências e emoções que os colaboradores acumulam, ao longo do tempo, durante toda sua jornada e em todos os micromomentos na empresa, como, por exemplo, recrutamento, seleção, *onboarding*, treinamento, avaliação de desempenho, metas, *feedback* e encarreiramento. Em paralelo, as empresas buscam desenvolver e aplicar estratégias, métodos e ferramentas *Employee Experience* para que as experiências dos colaboradores se traduzam em sucesso para eles e também em resultados para a organização.

Employee Experience – EX, Gestão de Pessoas – GP e Cultura Organizacional – CO (EX+GP+CO), portanto, representam um conjunto bem estruturado de estratégias, métodos e ferramentas para que empresas privadas ou públicas, seus colaboradores e clientes sejam beneficiados.

A trilogia EX+GP+CO permite que a área de RH, cada vez mais chamada (devidamente) de **Talentos Humanos – TH** ou de **Desenvolvimento Humano Organizacional – DHO**, cumpra o seu papel de grande irradiadora da cultura empresarial, preparando os líderes para serem os genuínos gestores de equipes.

Itam e Ghosh, numa importante pesquisa intitulada *Employee Experience Management* para o *International Journal of Human Capital and Information Technology Professionals*, demonstraram que manter a experiência dos funcionários como foco na elaboração de estratégias tem impacto positivo no desempenho dos negócios das empresas.

De maneira geral, quando aplicamos *Employee Experience* de forma estruturada, podem ocorrer sete resutados, conforme Figura 1.2.

Figura 1.2 Os sete resutados ao aplicarmos *Employee Experience*.

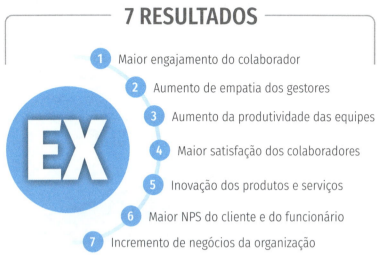

Fonte: Desenvolvida pelo autor.

Como alcançar esses resultados? Desenvolvi o *Framework* EX+GP+CO: *Employee Experience*, Gestão de Pessoas e Cultura Organizacional com o intuito de levar as pessoas a compreender a complexidade do projeto e ao mesmo tempo familiarizar-se com a sua implantação.

Framework EX+GP+CO: *Employee Experience*, Gestão de Pessoas e Cultura Organizacional

Employee Experience não é uma filosofia, tampouco uma iniciativa isolada. EX é uma metodologia multidisciplinar com o objetivo de tornar as experiências dos colaboradores positivas ao longo de sua jornada na empresa, alterando definitivamente o jeito de ser dessa organização e proporcionando engajamento e alta *performance* para essas pessoas. O *Employee Experience* é atualmente o principal motor de transformação e inovação dos modelos e processos de Gestão de Pessoas.

Para organizar essa transformação e comunicá-la claramente para toda companhia, recomendo criar um *framework* visual, esquemático e completo para representar essa complexidade e ajudar as pessoas a entenderem o escopo e os componentes estruturantes.

Há algum tempo venho aprimorando o *Framework* EX+GP+CO, a seguir, com o objetivo de ajudar meus leitores, alunos e clientes a compreenderem a complexidade do tema e a simplificar em suas mentes as camadas e componentes necessários

CAPÍTULO 1

para remodelar a experiência dos colaboradores e desenvolver equipes de alta *performance* engajadas, produtivas e contentes com o trabalho que fazem.

Projetei esse *Framework* EX+GP+CO como algo que une as estratégias que emanam na cúpula da organização, a jornada do colaborador na empresa, os macroprocessos, as competências e os modelos de gestão de talentos mais importantes. O *Framework* é dividido em três camadas, apresentado na Figura 1.3.

Figura 1.3 *Framework* EX+GP+CO: *Employee Experience*, Gestão de Pessoas e Cultura Organizacional apresentado em três camadas.

1. Medição da Cultura Organizacional
2. Política, diretrizes de TH
3. Plano de Sucessão de cargos
4. Aplicação da Matriz Nine Box
5. Avaliação de Desempenho por Competências
6. Inventário e Mapeamento de Competências
7. Plano de Cargos e Salários e Plano de Carreira
8. Manual de Procedimentos de Talentos Humanos
9. *Assessment* e avaliação de perfil
10. Código de Ética e Manual de Normas de Conduta
11. Revisão da Governança Corporativa
12. Prevenção e redução de conflitos
13. Gestão do clima organizacional
14. T&D, *mentoring* e *coaching*
15. *Employer Branding*
16. Motivação, engajamento e propósito
17. Gestão do conhecimento
18. Gestão do desempenho e produtividade
19. Saúde e segurança ocupacional
20. Comunicação interna
21. *Feedback* FeedMentor 20 minutos

Fonte: Desenvolvida pelo autor.

Employee Experience, *Employee Journey Mapping* e Gestão de Pessoas...

A primeira camada é composta pela **Cultura Organizacional** e Liderança. A porção superior é como o telhado de uma organização, ou seja, a parte que protege as demais das intempéries do mercado, faça chuva, faça sol. Essa é a camada que será responsável por fazer valer as estratégias de pessoas e também indutora das transformações necessárias na cultura. Esse tema é tão importante que dediquei o Capítulo 3 para apresentar ao leitor como desenvolver e modelar a Cultura Organizacional.

A segunda camada é formada pela jornada da experiência do colaborador, que deve ser inspirada na metodologia de *EJM – Employee Journey Mapping*. Quero dizer com isso que, logo depois da definição da cultura almejada e das diretrizes de Gestão de Pessoas, os líderes, antes mesmo de redefinirem os modelos e ferramentas de Gestão de Pessoas, deverão mapear a jornada dos seus times e captar quais são suas emoções, necessidades e desconexões com a empresa. A meta é promover engajamento e desenvolvimento dos times rumo à alta *performance* durante a jornada dessas pessoas ao longo do tempo na empresa: recrutamento e seleção, *onboarding*, treinamento e desenvolvimento, *performance* e desempenho, carreira e sucessão.

A terceira camada é composta por 21 modelos e ferramentas de Gestão de Pessoas e de aprimoramento da Cultura Organizacional, muitos dos quais apresento em detalhes mais à frente no livro.Voltando-se à segunda camada, que é definidora para a adoção do *Employee Experience*, a jornada da experiência do colaborador é o mapeamento necessário que visa proporcionar a ele mais emoções positivas do que negativas durante sua trajetória na empresa. No exemplo fornecido no *Framework* EX+GP+CO, para cada etapa do macroprocesso há experiências positivas para serem incentivadas na equipe. Veja o Quadro 1.1, que associa as duas dimensões.

Quadro 1.1 No método de *Employee Experience*, cada parte da jornada deve proporcionar experiências memoráveis aos colaboradores.

Macroprocesso de TH	Experiências e emoções proporcionadas
Recrutamento e seleção	Sinto-me valorizado durante todo processo de recrutamento e seleção; a comunicação da empresa com os candidatos é transparente.
Onboarding	Sou acolhido pelas pessoas, orientado adequadamente no processo de *onboarding* e recebo as ferramentas adequadas para um bom trabalho.
Treinamento e Desenvolvimento	Sou desenvolvido continuamente pela empresa com metodologias ativas de ensino e também sou incentivado para o meu autodesenvolvimento.
Performance e engajamento	Recebo constantemente *feedbacks* respeitosos sobre o desempenho de minhas competências e tenho chances de desenvolvê-las.
Carreira e sucessão	Sinto-me incentivado quanto à minha carreira e sei quais são os pontos que devo trabalhar para buscar uma progressão.

Fonte: Desenvolvido pelo autor.

CAPÍTULO 1

Como garantir que as camadas superiores funcionem, isto é, tornem-se o dia a dia da empresa, proporcionem que a operação seja bem-sucedida e que os colaboradores estejam engajados e obtenham alta *performance*? A resposta vem da terceira camada, chamada de base do *Framework* EX+GP+CO que abriga os **modelos e ferramentas de Gestão de Pessoas e de aprimoramento da Cultura Organizacional**, isto é, os gestores estratégicos devem implantá-los com ajuda externa e cultivá-los para alcançar a alta *performance* das equipes. Os 21 modelos e ferramentas de Gestão de Pessoas e de aprimoramento da Cultura Organizacional mais impactantes são:

1. Medição e modelagem da Cultura Organizacional
2. Política, diretrizes, modelos e ferramentas de GP
3. Plano de sucessão para cargos-chave
4. Aplicação da matriz *Nine Box*
5. Avaliação de desempenho por competências
6. Inventário e mapeamento de competências
7. Plano de cargos e salários e plano de carreira
8. Manual de procedimentos de TH
9. *Assessment* e avaliação de perfil
10. Código de ética e Manual de normas de conduta
11. Revisão da governança corporativa
12. Prevenção e redução de conflitos
13. Gestão do clima organizacional
14. T&D, *coaching* e *mentoring*
15. *Employer Branding*
16. Motivação, engajamento e propósito
17. Gestão do Conhecimento
18. Gestão do desempenho e produtividade
19. Saúde e segurança ocupacional
20. Comunicação interna
21. *Feedback* FeedMentor 20 minutos

Modelos e ferramentas de Gestão de Pessoas e de aprimoramento da Cultura Organizacional não podem ser estáticos como pedras; não podem ficar desatualizados; precisam de maestria no seu manuseio; devem ser constantemente aprimorados e utilizados durante toda a jornada do colaborador, desde seu início na organização até o momento em que se despede dela. Os modelos e ferramentas que favorecem o *Employee Experience*, a Gestão de Pessoas e a Cultura Organizacional são tão importantes, que preparei o Capítulo 5 como um guia de como implantá-los.

A seguir, apresento tendências nacionais e internacionais e respectivos desafios para promover o gerenciamento de pessoas visando à alta *performance*, contudo, gerando experiências positivas ao longo da jornada das equipes.

20 tendências e desafios para Gestão de Pessoas

Tendências são como ondas, como comentado anteriormente. O ser humano constrói diques, barreiras e muros, mas as ondas sempre estarão ali; maiores ou menores, não importa, não há como detê-las.

As tendências irão ocorrer e afetar os negócios das empresas, por isso a urgência de conhecê-las e discuti-las, não exatamente com a finalidade de impedi-las, mas para aproveitar a sua tremenda energia.

Apresento neste tópico 20 principais tendências e desafios que movem a liderança e a gestão de talentos na atualidade. Não que existam somente 20, mas posso assegurar para o meu leitor que boa parte delas estão no foco de pelo menos 90% das empresas nesse exato instante em que você está lendo.

A primeira delas é a **transformação digital**, um processo estrutural no qual as empresas utilizam cada vez mais tecnologia intensiva para alcançar maiores resultados. Exemplos não faltam, como gerenciar os times remotamente e aprimorar o processo seletivo por meio da inteligência artificial. O mesmo ocorre com os colaboradores das empresas que estão cada vez mais conectados com elas, por meio de *apps*, por exemplo. A transformação digital é, portanto, mais do que um acontecimento empresarial, e sim um fenômeno social que está impactado a comunicação, a produtividade e os comportamentos das pessoas. A pandemia multiplicou a aceleração desse processo nas empresas.

Possuir times autogerenciáveis e engajados é o sonho de praticamente todas as empresas do globo. O ponto de partida para esse êxito é a aquisição pela força de trabalho de uma palavra pequena em tamanho, mas grandiosa no seu objetivo: **competência**.

Apresentei no meu livro *Treinamento e Desenvolvimento com Foco em Educação Corporativa* que de nada adianta um profissional se especializar em certa competência, se não a colocar em prática. Conheço gestores com anos de experiência em lidar com equipes e que fizeram pós em RH, mas que não colocam em prática, por exemplo, a competência de desenvolver pessoas. Já conheci comunicadores profissionais que não sabiam proporcionar *feedbacks* assertivos, vendedores experientes que pareciam não gostar de clientes e de gestores de projetos desorganizados.

Portanto, à tradicional descrição de competência que é formada pelo CHA se faz necessário acrescentar o "R" de Resultados, formando o conjunto harmônico **Conhecimentos, Habilidades, Atitudes e Resultados – C.H.A.R.**, conforme apresentarei com mais detalhes no Capítulo 6.

Essa simples, mas não simplória, evolução abraça em cheio o grande questionamento que é feito atualmente. De que adianta uma competência adquirida, seja por que cargo for, se ela não for colocada em prática a serviço simultaneamente das partes interessadas: a organização e o colaborador? Logo, uma competência adquirida e não experienciada é uma competência estacionada! Um custo que não se tornou investimento.

CAPÍTULO 1

Quem acha que trabalhar e se capacitar são coisas diferentes deveria repensar seu conceito sobre ensino e aprendizagem. Nos projetos de educação corporativa que implantamos, é visível o quanto as pessoas aprendem quando as situações que são convidadas a resolver em sala de aula presencial ou virtual reproduzem o seu dia a dia ao mesmo tempo em que estimulamos a sua participação. Assim, uma tendência irreversível é encararmos os verbos *trabalhar* e *aprender* como um processo único: **trabalhar-aprender**. A educação corporativa será ainda mais estratégica nos próximos anos.

Outra tendência é que o aprendizado cada vez mais ocorra em função da conjunção de demandas do colaborador e da empresa, portanto, sem a linearidade tradicional. Na **aprendizagem não linear**, as pessoas precisam ser capacitadas nas empresas não apenas durante os treinamentos formais, e sim constantemente e não mais na antiga forma sequencial. Por isso, verifico cada vez mais que, assim como as empresas se transformaram em *omnichannel* para atender seus clientes externos com grande competência, tendem a se transformar também com as plataformas ***omnilearning***, permitindo a aprendizagem a todo instante dos seus colaboradores.

Uma tendência que também comento com profundidade no livro *Treinamento e Desenvolvimento com Foco em Educação Corporativa* é que o ensino nas organizações será cada vez mais multidisciplinar, sendo aplicadas diferentes técnicas como *design thinking, gamification* e *design* instrucional inteligente. Por isso, a **educação corporativa** está em franca expansão e fortemente baseada em **metodologias ativas de ensino** presenciais e *on-line*.

Olhemos agora para mais uma tendência que se originou em marketing: a tomada de decisão baseada em análises profundas de dados. Assim como os times de negócios cada vez mais se baseiam em informações para tomar decisões sólidas junto ao mercado, os gestores de pessoas descobriram que podem contar com o processo ***people analytics***. De fato, essa é uma tendência consistente que ocorre na área em conjunto com a transformação digital.

Ainda dentro do tema analítico, cada vez mais os gestores de pessoas se deparam com o desafio de avaliarem e serem avaliados. Portanto, uma tendência é a valorização da compreensão de novos indicadores de Gestão de Pessoas, apresentados mais à frente neste capítulo. No caso, eles foram divididos em duas classes: indicadores de Gestão de Pessoas e de Experiência do Colaborador.

Em 2002, quando fundei a consultoria ConQuist, um dos valores que fiz questão de marcar na nova cultura foi a diversidade, pois acredito que o respeito às diferenças é o ponto de partida para uma vida mais equilibrada e justa. Além disso, sempre defendi e comprovo que a diversidade é um dos ingredientes para se obter uma equipe de alto desempenho. A **cultura da diversidade** vem sendo aprimorada pelas empresas e tende e se acelerar nos próximos anos. Em minha opinião, é uma conquista irreversível.

No mundo inteiro as relações de trabalho se modificam impulsionadas pelas mudanças ocorridas na própria sociedade e no imperativo da concorrência por mercados. Assim surgem as novas **modalidades de contratação**. Antes da Reforma Trabalhista de 2017, existiam as contratações em Regime Integral, em Regime Parcial e em

Regime Temporário. A partir da Lei nº 13.429/2017, adicionou-se a contratação em regime de terceirização; e, a partir da Lei nº 13.467/2017, houve a alteração da contratação em regime parcial, contratação em regime de produtividade, contratação em regime intermitente e contratação em regime de trabalho autônomo.

Existem evidências de que as modalidades de contratação do trabalho devem ser modificadas nos próximos anos. A pandemia criou uma profunda crise no emprego, o que levou o governo brasileiro a emitir a Medida Provisória nº 936/2020, convertida na Lei nº 14.020/2020, permitindo às companhias, durante o estado de calamidade, acordar com o colaborador a redução da jornada de trabalho e do salário, na proporção de 25%, 50% e 75%. Essa medida teve como objetivos contribuir para a sobrevivência das empresas e preservar empregos, já que o colaborador depois teve direito à estabilidade durante o período equivalente àquele de redução da jornada.

A liderança está em transformação e há uma tendência irresistível para os gestores. Na medida em que as novas gerações alcançam o mercado de trabalho, será importante que os líderes não utilizem somente a intuição para lidar com ela. Cada vez mais será exigido deles **estratégias para liderar**, que no livro *Triunfo da Liderança* – 2ª edição apresento na quantidade de seis: participação, exemplificação, diferenciação, desenvolvimento, direção e competição. Em minhas análises, o gestor que aplica estratégias para liderar apresenta maiores chances de criar equipes de alto desempenho.

A integração da **cultura do acolhimento** com a **cultura do desempenho** é uma tendência para organizações que almejam alcançar seus objetivos de mercado e simultaneamente serem mais próximas dos seus funcionários.

Até bem pouco tempo atrás, as pessoas imaginavam que ter foco em resultados era antagônico a cuidar das pessoas. Com a progressiva penetração das estratégias de *Employee Experience* nas empresas, ficou evidente que acompanhar a jornada dos colaboradores traz benefícios para todos. Resultados e acolhimento não precisam ser excludentes!

Cerca de 50% dos problemas que ocorrem entre líderes e liderados estão relacionados à comunicação. Na medida em que os canais de comunicação se multiplicaram nas últimas décadas e se tornaram cada vez mais digitais, os velhos problemas de se relacionar continuaram. Por isso, a **comunicação interna repaginada** está sendo uma forte aliada para os gestores de equipes presenciais ou trabalhando remotamente.

Legado e sucessão são temas também que tendem a ser mais bem tratados pelas organizações. Falar em sucessão era algo quase que proibido por algumas empresas com forte hierarquia. Com o passar do tempo, esses controladores viram que perderam grandes oportunidades para valorizar o próprio legado do negócio por não formarem sucessores para cargos-chave.

Desenvolver sucessores ao invés de esperar que eles se transformem como um passe de mágica passou a ser uma preocupação de 8 em cada 10 gestores de pessoas com quem me relaciono. Essa preocupação não é somente para cargos de diretoria.

CAPÍTULO 1

Cargos de gerência precisam contar com um processo estruturado de sucessão, para que a empresa não fique no prejuízo quando da saída de ocupante de um cargo estratégico.

O que faz as pessoas escolherem uma empresa para se candidatar a uma vaga? Algumas pessoas se candidatam considerando majoritariamente as condições salariais. Contudo, para as novas gerações, a decisão sobre concorrer a uma vaga advém de duas fontes, o propósito e a influência que recebem de amigos e redes sociais. Daí vem a necessidade de as empresas criarem estratégias de **Employer Branding**, visando tornarem-se atraentes o suficiente para os candidatos terem apetite de lutar pelas vagas abertas. Esse assunto é tão estratégico atualmente que irei apresentá-lo em detalhes no Capítulo 4.

Como tornar a empresa atrativa também para aqueles que lá trabalham? Uma tendência é promover o engajamento dos funcionários, também chamado de **Employee Engagement**. A partir de ações estruturadas e genuínas de engajamento, é possível reduzir o *turnover* e aumentar o sentimento de pertencimento das pessoas no ambiente de trabalho. Esse tema será tratado ainda neste capítulo.

Todo cuidado é pouco para ajustar os recém-contratados à cultura da empresa e para capacitá-los. Segundo o estudo *The Value of Training* realizado pela IBM, o investimento de empresas no desenvolvimento de habilidades e na construção da cultura afeta drasticamente os recém-contratados. Apenas 21% dos recém-admitidos permanecem nas empresas que não oferecem treinamento. No entanto, a pesquisa revela que 62% dos novos contratados pretendem ficar quando o treinamento é realizado consistentemente. Esse aumento de quase três vezes é espetacular e é um ótimo exemplo do impacto positivo da educação corporativa na retenção dos novos talentos. Chamamos esse processo de **onboarding**, que consiste na aplicação de técnicas e ferramentas de ambientação, socialização e capacitação para que os novos funcionários sejam mais rapidamente integrados e assim possam também permanecer na empresa por mais tempo, gerando dois resultados: redução de *turnover* e aceleração do desempenho dessas pessoas.

O grande sucesso da cultura *Customer Experience* trouxe de fato o foco organizacional para que a experiência do cliente em todos os micromomentos seja muito bem-sucedida e emocionalmente memorável, levando-os a serem promotores da marca. Assim, o cliente passou a ter a sua jornada muito mais acompanhada e priorizada por toda empresa.

Importando esse sucesso da área de Gestão do Relacionamento com o Cliente, o **Employee Experience** avança como tendência de transformar a jornada do cliente interno em algo desafiador e ao mesmo tempo motivador para as partes. O *Employee Experience* proporciona o ganho de competência na organização para melhor atrair, desenvolver e engajar equipes, visando o alto desempenho. Romantismos deixados de lado, o *Employee Experience*, além do engajamento, promove a alta *performance*, por isso, todos ganham!

As novas gerações estão sinalizando diariamente que não querem ser avaliadas esporadicamente. Elas querem receber **feedbacks de desempenho em tempo real**,

Employee Experience, Employee Journey Mapping e Gestão de Pessoas...

com uma frequência muito superior ao que seus líderes estão conseguindo fazer na atualidade. Quando perguntamos aos recém-contratados qual a frequência ideal de *feedback*, a resposta é: sempre!

Outra tendência que parece irreversível é a **descontinuidade dos *feedbacks* tradicionais**, que começa a ser feita, ainda que lentamente. A persistência no *feedback* "sanduíche" se tornou um dos maiores erros em relação ao desenvolvimento de pessoas; por isso, está ruindo. As novas gerações estão simplesmente se sentindo enganadas com a velha técnica de o gestor imediato começar uma sessão de avaliação por um elogio apenas para "amolecer" a pessoa para, então, fazer a crítica. Pensando bem, é meio confuso mesmo para quem recebe o *feedback*.

No levantamento que realizei no LinkedIn pouco antes de o livro ir para a editora, constatei que 56% das pessoas afirmam que esse tipo de *feedback* não desenvolve ninguém, 37% consideram o *feedback* sanduíche enganoso, com falsos elogios, e 7% acham longo demais.

Uma tendência é a experimentação de novas formas de desenvolvimento eficazes, entre elas o *feedback* **FeedMentor 20 Minutos**, técnica que leva o líder a se comprometer com o desenvolvimento do colaborador de forma mais transparente e assertiva. Trata-se de ser simples na comunicação, sem ser simplista. Apresentarei a seguir o **FeedMentor 20 Minutos**, que vem conquistando cada vez mais adeptos.

FeedMentor, a revolução do *feedback* em 20 minutos

Feedback sanduíche e *feedback* construtivo são exemplos de modalidades de *feedback* que estão deixando muito a desejar, principalmente em relação às novas gerações. Aviso que, atualmente, há uma enorme desconfiança sobre os *feedbacks* tradicionais.

Vamos pegar o exemplo do *feedback* sanduíche, no qual a recomendação é iniciar a reunião com um elogio, depois vem o recheio (conteúdo) e, por fim, o fechamento com uma notícia boa. Essa é a origem do apelido sanduíche, por se acreditar que, juntando essas três partes, a insatisfação da empresa será "digerível" por quem recebe o *feedback*. Grande engano! Isso não funciona mais e, na verdade, nunca funcionou bem.

A justificativa é óbvia. Embora o *feedback* conceitualmente seja um instrumento para desenvolvimento de pessoas, a modalidade sanduíche privilegia quem vai fornecer o *feedback*, ao invés da pessoa que está recebendo. Portanto, o *feedback* sanduíche serve apenas para deixar o emissor menos culpado, ao apontar uma melhoria necessária. Serviria apenas para o seu ego? Deixo aqui uma reflexão para o leitor.

Iniciar uma sessão de *feedback* sanduíche com um elogio, na sequência realizar uma crítica e finalizar a reunião com outro elogio (ou uma boa notícia) faz o responsável pelo *feedback* se sentir muito bem, contudo, minhas pesquisas mostram que a pessoa que está recebendo a informação acaba passando por um turbilhão bem confuso de emoções, como, por exemplo, medo e desconfiança. Além disso, essa pessoa deixa a reunião sem saber direito como consertar um erro e impedir que ele se repita.

CAPÍTULO 1

Não é à toa que mais da metade das pessoas afirmam que *feedback* sanduíche não desenvolve e mais de 1/3 acha essa modalidade enganosa.

Esse é um dos motivos que explicam por que as novas gerações têm se queixado da falta de transparência de seus líderes. Há relatos de colaboradores reconhecendo que parte dos elogios que recebem é falsa, mais se parecendo com bajulação. Por outro lado, gestores também se queixam que não conseguem mais "acessar" a pessoa por meio do *feedback* tradicional.

Chegou a hora de mudar, você não acha?

Sejamos honestos, o *feedback* é um momento em que duas pessoas conversam sobre algo que precisa ser corrigido ou sobre alguma competência que necessita ser aprimorada, por isso, prescinde de um foco no desenvolvimento, e não de bajulação. Esse mecanismo é bem diferente de um elogio para algo que vai bem. Nesse caso, a reunião focada num *feedback* positivo pode, inclusive, ser realizada em equipe, já que se trata de uma ferramenta de reforço positivo, não de uma crítica.

Pensando nessa necessidade de *feedbacks* com o objetivo de desenvolver pessoas, idealizei e venho implantando junto a líderes de diversas organizações uma técnica de *feedback* que coloca uma responsabilidade nobre para as pessoas que a praticam, levando-as a se comprometerem com o desenvolvimento do parceiro e não com seu próprio ego.

Veja o passo a passo da técnica FeedMentor 20 Minutos na Figura 1.4.

Figura 1.4 FeedMentor 20 Minutos, a técnica de *feedback* ágil e simples para desenvolver pessoas.

Fonte: Desenvolvida pelo autor.

Employee Experience, Employee Journey Mapping e Gestão de Pessoas...

O FeedMentor 20 Minutos traz em seu nome o compromisso de sermos mentores das pessoas que precisam enxergar algo a ser melhorado, dar o máximo de si para essa superação e contar com sua dupla para o sucesso dessa jornada. Os princípios do FeedMentor são 12:

1. O importante é ser simples no FeedMentor 20 Minutos, sem ser simplista.
2. Objetividade, respeito, ouvir e pactuar o sucesso são pontos centrais do FeedMentor.
3. Todos merecem saber a verdade sobre o seu desempenho e não serem bajulados.
4. *Feedbacks* longos são desagradáveis para quem recebe e para quem fornece.
5. *Feedbacks* com excesso de pontos de melhoria não resolvem, só confundem.
6. O tempo é precioso para as duas partes, por isso, o FeedMentor 20 Minutos é objetivo.
7. Fatos e consequências devem ser prestados objetivamente em apenas um minuto.
8. Bajulação não cabe na técnica FeedMentor 20 Minutos, que privilegia a transparência.
9. O líder que deseja desenvolver pessoas pode buscar ser um o mentor delas.
10. As etapas do *feedback* são igualmente importantes, não apenas o "recheio".
11. O momento final do *feedback* será o mais lembrado; logo, merece mais tempo investido.
12. Não é obrigatório ser praticado exatamente em 20 minutos, mas a minha experiência mostrou que é um bom limite de tempo.

A técnica FeedMentor 20 Minutos deve ser realizada em ambiente com as pessoas sentadas e com privacidade, sem emoção em demasia. O processo de aplicação é o seguinte:

***Rapport* e expectativas (1 minuto)** – estabeleça uma sintonia impactante com a pessoa que irá receber o *feedback*, sem utilizar elogios. Agradeça, por exemplo, pelo fato de estarem ali. Reforce que a reunião deverá ser conduzida em cerca de 20 minutos e diga que o objetivo é desenvolver a pessoa para êxito profissional dela e também da organização.

Fatos, dados e consequências (1 minuto) – fatos que ocorreram recentemente, números ilustrando tais fatos e, principalmente, a consequência do ocorrido são o segredo dessa breve etapa. Veja esse exemplo: "Carlos, a questão que iremos tratar é bem pontual. É sobre a discussão com o cliente ocorrida ontem, a qual resultou numa reclamação formal e na preocupação do time com a reputação da área". Mais importante que os fatos e dados é apresentar a consequência daquele ato, pois muitos colaboradores não têm uma visão sistêmica do mundo empresarial.

Pergunta poderosa (1 minuto) – quem pratica o FeedMentor 20 Minutos não pode estar interessado em desgastar o profissional que está recebendo a carga de informação, já que todo foco é para o sucesso do parceiro. Por isso, a etapa anterior (fatos, dados e consequências) deve ser breve o suficiente para que você encaixe uma pergunta poderosa ao final do tipo: "Qual solução você pode criar para o problema não mais ocorrer?". Ao invés de fornecer a solução, deixe a pessoa à vontade para criar alternativas. Outras perguntas poderosas podem ser feitas, alternativamente: "Se você fosse o maior especialista da atualidade nesse tema, o que você recomendaria como solução definitiva?".

Realizar uma pergunta poderosa, isto é, baseada na solução e na responsabilização ao invés de acusação, poderá encorajar o *empowerment*, estimulando o parceiro a encontrar seus próprios meios e solução.

Ouvir a resposta atentamente (5 minutos) – mais da metade dos líderes não sabem ouvir suas equipes. Essa é uma queixa cada vez mais recorrente nas organizações. Por isso, é tão fundamental abrir-se para escutar genuinamente a pessoa e procurar empatizar nesse momento. Ouvir sem distrações, olhar a pessoa e fazer gestos acolhedores será importante tanto em encontros presenciais quanto remotos, pois o parceiro está apresentando sua própria solução para que o problema não mais ocorra. Apenas tome o cuidado para essa explicação não ser extensa.

Pactuação para o presente e futuro (12 minutos) – quando realizo o FeedMentor com um colaborador, aluno ou fornecedor, tenho o cuidado de não engessar o final da reunião. Por isso, desaconselho totalmente fazer um plano de ação extenso. Esse, portanto, deve ser simples. Contudo, o mais importante será a pactuação, momento no qual as duas partes estão selando um compromisso mútuo para superação do obstáculo. *Pacto* é uma expressão impactante. *Acordo* não parece tão forte. *Pactuação* traz o compromisso de ambos trabalharem juntos para a melhoria do que quer que seja necessário no agora e no futuro. O breve plano de pactuação deve ter no máximo quatro itens e precisa ser produzido nesse intervalo de tempo.

Para facilitar a aplicação do FeedMentor 20 Minutos, elaborei o formulário apresentado na Figura 1.5, no qual você poderá anotar três questões importantes para o sucesso da ação:

1. Fatos, dados e consequências;
2. A pergunta poderosa escolhida para o momento;
3. O resultado da pactuação pensando no presente e no futuro.

Figura 1.5 Formulário simplificado para aplicação do FeedMentor 20 Minutos.

Fonte: Desenvolvida pelo autor.

Você poderá baixar o meu *e-book* sobre como aplicar o Feedback FeedMentor 20 minutos. Participe pelo QR Code ou digitando o *link* https://conquist.com.br/labs/e-books/feedmentor-a-revolucao-do-feedback-em-20-minutos/

Lembre-se de ser o mais assertivo possível no FeedMentor, valorizando o seu tempo e o da pessoa. Também não precisa de perfeição para o tempo certo em cada fase, para não correr o risco de parecer robotizado. O importante é evitar ultrapassar 20 minutos de duração. Seja maleável durante o FeedMentor 20 Minutos.

Está preparado para a experiência do FeedMentor? Experimente e depois me conte o resultado, ok? Escreva para roberto.madruga@conquist.com.br.

Employee Experience, Employee Engagement e Employer Branding

Qual a relação entre *Employee Experience*, *Employee Engagement* e *Employer Branding*?

Chamarmos as práticas pelos nomes certos auxilia a criação de uma cultura voltada para o desenvolvimento de competências. Como já apresentado anteriormente, o trabalho de **Employee Experience** – EX auxilia em muito que as vivências dos colaboradores ao longo de sua jornada tenham mais significado para as duas partes, seja em que processo for, seleção, *onboarding*, treinamento, avaliação, *feedback* e muitos outros.

O EX é uma importante estratégia corporativa que visa tornar a experiência de funcionários e parceiros realmente relevante, participativa e decisiva, promovendo assim seu engajamento, satisfação e aumento espontâneo de produtividade.

Para que isso ocorra, são levados em consideração as necessidades das pessoas na empresa, suas expectativas, o ambiente de trabalho, a cultura organizacional e o conjunto de estratégias e práticas realizadas pela companhia para lidar com tudo isso junto, conforme Figura 1.6.

Figura 1.6 EX considera as necessidades e expectativas das pessoas, o ambiente, a cultura organizacional e aplicação de estratégias e de práticas pela organização.

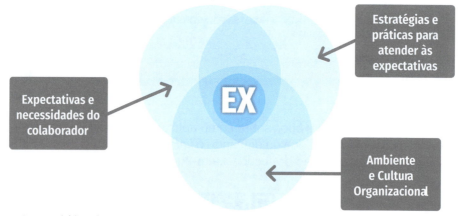

Fonte: Desenvolvida pelo autor.

O **Employee Engagement** – **EE** é um componente imprescindível para viabilizar as estratégias de EX e pode trazer importantes resultados. Colaboradores altamente engajados geram melhores resultados, mais lealdade por parte dos clientes e melhor desempenho financeiro.

O engajamento do funcionário é mola propulsora dos resultados de qualquer empresa. Em minhas pesquisas, vendedores com baixo engajamento em relação à companhia na qual trabalham tendem a vender **20%** a menos que o colega que está motivado com a firma.

Pesquisadores da Fundação Instituto de Administração (FIA), da Universidade de São Paulo, vêm cruzando a rentabilidade das melhores e maiores empresas listadas pela no *Guia Você S/A – As Melhores Empresas para Você Trabalhar*. As mais bem classificadas apresentam rentabilidade **37%** superior àquelas que ficaram de fora da lista. Os pesquisadores concluíram que há uma forte relação entre rentabilidade da empresa e a sua capacidade de reter talentos. Empresas com maior engajamento das equipes apresentam *turnover* anual **50%** menor também.

Uma pesquisa apresentada pela Gazeta Digital e realizada pelo Hay Group descobriu que funcionários altamente engajados melhoram o desempenho dos negócios em até **30%**. Esse número é realmente surpreendente. Outro dado interessante é que funcionários totalmente comprometidos têm **2,5 vezes** mais chances de ultrapassar as expectativas de desempenho do que seus colegas menos engajados. Além disso, organizações que engajam e apoiam seus colaboradores obtêm uma redução de **54%** em demissões voluntárias, segundo a pesquisa, fazendo cair o *turnover* drasticamente.

Ao compararmos empresas com alto nível de engajamento com aquelas com baixo, percebemos ainda mais indicadores de sucesso, conforme Figura 1.7.

Figura 1.7 Resultados obtidos por empresas que praticam o *Employee Engagement*.

Fonte: Adaptada pelo autor com base em People Insight (2021).

Por trás desses expressivos resultados reside uma metodologia de efeito imediato: o *Employee Engagement*. A minha definição é:

> *Employee Engagement* é um conjunto de estratégias e táticas aplicadas pelas corporações para viabilizar o sucesso do *Employee Experience*, isto é, engajar as pessoas com aquilo que fazem de melhor, com os resultados almejados, conectá-las entre si e com os propósitos da empresa. O engajamento racional e emocional gerado pela aplicação do *Employee Engagement* é direcionado para conectar os colaboradores às estratégias e às metas da corporação.

23

Não podemos confundir engajamento com nível de contentamento. Um funcionário pode estar extremamente contente com seus colegas de trabalho, com os benefícios fornecidos pela empresa, mas detonando o líder imediato. Você acha que isso é raro de encontrar?

Por outro lado, de que adianta uma empresa que respeita seus colaboradores, promove um ambiente acolhedor e executa ações para a satisfação deles, mas não consegue selecionar a pessoa certa? Grande perda de energia! Muitas organizações falham no momento de atrair talentos, daí a importância de ativar uma outra estratégia: o *Employer Branding*.

O ***Employer Branding*** – EB, como resposta a esse desafio, vem crescendo no Brasil. Basta observarmos os novos portais de carreiras, os quais estão desempenhando um papel integrador como ponto de entrada centralizado e de sucesso para os candidatos. Trata-se de uma plataforma para compartilhar informações honestas sobre a cultura, responsabilidades de função, oportunidades de desenvolvimento, benefícios e convênios.

Por isso, é muito comum encontrarmos em seu conteúdo a cultura da empresa, a história dos negócios, questões de inclusão social, depoimento dos fundadores, depoimento de funcionários bem-sucedidos, novas vagas, descrição de funções etc.

O EB é a **união entre marketing e TH** para atrair as pessoas certas, engajá-las e aumentar o senso de pertencimento desde o processo de recrutamento e seleção, demonstrando para elas e para o mercado critérios consistentes, como legalidade, transparência, justiça e equidade.

Quando isso ocorre, a possibilidade de gerar benefícios para a empresa e para os colaboradores é alta. Veja na Figura 1.8 a lista de benefícios que preparei.

Figura 1.8 Benefícios gerados para as empresas e colaboradores com a adoção da estratégia de *Employer Branding*.

Fonte: Desenvolvida pelo autor.

Employee Experience, Employee Journey Mapping e Gestão de Pessoas...

O tema EB é tão relevante na atualidade que tratarei de profundidade mais à frente no Capítulo 4, abordando-o em conjunto com a seleção de talentos.

A seguir, irei apresentar a relação entre absenteísmo, presenteísmo e níveis de engajamento.

Como evitar o presenteísmo através de níveis de engajamento

O **presenteísmo** é o mal que acomete muitas empresas do planeta, por isso deve ser rapidamente identificado. Estar presencialmente ou virtualmente no trabalho não significa que a pessoa está PRESENTE, pois pode estar com o pensamento e as emoções vagando.

Sempre lembro nas minhas palestras que o colaborador diariamente recebe estímulos do ambiente de trabalho e também de situações que ocorrem em sua vida pessoal. Tudo isso afeta sua motivação para comparecer ao trabalho e ter resultados positivos tanto para si quanto para empresas, podendo também gerar resultados negativos, como absenteísmo e atrasos. Veja na Figura 1.9.

Figura 1.9 Causas que levam ao comparecimento (resultado positivo) e também a resultados negativos no trabalho, entre os quais o presenteísmo.

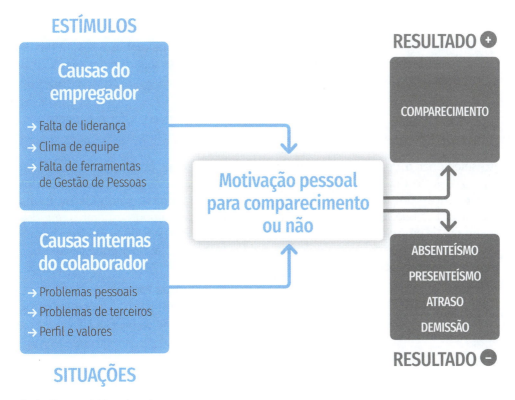

Fonte: Desenvolvida pelo autor.

CAPÍTULO 1

Quando analisamos os custos de não conformidade, descobrimos que o presenteísmo custa muito mais do que o absenteísmo. Como combatê-lo de forma inteligente?

Uma das respostas é o gestor trabalhar para conquistar o engajamento. Algumas pessoas são mais entusiasmadas do que outras e, por isso, estão sempre dispostas a realizar coisas e a trazer os demais consigo. Esses indivíduos são essenciais para a alta *performance*; mas como identificar o grau de engajamento deles?

Jo Dodds, em seu artigo *6 Levels Of Engagement: Time To Get Your People Fully Present*, criou um modelo para reconhecer os níveis de engajamento que uma pessoa pode ter:

1. Estar presente – estar ali, fisicamente ou *on-line*, é o nível mais básico que uma pessoa pode atingir. Ela cumpre sua carga horária, mas não se sente recompensada ou interessada em melhorar seus números. Chega a custar mais do que não ter ninguém em seu lugar.

2. Ser ouvida – a pessoa sabe que tem voz. Ela diz o que é importante e o que precisa melhorar, e, ao ouvir todos, o ambiente fica mais justo e começa a mudar. Quem é ouvido apresenta maior senso de justiça.

3. Ser desafiada – os indivíduos podem se sentir empolgados com os desafios e com as soluções próprias que desenvolvem para vencê-los.

4. Ter confiança – a pessoa precisa ter a confiança dos seus líderes e a própria. Geralmente, a dos outros precede a confiança em si. Caso contrário, ela não sentirá autonomia para agir e tomar decisões.

5. Ser engajada – após atingir o último estágio, naturalmente a pessoa passará a ver o local de trabalho como um ambiente seguro e positivo. Ela se sente recompensada pelo que faz e produz de três a quatro vezes mais do que uma pessoa do nível 1.

6. Ser PRESENTE – a diferença entre estar trabalhando e estar realmente presente é enorme e é muito mais mental do que física.

Ao selecionar e desenvolver colaboradores com os mais altos níveis de engajamento, é justo dizer que, não importa qual seja sua meta de envolvimento dos funcionários com a empresa, ela será muito mais facilmente atingida de forma orgânica. Por isso, o líder, ao observar a sua equipe, não pode esperar que todos sejam iguais em relação à energia do engajamento. O gestor deve analisar caso a caso e atuar de forma a conseguir que cada membro se sinta pertencente ao time, desafiado e motivado para a ação.

A seguir, irei apresentar como realizar o mapeamento da jornada dos colaboradores, que é um dos principais combustíveis (renováveis) para a implantação de *Employee Experience*, conforme apresentei no *Framework* EX+GP+CO.

Employee Journey Mapping – EJM

O *Employee Journey Mapping* – EJM é a matéria-prima para que o *Employee Experience* e a Gestão de Pessoas possam ser redesenhados nas organizações.

O mapeamento da jornada dos colaboradores na empresa é uma prática que deve ser realizada, não apenas uma vez por ano, como gostariam os céticos. Pode ser aplicada continuamente em forma de *workshops* presenciais com uma equipe que varia de 10 a 30 pessoas com a finalidade de identificar necessidades, desconexões e "dores" sentidas em todos os momentos na sua convivência com a empresa. Esses momentos foram apontados no *Framework* EX+GP+CO, por exemplo, processo seletivo, *onboarding*, avaliação de desempenho, encarreiramento e todos os demais processos necessários para desenvolvimento de talentos.

Um dos princípios mais importantes durante a jornada é a detecção das emoções das pessoas na sua convivência com a organização, com o intuito de melhorar tais reações.

As emoções humanas já foram catalogadas em quase 30 por alguns pesquisadores, e as redes sociais tiraram proveito desse feito aos inundar nossos aplicativos de *emojis*, como uma forma de as pessoas expressarem rapidamente como se sentem.

Figura 1.10 *Emojis* presentes nas redes sociais simbolizam várias emoções humanas.

Fonte: https://geekpublicitario.com.br/23305/novos-emojis-whatsapp/. Acesso em: 3 out. 2020.

Embora a quantidade de emoções prováveis dos colaboradores na empresa seja grande, durante o mapeamento da jornada deles adoto o conjunto de 8:

1. Alegria
2. Tristeza
3. Raiva
4. Medo
5. Surpresa
6. Afeto
7. Aversão
8. Confiança

CAPÍTULO 1

Não podemos afirmar que emoções são positivas ou negativas, pois elas fazem parte da natureza humana e são úteis para nossa prosperidade. Contudo, podemos atuar organizacionalmente para ajudar as pessoas a transformarem aquelas que geram **dor** em outras que criem serenidade, contentamento e alegria.

Costumo dizer que uma das principais habilidades do líder é apoiar a sua equipe a ser mais plena. O líder estrategista e humano pode ser indutor de boas emoções no ambiente de trabalho, proporcionando equipes mais engajadas e autônomas.

Embora com objetivos diferentes, as sessões de **Employee Journey Mapping – EJM** assemelham-se em sua dinâmica às sessões que conduzimos de mapeamento da jornada dos clientes – **Customer Journey Mapping – CJM**.

Figura 1.11 Condução de sessões de *Employee Experience Journey Mapping*.

Fonte: Divulgação.

Embora as formas de aplicar *workshops* de CJM e EJM sejam parecidas, o objetivo e o conteúdo são completamente diferentes. Enquanto o mapeamento da jornada do cliente visa descobrir desconexões durante o seu relacionamento com os canais, produtos e serviços da empresa, o mapeamento da jornada dos funcionários tem a meta de identificar as experiências das pessoas durante sua convivência nos diversos processos de gestão de pessoas nas empresas, como seleção, contratação, *onboarding* e desenvolvimento.

Portanto, o conteúdo e a finalidade dos dois métodos são distintos.

Método 7 passos e 5 camadas do *Employee Journey Mapping*

Em meu livro *Gestão do Relacionamento e Customer Experience*, apresentei a metodologia 7 passos + 6 camadas do CJM que utilizamos nos nossos *workshops* de mapeamento da jornada de clientes.

No caso da jornada do colaborador, foi necessária uma adaptação desse processo, que será apresentada a seguir com 7 passos, porém 5 camadas. A aplicação do método pode ser feita presencialmente e também remotamente por meio de divisão de grupos na plataforma de videoconferência, conforme Figura 1.12.

Figura 1.12 Método 7 passos e 5 camadas para o *Employee Journey Mapping* – EJM.

Fonte: Desenvolvida pelo autor.

Passo nº 1 – Planeje materiais e infraestrutura: o planejamento inicial possui o objetivo de reunir todas as condições e materiais para êxito do *workshop* de *Employee Journey Mapping*. Os itens imprescindíveis são: escolha do ponto da jornada a ser realizado, seleção dos participantes e materiais. Aconselho que o mediador prepare um material didático visualmente atraente com no máximo cinco *slides* para o encontro e que seja competente na condução de grupos presencialmente ou *on-line* e no contorno de situações embaraçosas, as quais podem ocorrer.

Passo nº 2 – Cause um ótimo impacto inicial: acolher os participantes para o dia do *workshop* e trabalhar para também ser bem recebido é uma das mais importantes funções de quem está mediando, pois por meio dessa liderança poderá atuar na identificação das desconexões. Outra providência fundamental é dividir as pessoas em grupos de até seis participantes. Será importante apresentar logo no início do *workshop* o objetivo, o tempo de duração e como será a dinâmica de trabalho.

Passo nº 3 – Sensibilize os participantes: torna-se imprescindível engajar as pessoas durante o *workshop* para que trabalhem ativamente no mapeamento da jornada do colaborador e que estejam com as mentes abertas para gerar soluções inovadoras. A etapa de sensibilização quanto ao tema serve também para aumentar a energia do grupo para construir mudanças na jornada.

CAPÍTULO 1

Passo nº 4 – Treine os participantes no método: é fundamental que o mediador assuma uma postura de capacitar as pessoas para participarem corretamente durante o mapeamento da jornada. Essa etapa não pode passar despercebida pelos consultores, que precisam compartilhar conhecimento com o grupo que está mapeando.

Passo nº 5 – Crie ativamente uma narrativa visual: trata-se de uma recomendação da mais importante monta, pois, assim que o mediador terminar a capacitação do grupo, será a hora de "colocar a mão na massa" e iniciar o mapeamento da jornada. Nesse ponto, a motivação do grupo está alta, por isso, o mediador deverá apoiar o grupo para criar uma narrativa visual.

Passo nº 6 – Desafie os participantes a conseguirem mais: já que ocorreu grande participação de todos, é chegada a hora de cada grupo reunir as soluções potenciais para serem apresentas em plenária, o que de fato é de grande importância, pois o mentor convidado deve atuar simplificando ideias muito complexas, ou, ao contrário, capturando inciativas pouco elaboradas para serem retrabalhadas pelas equipes.

Passo nº 7 – Registre os resultados e as evidências: será importante documentar o que foi tratado no *workshop*, o grau de participação das pessoas, o diagnóstico quanto aos problemas encontrados, as desconexões na jornada do colaborador e as recomendações realizadas em conjunto. O registro deve ser simples e esquemático e tem o objetivo de levar a organização a colocar em prática as ideias geradas no *workshop*.

Quanto às cinco camadas, elas são na essência o resultado do *workshop*. O mediador deverá estimular o grupo para a criação de uma persona. Veja na Figura 1.13 o *slide* que preparei traçando o perfil de uma nova funcionária recém-admitida, a Ana Luiza. Para não a expor, seu nome original foi suprimido e a fotografia utilizada no *slide* foi tirada do banco de imagens da iStockphoto.

Figura 1.13 Slide criado quanto à persona que será o tema central do mapeamento de sua jornada na empresa.

Fonte: Desenvolvida pelo autor. Foto: Ridofranz | iStockphoto

Employee Experience, Employee Journey Mapping e Gestão de Pessoas...

Esse recurso tem a finalidade de fazer com que as pessoas se empatizem com a persona, colocando-se no lugar de Ana Luiza, de forma a identificar como ocorreu sua jornada na empresa.

Voltemos às cinco camadas.

A **primeira camada** é a jornada e deve descrever o processo de Ana Luiza, no que chamamos de micromomentos em que se relacionou com o empregador. No exemplo fornecido, a candidata percorreu os seguintes passos em sua jornada no relacionamento com o empregador: deixou o CV na loja → compareceu à entrevista → recebeu explicações da empresa → participou de dinâmica de grupo → participou de duas entrevistas → recebeu a notícia de aprovação → foi entregar documentos → primeiro dia de trabalho.

A **segunda camada** é realizada para identificar com quem a Ana Luiza interagiu durante essa jornada. Provavelmente, haverá mais de uma pessoa de contato, como, por exemplo, vendedores da loja, recrutadores, recepcionista etc.

A **terceira camada** é de fundamental importância. Nela fazemos a pergunta: "qual a necessidade da Ana Luiza durante a subetapa do processo, quando deixou o seu currículo em uma das lojas da empresa?". Se os participantes do *workshop* estiverem distraídos, provavelmente acharão que a necessidade é "conseguir um emprego". Contudo, isso é "objetivo", e não a "necessidade", que poderá ser, por exemplo, ajudar a renda familiar, emancipar-se, guardar dinheiro para uma viagem etc.

A **quarta camada** vem responder à pergunta: "o que a Ana Luiza ganhou ao deixar o currículo na loja?". Não devemos pensar aqui que o ganho é apenas material. Pode ser que Ana Luiza tenha recebido um desconto, mas pode ser também que tenha sido ignorada por outros vendedores, que "reciclaram" seu currículo logo após sua saída do estabelecimento, como um gesto de preocupação com a "concorrência". Pode ser que ela tenha sido mal atendida pela equipe, ou, pelo contrário, pode ser que tenha se sentido acolhida. Quem saberá a resposta certa? O grupo que está mapeando a jornada da Ana Luiza durante o *workshop*. Pode ser necessário, inclusive, que Ana Luiza seja entrevistada previamente para que sua "voz" sirva como fonte de inspiração para a reinvenção da jornada.

Por fim, chegou a **quinta camada**, o momento de pontuarmos quais emoções Ana Luiza experienciou durante sua jornada com essa empresa nos vários micromomentos. Para cada um, haverá uma emoção correspondente. Na Figura 1.14, apresento o modelo que elaborei e utilizo para mapear a jornada de colaboradores.

Figura 1.14 Modelo para sessões de *Employee Journey Mapping* analisando os micromomentos do processo de recrutamento e seleção (jornada pontual).

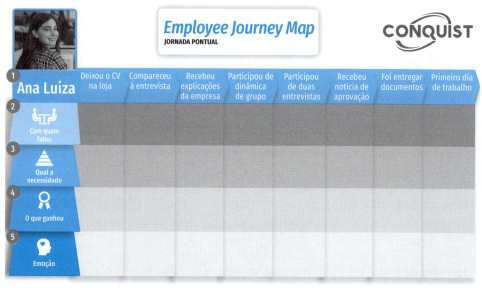

Fonte: Desenvolvida pelo autor. Foto: Ridofranz | iStockphoto

Nesse caso, delineamento da jornada poderá ser explorado pontualmente no processo de recrutamento e seleção da empresa, gerando um conjunto rico em detalhes com a finalidade de melhorar a experiência da pessoa ao entrar na companhia. Por isso, chamo de **jornada pontual**.

Por outro lado, caso o objetivo do encontro seja olhar a carreira global de um outro funcionário, no caso o Ricardo, podemos focar toda sua trajetória na empresa, a fim de descobrir como a vivenciou desde o momento em que se candidatou para a vaga que ocupa.

No exemplo a seguir, é mapeada a **jornada estendida** do colaborador Ricardo, desde o processo de recrutamento e seleção até sua transição de carreira. Nesse caso, os pontos da jornada analisados foram:

- » Momento do recrutamento.
- » Processo de seleção, incluindo entrevistas e dinâmicas.
- » Contrato assinado e envio de documentos para o departamento pessoal.
- » *Onboarding*, incluindo a ambientação e a socialização.
- » Programa de treinamento e desenvolvimento recebido.
- » Negociação de metas com o líder imediato.
- » Avaliação de desempenho semestral.
- » Transição de carreira, com transferência para outra unidade.

Figura 1.15 Modelo para sessões de *Employee Journey Mapping* analisando os micromomentos da jornada estendida da persona na empresa.

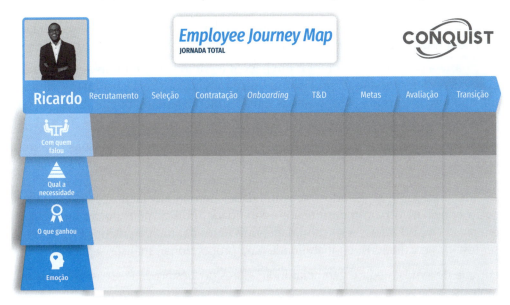

Fonte: Desenvolvida pelo autor. Foto: fizkes | iStockphoto

Percebam que o objetivo aqui será identificar pontos de desconexão de necessidades não atendidas de Ricardo, ganhos ou perdas e emoções que predominaram em cada momento.

De posse desse grande manancial de informação mapeada durante o *workshop*, a equipe poderá traçar em conjunto com o mediador do encontro soluções potenciais para que a jornada dos colaboradores seja incentivada, rumo à alta *performance*.

Você poderá baixar o mapa que elaborei para mapeamento da jornada do colaborador. Participe pelo QR Code ou digitando o *link* https://conquist.com.br/labs/downloads/mapa-da-jornada-do-colaborador/

Uma excelente forma de promover o incremento nas experiências dos colaboradores e conseguir que o seu engajamento e desenvolvimento ocorram é a empresa ampliar a quantidade de indicadores a serem mensurados e tornar esse projeto tão importante quanto medir os resultados de negócios. É o que apresentarei a seguir.

CAPÍTULO 1

32 indicadores GP e EX: medindo a Gestão de Pessoas e a experiência do colaborador

Ter indicadores seguros na atualidade faz toda diferença para avaliar se as estratégias de pessoas estão no caminho certo.

Não basta a organização comprar um pacote tecnológico para implantar indicadores de gente e gestão. É preciso que esse movimento seja absolutamente estratégico, suas fórmulas consensadas e os resultados auditados por consultorias externas.

Além disso, caso você queira incluir algum dos **indicadores de pessoas** que irei apresentar neste tópico, lembre-se de que eles devem possuir as seguintes características: simplicidade para medir e informar; rastreabilidade, pois os dados devem ser identificados e registrados; acessibilidade, permitindo fácil acesso e coleta; custo convidativo para mensuração; estabilidade, pois a mensuração também é em prazos mais longos; verificabilidade, pois antes de implementados eles devem ser testados e validados; confiabilidade para proporcionar análises seguras.

Por que devemos medir e gerenciar indicadores de Gestão de Pessoas? São seis os motivos:

1. Permitir que a área de TH tenha um papel mais estratégico na organização.
2. Ao medir os processos de pessoas, conhece-se melhor a experiência delas.
3. Só podemos identificar melhorias em algo quando observamos ou medimos.
4. Medir permite atuar preventivamente em cada ponto da jornada do colaborador.
5. Mensurar indicadores possibilita fazer comparações com o mercado.
6. Avaliar se os líderes e a área de TH estão engajando e promovendo experiências significativas para os funcionários.

Para que o indicador seja preciso, será necessário que as variáveis a serem medidas tenham entre si alguma relação, e que o resultado esteja associado a um objetivo. Por exemplo, quando medimos o número de horas de treinamento (métrica) da equipe, não podemos ainda dizer que isso é um indicador, e sim uma unidade isolada, pois está faltando correlacioná-la com alguma outra unidade.

Para que uma **métrica** se torne um indicador, temos que dividir a *quantidade de horas de treinamento* realizadas no ano pelo número de colaboradores da organização, extraindo um indicador, que é a *média do número de horas de treinamento por ano/pessoa*.

Employee Experience, *Employee Journey Mapping* e Gestão de Pessoas...

Dividi os indicadores ligados às pessoas nas organizações em duas classes: a primeira ligada à gestão diária dos colaboradores, e a segunda relacionada a experiência e engajamento deles. O resultado foi uma lista com 16 indicadores de cada, totalizando 32, conforme o Quadro 1.2.

Quadro 1.2 Os 32 indicadores de TH divididos em duas classes: Gestão de Pessoas e experiência dos colaboradores.

32 indicadores de TH (16 + 16)	
Indicadores de Gestão de Pessoas	**Indicadores EX e de engajamento**
1. Amplitude de controle 2. Custo de hora extra sobre a folha 3. Custo de rotatividade 4. Índice de produtividade 5. Índice de saúde ocupacional 6. Número de afastamentos no período 7. Passivo trabalhista sobre a lucratividade 8. Salário médio da categoria profissional 9. Taxa de absenteísmo 10. Taxa de acidentes de trabalho 11. Taxa de colaboradores em férias 12. Taxa de admissões externas 13. Taxa de falhas na contratação 14. Taxa de preenchimento de vagas 15. Taxa de *turnover* 16. Tempo médio para reposição de vagas	1. *Employee Experience Maturity Index* – EXMI 2. Escala Brasileira de Liderança 3. *Employee Net Promoter Score* – ENPS 4. Índice de Foco na Cultura *Customer Experience* – IFCX 5. Índice de engajamento do funcionário 6. Satisfação com o clima da empresa 7. Grau de alinhamento da cultura da empresa 8. Taxa de efetividade na seleção 9. Quantidade de horas de treinamento *per capita* 10. Taxa de satisfação com os treinamentos recebidos 11. Valor investido em treinamento por funcionário 12. Taxa de evasão nos treinamentos 13. Taxa de indicação de novos candidatos por funcionários 14. Taxa de promoções internas 15. Tempo médio de permanência na empresa 16. Tempo médio para solucionar reclamações de funcionários

Fonte: Desenvolvido pelo autor.

A importância de estipular as duas classes é que posso colocar a classe de indicadores de EX no mesmo nível de importância daqueles ligados à gestão diária de pessoas. Por exemplo, medir a taxa de *turnover* é tão importante quanto mensurar o ***Employee Experience Maturity Index* – EXMI**. Esse novo indicador proposto será apresentado mais à frente e você poderá participar gratuitamente por meio do QR Code apresentado a seguir ou digitando o *link*: https://conquist.com.br/labs/avaliacoes-testes/employee-experience-maturity-index-EXMI.

CAPÍTULO 1

Escala Brasileira de Liderança

Da mesma forma, aplicar a **Escala Brasileira de Liderança** ajuda os líderes a perceberem o que podem fazer para subirem de nível quanto à competência de liderar pessoas. A escala que criei anos atrás já foi utilizada por mais de mil líderes e pode ser acessada gratuitamente pelo QR Code ou digitando o *link*: https://conquist.com.br/labs/avaliacoes-testes/escala-brasileira-de-lideranca/.

Escala de Educação Corporativa

Outro índice que recomendo é a **Escala de Educação Corporativa,** que criei para descobrir em que estágio a organização está posicionada quanto ao desenvolvimento consistente dos colaboradores. Participe pelo QR Code ou digitando o *link*: https://conquist.com.br/labs/avaliacoes-testes/escala-brasileira-de-lideranca/.

Indicadores de Treinamento e Desenvolvimento

No livro *Treinamento e Desenvolvimento com Foco em Educação Corporativa*, apresentei 27 indicadores para T&D, os quais classifiquei em sete categorias para facilitar os gestores: Gestão de T&D, Cobertura e escopo de T&D, Satisfação e engajamento, Financeiro, Produtividade, Competências e resultados do negócio, conforme Figura 1.16.

Figura 1.16 Os 27 indicadores de T&D classificados em sete categorias: Gestão de T&D, Cobertura e escopo de T&D, Satisfação e engajamento, Financeiro, Produtividade, Competências e Resultados do negócio.

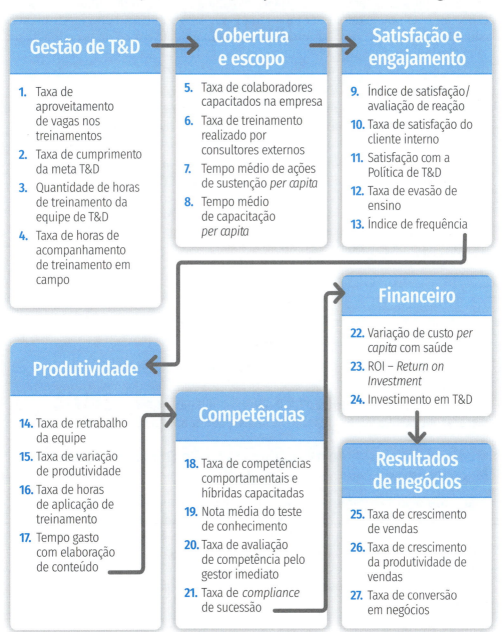

Fonte: adaptada pelo autor com base em Madruga (2021).

CAPÍTULO 1

Medindo o Índice de Foco no *Customer Experience* – IFCX

A partir de diversas pesquisas e da experiência na implantação de projetos em dezenas de empresas, desenvolvi uma metodologia para medição de cultura *Customer Experience*. O objetivo foi criar uma ferramenta diagnóstica simples e estruturada para identificar se as empresas praticam verdadeiramente o foco na experiência de seus clientes externos. Até o momento, mais de 1.000 executivos já participaram da pesquisa, conferindo uma robusta validade estatística.

O questionário possui seis dimensões: experiência do cliente, cultura no cliente e cultura do cliente; governança e prevenção de crises com clientes; processos e comunicação com o cliente; indicadores e tecnologia de relacionamento; segmentação de mercado; e diferenciação no tratamento dos clientes.

O resultado desse trabalho está ajudando empresas em todo Brasil a entenderem os *gaps* e o que precisa ser feito para criar uma cultura centrada na experiência do cliente. O nome deste indicador é **IFCX – Índice de Foco no *Customer Experience***. Você poderá participar desse projeto e avaliar a sua empresa pelo *link* https://conquist.com.br/labs/avaliacoes-testes/o-indice-de-foco-no-customer-experience-ifcx/ ou acessando o QR Code a seguir pelo celular.

A vantagem da mensuração do IFCX é que virou um índice já adotado por muitas empresas e que auxilia líderes de todas as áreas a transformar a cultura da organização.

Medindo a maturidade das empresas com o *Employee Experience Maturity Index* – EXMI

Aqui em nosso livro, irei tratar detalhadamente da mensuração da experiência do cliente interno, isto é, do colaborador. A partir também de muita pesquisa e muita prática, apresento minuciosamente o **Employee Experience Maturity Index – EXMI**, que criei com o objetivo de apoiar organizações a compreenderem seu grau de maturidade em relação ao quanto estão praticando para tornar a experiência e o engajamento dos colaboradores realmente prioridade nos processos de Gestão de Pessoas.

Você já deve ter percebido que gosto de idealizar indicadores. A razão é muito simples. Quando criamos um método fundamentado em pesquisas de ponta e nas melhores práticas, estamos dando uma sinalização para o mercado de que o índice é uma forma de estabelecer comparações, levando as empresas a terem a oportunidade de evoluir no tema que está sendo mensurado. Criar um indicador inédito é um processo estruturado e que me traz muita satisfação pessoal, pois ele permite que qualquer pessoa ao redor do planeta possa utilizá-lo em benefício comum.

O EXMI foi baseado no *Framework* de *Employee Experience*, Gestão de Pessoas e Cultura Organizacional (EX+GP+CO) apresentado no início deste capítulo. Assim, alcançamos uma coerência metodológica, fazendo com que o *Employee Experience Maturity Index* emane da completude das camadas de estratégias, processos e ferramentas de *Employee Experience,* Gestão de Pessoas e Cultura Organizacional.

O questionário pode ser respondido por todos os colaboradores de qualquer tipo de organização, seja pública ou privada e de qualquer setor econômico, contudo, nem todas as questões de aplicam para pequenas empresas e está dividido por dimensões:

1. Cultura, diretrizes de pessoas e liderança.
2. Jornada da experiência do colaborador.
3. Seleção de pessoas.
4. *Onboarding* do colaborador.
5. Treinamento e desenvolvimento.
6. Avaliação e *feedback*.
7. Carreira e sucessão.
8. Motivação, engajamento e propósito.

Lembre-se de que você poderá participar gratuitamente pelo *link* https://conquist.com.br/labs/avaliacoes-testes/employee-experience-maturity-index-EXMI ou apontando a câmera do seu celular no QR Code a seguir.

Adicionalmente, você terá acesso ao questionário EMXI no próprio livro nas questões a seguir. Avalie a empresa em que você trabalha ou a sua última experiência, conforme instruções.

Concentre-se nas questões a seguir e responda de maneira transparente, quanto à empresa que você está avaliando. Marque um "X" na coluna referente à alternativa de resposta que melhor represente a sua opinião sobre as afirmações:

CAPÍTULO 1

1. Cultura, diretrizes de pessoas e liderança	Discordo totalmente	Discordo	Não discordo nem concordo	Concordo	Concordo totalmente
A cultura da empresa, isto é, o conjunto de valores, hábitos e crenças compartilhados facilita que sejam criadas boas experiências para os colaboradores em geral.					
A política, as diretrizes e regras de Recursos Humanos da empresa exprimem mais o foco no desenvolvimento das pessoas do que o uso de normas limitadoras.					
Os líderes da empresa, em geral, proporcionam engajamento, crescimento e satisfação para suas equipes.					

2. Jornada da experiência do colaborador	Discordo totalmente	Discordo	Não discordo nem concordo	Concordo	Concordo totalmente
A empresa realiza constantemente o mapeamento da jornada dos colaboradores em forma de *workshop* e com metodologia participativa para mapeamento das dores e desconexões dos colaboradores.					
As dores e desconexões descobertas durante o mapeamento das jornadas do colaborador são corretamente identificadas e transformadas em ações de melhoria.					
As ações de melhoria resultantes do mapeamento da jornada dos colaboradores são implantadas de forma consistente pelos líderes.					

Employee Experience, Employee Journey Mapping e Gestão de Pessoas...

3. Seleção de pessoas	Discordo totalmente	Discordo	Não discordo nem concordo	Concordo	Concordo totalmente
Os candidatos que participam dos processos seletivos se sentem acolhidos, respeitados e são corretamente comunicados pela empresa durante esse processo.					
Os candidatos que participaram dos processos seletivos, sendo aprovados ou não, reconhecem que a empresa agiu com justiça, equidade, transparência e não discriminação.					
Os candidatos aprovados são informados sobre as atividades reais que lhes aguardam na empresa e sobre as limitações que encontrarão na companhia.					

4. *Onboarding* do colaborador	Discordo totalmente	Discordo	Não discordo nem concordo	Concordo	Concordo totalmente
As pessoas recém-admitidas pela empresa são recebidas em um processo de ambientação bem estruturado, no qual elas se sentem seguras, acolhidas e conhecedoras do trabalho a ser executado.					
O treinamento inicial fornecido para os recém-contratados é suficiente para que eles conheçam o trabalho a ser feito e saibam as expectativas sobre o seu desempenho.					
Durante os primeiros 90 dias do colaborador, o seu líder imediato acompanha de perto sua evolução, fornece *feedbacks* e os meios necessários para o seu trabalho.					

CAPÍTULO 1

5. Treinamento e Desenvolvimento	Discordo totalmente	Discordo	Não discordo nem concordo	Concordo	Concordo totalmente
Os funcionários possuem, independentemente do cargo, um plano de treinamento estruturado e com carga horária suficiente para desenvolver suas competências para a função.					
Os treinamentos ministrados presencialmente ou *on-line* são relevantes e aplicados com metodologias ativas de ensino, permitindo o desenvolvimento de competências técnicas, comportamentais e híbridas nos colaboradores.					
Os treinamentos realizados pela empresa são constantes e comportam não apenas módulos de produtos, serviços e sistemas, como também de outras competências técnicas e comportamentais.					

6. Avaliação e *feedback*	Discordo totalmente	Discordo	Não discordo nem concordo	Concordo	Concordo totalmente
A empresa avalia as competências de seus colaboradores por meio de uma avaliação de desempenho estruturada e o seu resultado é utilizado para ações de desenvolvimento e encarreiramento.					
Os líderes fornecem *feedbacks* no papel de mentores, fazendo com que os seus colaboradores se sintam aconselhados e acolhidos naquilo que precisam melhorar.					
Os *feedbacks* fornecidos pela liderança são respeitosos, individualizados e são mais focados no desenvolvimento do colaborador do que apenas em apontar erros.					

Employee Experience, Employee Journey Mapping e Gestão de Pessoas...

7. Carreira e sucessão	Discordo totalmente	Discordo	Não discordo nem concordo	Concordo	Concordo totalmente
A empresa possui um plano de carreira estruturado, com regras de promoção, mérito e movimentação de carreira bem explicitados.					
Antes de serem promovidas para um cargo de liderança, as pessoas são capacitadas para desempenharem esta nova função com segurança e competência.					
A empresa possui uma estratégia para sucessão visando facilitar que cargos vagos importantes já tenham colaboradores previamente desenvolvidos.					

8. Motivação, engajamento e propósito	Discordo totalmente	Discordo	Não discordo nem concordo	Concordo	Concordo totalmente
A empresa, por meio de seus líderes e de sua estrutura de trabalho, proporciona que seus colaboradores se sintam engajados em sua jornada.					
Os indicadores de Gestão de Pessoas e de engajamento são medidos constantemente e comunicados para os líderes aprimorarem as experiências de suas equipes.					
As pessoas se sentem engajadas com o trabalho quando reconhecem um propósito maior na empresa do que simplesmente fornecer produtos ou serviços para o mercado.					

CAPÍTULO 1

Faça o somatório de pontos, por coluna:

	Discordo totalmente	Discordo	Não discordo nem concordo	Concordo	Concordo totalmente
Somatório de pontos de cada coluna	....	....	....	....	....
Multiplique o somatório pelo fator correspondente	1	2	3	4	5
Total de pontos de pontos de cada coluna	....	....	....	....	....
Total geral de pontos					

Veja a classificação da empresa que você avaliou, segundo o total geral de pontos:

Ausente	Ausência de foco no *Employee Experience*	Menos de 72 pontos
Indefinida	Baixo foco no *Employee Experience*	Entre 72 e 84 pontos
Direcionada	Bom foco no *Employee Experience*	Entre 84 e 96 pontos
Intensiva	Foco intensivo no *Employee Experience*	Maior que 96 pontos

Um ponto de vista que vale a pena trazer é que o *Employee Experience* pode e deve ser conectado ao *Customer Experience*, pois o sucesso do cliente final deverá ter um grande foco nas organizações.

Conectando *Employee Experience* no *Customer Experience*

No meu livro *Gestão do Relacionamento e Customer Experience*, argumento que o *Employee Experience* deve estar conectado ao grande desafio das organizações, que é pavimentar a jornada dos clientes com emoções gratificantes e memoráveis. Esse é um dos princípios para que a empresa busque a lealdade deles e assim possa obter vantagens competitivas em relação à concorrência.

Aqui em nosso novo livro, tratarei do lado interno da questão. Como gerenciar e liderar equipes para que alcancem a alta *performance*. Como podemos tornar as suas experiências na empresa também memoráveis, fazendo com que esse comportamento "transborde" e atue na maior fidelidade do cliente.

Unir os temas clientes e colaboradores é extremamente gratificante e gera mais resultados para todos.

Você sabia que companhias que praticam verdadeiramente estratégias e diretrizes de *Customer Experience* têm, em média, **150%** a mais a quantidade de colaboradores engajados em comparação às que possuem um CX fraco?

É relacionando a satisfação dos consumidores com os funcionários que Jana Barrett começa a nos mostrar a relação entre o *Customer* e o *Employee Experience* em um artigo feito para *Customer Experience Update*.

Algumas empresas não só entendem como esse relacionamento se dá mas também se aproveitam de seus frutos. Para compreender como uma experiência afeta a outra, primeiro, é importante saber mensurar o *Employee Experience*. Ou, melhor, como seus colaboradores avaliam a empresa, utilizando ferramentas minuciosas e aprofundadas. Barrett nos aponta alguns exemplos, que podem ser consultados no Quadro 1.3.

Quadro 1.3 Quatro avaliações para medir o *Employee Experience*.

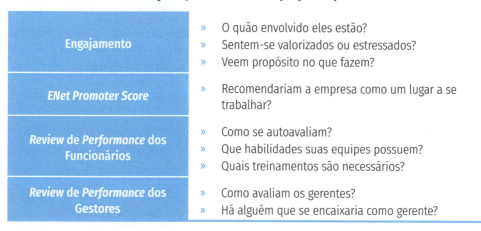

Fonte: adaptado pelo autor com base em Barrett (2018).

Priorizar os funcionários é, de certa forma, priorizar seus consumidores. Ao serem engajados e empoderados com experiências positivas, eles reproduzirão esses momentos nos pontos de contato com os clientes e se sentirão mais humanos.

Medir para melhorar: *Employee Experience* e *Customer Experience*

Seja atendendo um cliente ou desenvolvendo um produto, um funcionário engajado sempre estará preocupado com a experiência dos clientes. Esse simples exemplo demonstra que toda empresa deveria se preocupar com sua própria experiência – *Employee Experience*.

CAPÍTULO 1

O doutor em Psicologia Clínica e Industrial Paul Warner, em seu artigo para *CMS Wire*, conclui que as empresas que miram evoluir as práticas de *Employee Experience* devem entender primeiro a complexidade holística que suas práticas requerem. Entender as emoções, causas e efeitos de cada comportamento dos funcionários é o objetivo final do EX. Mas, para saber por onde começar, o autor aponta cinco métricas que devem ser avaliadas, conforme apresentado no Quadro 1.4.

Quadro 1.4 As cinco métricas do *Employee Experience*.

	O que é?	Como medir?
Vigor	Energia e resiliência empregadas no trabalho, bem como o sentimento em relação e ele.	Perguntas: » Você fica ansioso para ir ao trabalho? » O seu trabalho o inspira e motiva? » O seu trabalho o engrandece profissionalmente?
Imersão	Quão envolvido o colaborador fica nas tarefas em que emprega seu vigor.	Verdadeiro ou falso: » O tempo passa mais rápido enquanto trabalho? » Eu me sinto completamente focado em algumas tarefas do trabalho?
Dedicação	A noção de valor e orgulho que o colaborador tem em relação à empresa ao longo do tempo.	Perguntas: » Se eu tivesse uma oferta de um concorrente com as mesmas condições, eu mudaria de empresa? » Quero estar trabalhando aqui daqui a seis meses?
Cultura	É a parte da empresa que apoia o colaborador, dando-lhe o sentimento de pertencimento e importância no cenário da organização.	Perguntas: » Você sente apoio vindo dos líderes, gerentes e colegas? » Você possui autonomia e liberdade para executar o trabalho da forma que deseja? » Você se alinha com a visão da sua empresa? » Os valores que você e sua empresa apoiam são os mesmos?
Foco no CX	Avalia se os esforços acima estão todos direcionados para experiência do consumidor.	Classificar de 1 (muito baixo) a 5 (muito alto): » Seu foco na empresa » Seu foco na equipe » Seu foco em si mesmo » Seu foco nos clientes

Fonte: adaptado pelo autor com base em Warner (2019).

Employee Experience, Employee Journey Mapping e Gestão de Pessoas...

Com todas essas informações acerca das experiências dos colaboradores, é hora de agir. Paul Warner nos dá um interessante caminho para trilhar:

» **EXplorar** – ao se deparar com, por exemplo, uma equipe que tenha nota ruim em imersão, conduzir um estudo aprofundado para entender os motivos.

» **EXplicar** – falta de comunicação ou conversas com ruídos podem levar a casos em que desconfiança, falta de compreensão ou desconhecimento se devam à falta de uma simples explicação.

» **EXecutar** – deparando-se com cenários que requeiram uma solução prática, agir o mais rápido possível para melhorar efetivamente o panorama.

Olhando esses conselhos e ferramentas, fica fácil entender por que o *Employee Experience* é tão urgente. Humanizar e incluir os colaboradores numa cultura com a qual eles realmente se identifiquem é o primeiro passo para elevar a empresa ao patamar das que estão entre as 25% com a melhor experiência para os colaboradores. E, conforme estudo do IBM Starter Workforce Institute, lá estão as organizações que possuem retorno sobre seus ativos **3 vezes maior**.

Employee Experience dá lucro

O mercado utiliza com facilidade os termos *User Experience* e *Customer Experience*, mas *Employee Experience* é algo menos disseminado. Esse é um dos motivos que me levou a escrever este livro.

Embora seja mais fácil imaginar os cenários das duas primeiras expressões, *Employee Experience* não se distancia muito na concepção – mas dirige-se quem experencia a empresa. Nesse caso, estamos tratando da jornada do colaborador.

Assim como o consumidor, o colaborador também enxerga a empresa como uma só. Essa é uma forma de visão à qual estamos todos submetidos por conta das relações comerciais e sociais pelas quais passamos todos os dias. Portanto, é de extrema importância que os pontos de contato entre o funcionário e sua empresa sejam positivos e harmônicos entre si.

Do recrutamento até as conversas e reuniões com gerentes, passando por relacionamentos no ambiente de trabalho e promoções. Tudo afeta a experiência das pessoas que trabalham. Mas qual sua real importância?

Jacob Morgan, autor do livro *The Employee Experience Advantage*, analisou 252 companhias no mundo todo e concluiu que aquelas que se preocupam e investem nessa prática possuem **lucro 4 vezes** maior e **receita 2 vezes** maior em relação às que não possuem um plano nessa área.

Não bastassem esses dados brutos, a organização *Enterprise Design Thinking* expôs em seu artigo um *case* de sucesso que demonstra como construir e aliar práticas para abraçar esse hábito nas empresas. Tudo começou na IBM, quando dois líderes de setor começaram um projeto secundário que viria a alterar toda a cultura empresarial em direção ao *Employee Experience*.

CAPÍTULO 1

Em conjunto com o RH, os *designers* passaram a planejar uma forma de usar o *design thinking* para facilitar o entendimento dos planos de carreira que a empresa tinha a oferecer para os cargos de gerência. Era essencial que a compreensão fosse mais visual e pautada na experiência do usuário para que o projeto fosse bem--sucedido.

Criou-se um time de experiência de *design* para colaboradores, que passou a atuar como uma consultoria interna para o RH, treinando os membros e demais times da companhia nas práticas do *design thinking* e criando serviços e produtos centrados nos colaboradores. Esse case interno ilustra o potencial de desenvolvimento de soluções nas empresas.

Bom, aqui terminamos o Capítulo 1, com algo que todo mundo gosta de ouvir: resultados!

A seguir, apresentarei o Capítulo 2, que tem o objetivo de tornar o *Employee Experience* e a Gestão de Pessoas temas mais estratégicos nas organizações e proporcionar o ganho de competências para o sucesso na implantação dessas inciativas. Trouxe para o próximo capítulo temas fundamentais para esse êxito, como a revisão dos papéis de TH, o *rebranding* do RH, o novo significado de competências (C.H.A.R.), o método SEMEAR para estratégias de pessoas, 25 projetos estruturantes e 10 soluções operacionais de *Employee Experience, Gestão de Pessoas e Cultura Organizacional*, o trabalho das consultorias estruturantes, diagnósticos amplos de Gestão de Pessoas e passos para implantar EX.

Assista ao vídeo do autor sobre este capítulo

Capítulo 2

Tornando *Employee Experience* e Gestão de Pessoas estratégicos e o *rebranding* do RH

"A transformação da área de RH para Employee Experience, Gestão de Pessoas e Cultura Organizacional está demandando novas competências para esse núcleo e para todos os líderes da organização. Adicionalmente, está elevando a importância de Talentos Humanos para um patamar mais estratégico, obrigando as empresas a fazerem um verdadeiro rebranding do RH."

A trilogia *Employee Experience*, Gestão de Pessoas e Cultura Organizacional (EX+GP+CO) está pedindo passagem numa rua estreita com carros estacionados nos dois lados junto à calçada. Assim vem sendo a sensação das pessoas que desejam inovar nas empresas quando encontram uma área de Recursos Humanos – RH predominantemente operacional.

De todas as variáveis que uma empresa cuida, **pessoas**, sem dúvida alguma, são as mais imprevisíveis, subjetivas e complexas. Contudo, são elas que respondem mais rapidamente a estímulos que, se bem gerenciados, levam a grandes resultados.

Assim como os consumidores se empoderaram e passaram a decidir o futuro das empresas, de forma similar, os trabalhadores destas não querem ser tratados como "recursos", e sim como seres humanos, que buscam equilibrar a vida pessoal com a profissional. Apresentam o potencial para dar o melhor de si, mas nem sempre encontram uma "avenida larga" na companhia para desenvolver suas potencialidades.

A grande questão com que as empresas se deparam é que as fórmulas do passado utilizadas pela antiga área de RH não mais se aplicam na atualidade e não dão vazão às novas relações de trabalho. Modificar a cultura dessa área, aumentando sua proatividade para contribuir com os negócios, passou a ser um imperativo.

CAPÍTULO 2

Muitas empresas mudaram o nome de batismo da área de RH, passando a chamá-la de *Desenvolvimento Humano*, *Gente e Gestão* e outras variações mais atuais. Incrivelmente, várias dessas organizações mudaram somente a "etiqueta" para acompanhar a "moda", porém, conservaram os processos e a política de pessoas. O resultado disso? Mandam sinais invertidos para os colaboradores e não resolvem o problema da criação da alta *performance*.

Mais importante que renomear é modificar a cultura, processos, sistemas e diretrizes de pessoas para que a organização se torne centrada na experiência do colaborador, ou, como chamamos, *Employee Experience Oriented*. Além desse movimento para "dentro", a área de RH pode contribuir mais ativamente para gerar experiências gratificantes para "fora", ou seja, para os consumidores. Lembrando que corporações mais orientadas à experiência do colaborador tendem a ter resultados superiores na implantação de estratégias de *Customer Experience*, visando fidelizar seus clientes.

Vivemos numa era sem precedentes, na qual o respeito ao funcionário, o foco no seu desenvolvimento profissional e a busca pelo equilíbrio entre vida pessoal e trabalho passaram a ser mandatórios para qualquer organização que pretende ser bem-sucedida em seu mercado. Adicionalmente, a descoberta dos benefícios advindos da aplicação de estratégias de *Employee Experience* e de *Employee Engagement* vem provocando a reestruturação dos modelos de gestão dos colaboradores.

Os tópicos a seguir tratarão de estratégias e ações para transformação do RH em um parceiro estratégico e operacional da empresa para melhor viabilizar atração, desenvolvimento e retenção de pessoas talentosas, ampliando o foco também no *Customer Experience*.

Uma breve história dos papéis exercidos pela área de RH

Você sabia que ainda há, atualmente, colaboradores que desconhecem o real papel da área de Recursos Humanos? Uma das justificativas é que as empresas comunicam com muito mais eloquência os feitos das áreas de negócios. É muito comum que as estórias de vendas, marketing, inovação e tecnologia ganhem as manchetes das reuniões internas, o que leva parte dos colaboradores a desconhecer as estratégias de pessoas.

Um outro ponto para se refletir é que a área de RH é considerada, na cadeia de valor das empresas, como área de suporte, o que muitas vezes é interpretado como de importância secundária. Esse é dos maiores enganos que podem ocorrer.

Outro aspecto cultural que precisa ser considerado é que, lamentavelmente, vários funcionários encaram a área de RH com alguma desconfiança ou até mesmo ceticismo. O problema é que, para a implantação do *Employee Experience* ocorrer, um dos ingredientes mais importantes é a **confiança**.

Para entendermos melhor essa realidade, será importante conhecer o histórico da área de RH, que vem mudando conforme as exigências da sociedade.

Tornando *Employee Experience* e Gestão de Pessoas estratégicos o *rebranding* do RH

Nos anos de 1980, a área de Recursos Humanos precisou fazer um importante papel de defender as pessoas, pois o ambiente empresarial estava ácido, com grande concentração de poder nos gestores que utilizavam a hierarquia como principal instrumento de condução de equipes.

Na medida em que as empresas se desenvolveram na década de 2000, os gestores de RH perceberam que precisavam se tornar especialistas para dar conta de processos como recrutamento, seleção, treinamento e remuneração.

O grande questionamento desse foco excessivo foi que os analistas de RH eram limitados quanto à visão mais abrangente do negócio. Por outro lado, as áreas de negócios se ressentiam da distância desses profissionais, que muitas vezes eram acusados de não "sujarem o dedo de graxa", preferindo ficar distantes das atividades fim das empresas.

Principalmente a partir de 2014, com o agravamento da crise econômica brasileira, as empresas tiveram que se reestruturar e diminuir drasticamente o seu quadro de pessoal, o que levou o departamento de RH a atribuir mais processos aos seus especialistas. Ao mesmo tempo, os CEOs intensificaram seu pedido para os colabores dessa área estarem mais nas operações, acompanhando de perto os seus clientes internos. Daí houve a intensificação do trabalho de RH com as áreas, aumentando o foco dos seus analistas em serem parceiros de negócios – *business partners*.

Essa mudança tática foi extremamente benéfica. Os *business partners* em sua maioria foram bem-sucedidos, pois entenderam a atividade do seu cliente interno e, por isso, puderam ajudá-lo em vários processos de Gestão de Pessoas. Contudo, essa mudança não foi suficiente para elevar o patamar da área de RH para um platô mais estratégico e mais integrado aos negócios da companhia.

A pandemia, que "empurrou" de uma hora para outra as pessoas para trabalharem em casa sem preparação prévia, foi um acelerador para a reestruturação da função de RH. Nunca os profissionais dessa área foram tão desafiados a agir com extrema urgência e determinação. Há quem tenha se saído bem, mas há profissionais que não conseguiram lidar com essa tempestade de mudança nas relações humanas.

Uma grande revolução está ocorrendo exatamente quando você está lendo este livro. Uma prova dessa ruptura é que a área de Recursos Humanos cansou do próprio nome e se prontificou em várias partes do mundo a assumir um compromisso mais potente para a organização. Na Airbnb, o *head* de pessoas posicionou-se como o *Global Head of Employee Experience*, no Facebook a área é chamada de People@. Já na Salesforce, a área foi denominada como *Employee Success*. Já reparou que essas nomenclaturas são análogas às que são utilizadas no mercado para representar o cuidado com a experiência e com o sucesso do cliente externo, como *Customer Experience e Customer Success*? Não é coincidência, mas sim estratégia!

O papel de aliar Gestão de Pessoas e *Employee Experience* para essa área ficou mais evidente após o começo da pandemia, que levou à conclusão de que, para a sobrevivência das empresas, o empoderamento dos líderes era mandatório.

CAPÍTULO 2

As lideranças de todas as áreas da empresa foram convocadas a aumentarem a competência em captação, desenvolvimento e retenção de talentos. Além disso, foi enormemente intensificado o modelo de liderar equipes a distância, em função da proliferação do *home office*, o que gerou a necessidade de desenvolver novas competências nas pessoas.

Novos desafios surgiram, como, por exemplo, a atuação da área de Talentos Humanos – TH como moderadora para evitar o *stress* das equipes nas atividades de *home office*.

O jogo está sendo modificado. Ao invés de se especializar em prestar suporte a essas gerências, a área de Talentos Humanos possui o maior desafio de todos: torná-las competentes em termos de *Employee Experience* e Gestão de Pessoas.

Figura 2.1 Um a breve história dos papéis exercidos pela área de RH

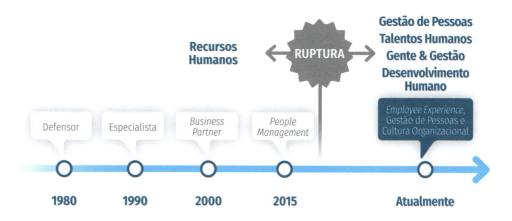

Fonte: Desenvolvida pelo autor.

Portanto, na atualidade, o processo de gerenciar pessoas não pode ser atribuído com exclusividade à área de TH. É uma responsabilidade mandatória dos gestores da organização, sejam estes líderes de equipes ou gerentes de projetos, mesmo que não possuam liderados.

A transformação da área de RH para *Employee Experience* está demandando novas competências para esse núcleo e para todos os líderes da organização. Uma das mais importantes é a capacidade de modelagem da **Cultura Organizacional**. Adicionalmente, está elevando a importância de Talentos Humanos para um patamar mais estratégico, obrigando as empresas a fazerem um verdadeiro *rebranding* do RH.

Tornando *Employee Experience* e Gestão de Pessoas estratégicos o *rebranding* do RH

A partir da tendência *Employee Experience*, torna-se fundamental inovar e renovar as responsabilidades e estratégias da área tradicional de RH. É o que será visto a seguir, no que chamamos de *rebranding* de Recursos Humanos.

O *rebranding* de Recursos Humanos

Há décadas, a área de marketing das empresas se chama marketing. A área de logística, de logística. A área de finanças, de finanças, e por aí vai. Contudo, a área de RH parece não estar contente com seu nome de batismo, muito provavelmente porque a palavra *recurso* é a mesma usada para descrever pessoas, cadeiras e dinheiro. Esse apelido já não é mais adequado para as relações humanas!

Embora muitos gestores lutem para conservar o antigo nome do departamento, a avalanche de inovação trazida pelo *Customer Experience* e pelo *Employee Experience* está alterando tremendamente as relações com os colaboradores. Eles, principalmente as novas gerações, estão ditando novas formas de comportamento e deixando as empresas confusas, seus líderes perdidos e a cultura organizacional abalada. Tudo isso vem pressionando por mudanças urgentes no paradigma de gerenciamento de pessoas.

As novas gerações já não mais aceitam as fórmulas do passado. O modelo de Gestão de Pessoas está sendo redesenhado. Daí, defendo o *rebranding* da antiga área de RH, que precisa reavaliar o seu título, posicionamento, estratégias, diretrizes e ferramentas. Não adianta apenas trocar seu nome, se a cultura organizacional e o modelo de gestão não mudarem. Temos que aprimorar tudo que for necessário para atrair, engajar e reter melhor os talentos.

Sabemos que os EUA são os principais polos irradiadores de novidades em termos de *management*. Lá, eles estão revendo o nome de RH para alternativas como *Employee Experience*, *Human Capital Management*, *Talent Management*, *People and Development* e *Human Relations*, entre outros.

O ponto central, como falei, não é a mudança isolada do nome do departamento. Tudo dependerá do novo posicionamento dessa importante competência dentro da organização. Existem dois grandes eixos de entregas que precisam de foco:

Estratégias e política de Gestão de Pessoas – em que medida a área de RH lidera a criação de estratégias de Gestão de Pessoas, a partir do planejamento estratégico? Ela tem o poder de definir de aprovar junto com seus pares as diretrizes que constituem a política de Gestão de Talentos? Qual o grau de autonomia do *head* da área para implantar e fazer valer esta política?

Conhecimento do negócio e participação na operação – a área de RH "opera junto com a operação"? Ela está na linha de frente lutando para o sucesso das pessoas que estão no negócio? Ela foca, verdadeiramente, suas atividades em *Employee Experience* e no *Customer Experience*? A área de Gestão de Pessoas não apenas conhece o negócio mas também contribui para o aumento de resultados?

A Figura 2.2 propõe qual o novo papel para a área a partir desses dois eixos.

CAPÍTULO 2

Figura 2.2 A migração de quadrantes para um novo posicionamento da área de Recursos Humanos – *Employee Experience*, Gestão de Pessoas e Cultura Organizacional – EX+GP+CO.

Fonte: Desenvolvida pelo autor.

Para haver o *rebranding* de RH, o pressuposto é o departamento migrar do foco operacional excessivo de DP ou mesmo da posição de *RH soberano* e colocar a maior energia possível em proporcionar resultados para o negócio de maneira mais intensiva e com grande impacto na experiência dos colaboradores. Além disso, o quadrante EX+GP+CO pressupõe que a área deve estar à frente em definir e atualizar, com autonomia de reconhecimento na empresa, estratégias e diretrizes de pessoas.

Rever a denominação da área pode ser interessante, contanto que sejam revistas as responsabilidades de quem trabalha lá. É o que apresentarei a seguir.

Nomes para o *rebranding*

O termo RH é comumente utilizado para designar uma área da organização (departamento), um processo gerencial ou uma competência essencial para os gestores. Já o termo TH, por exemplo, é mais interessante por embutir um compromisso mais consistente: desenvolver e reter talentos.

A literatura e as empresas também até hoje chamam a competência de pessoas de Recursos Humanos, embora eu não seja fã, porque reduz a condição humana a recursos organizacionais levemente "parecidos" com recursos materiais, financeiros e infraestrutura. É por isso que recomendamos a adoção de nomes mais humanizados para essa competência, como:

- » *Employee Experience* – EX.
- » Gestão de Pessoas – GP.
- » Talentos Humanos – TH.

Tornando *Employee Experience* e Gestão de Pessoas estratégicos o *rebranding* do RH

» Desenvolvimento Humano Organizacional – DHO.
» Gente e Gestão – G&G.
» Gestão de Talentos – GT.
» Capital Humano – CH.

Independentemente do título, gerenciar pessoas é uma especialização estudada pela Administração, que é uma subárea dentro das Ciências Sociais Aplicadas. Também é amplamente estudada pelas Ciências Humanas e pelas Engenharias. O debate atual sobre as pessoas dentro das companhias vem ganhando notoriedade graças à tendência mundial de liberdade de expressão, crescimento exponencial da tecnologia e novas formas de organização do trabalho presencial e remoto. A pandemia acelerou ainda mais o processo de revisão das funções de gerenciamento de talentos.

Para ser coerente no livro, daqui para frente, vou dar preferência a utilizar o termo *Talentos Humanos*, ao invés de RH.

A área de TH, portanto, possui diversas funções e deve buscar complementaridade com os demais departamentos da empresa, que também precisam "pilotar" o processo de gerenciar talentos. Quero dizer com isso que o processo de gerenciamento de times não é função exclusiva da área de TH, muito pelo contrário, é uma **responsabilidade compartilhada** por todos os líderes da organização.

Na Figura 2.3, demonstro essa complementaridade.

Figura 2.3 Exemplo de funções da área de Talentos Humanos e as funções correlatas dos líderes das demais áreas.

Fonte: Desenvolvida pelo autor.

Para cada função da área de TH (coluna esquerda), existe uma correlata para os líderes dos demais departamentos da companhia (coluna direita). Por exemplo, enquanto RH é o responsável pela criação, capacitação e manutenção das diretrizes de pessoas, os gerentes de outros setores devem fazer valer esse conjunto e tomar decisões quanto aos colaboradores.

Percebeu a complementaridade que deve existir entre a área de TH e os demais líderes da companhia? Enquanto uma função nobre de TH é dirigir as mudanças para consolidar ou rever a Cultura Organizacional, os líderes precisam fazer com que os valores da Cultura Organizacional sejam praticados por todos. Uma verdadeira parceria.

Outro ponto que merece foco é que, diferentemente dos ativos tangíveis, isto é, aqueles que podemos controlar e prever, os ativos intangíveis são os mais fascinantes em termos de geração de valor para as empresas e seus clientes.

Os ativos tangíveis são facilmente imitados e, por isso, criam vantagens competitivas temporárias para as empresas. Já os intangíveis criam vantagens competitivas altamente eficazes e podem gerar resultados surpreendentes paras as organizações. Veja a Figura 2.4.

Figura 2.4 As pessoas formam os ativos intangíveis que são os mais sensíveis e promissores das organizações.

Fonte: Desenvolvida pelo autor.

Tornando *Employee Experience* e Gestão de Pessoas estratégicos o *rebranding* do RH

Portanto, gerenciar gente é uma macrocompetência organizacional que cuida da elevação dos ativos intangíveis da empresa, os quais são baseados em indivíduos, nos conhecimentos, nas experiências e nos relacionamentos vivenciados por todos.

O ser humano e as suas "etiquetas" nas organizações

Você já percebeu a variedade de denominações que as pessoas recebem nas organizações? Alguns as chamam de funcionários, outros de colaboradores e outros, de empregados.

A importância desse fato é que o nome, ou a "etiqueta" como os gestores designam as pessoas, será aderente ao que se espera delas na organização. De fato, o nome de algo tende a delimitar o seu alcance.

A academia e as empresas vêm criando ao longo das décadas novas "etiquetas" para nós, humanos, conforme apresento a seguir. Por enquanto, cheguei a um total de 36, mas essa lista em ordem alfabética deve aumentar com o passar do tempo. Como as pessoas são intituladas na organização dependerá também do fato de ser ela pública ou privada, tradicional ou *startup*, conforme a seguir.

1. Agente de transformação
2. Aprendiz
3. Assalariado
4. Autônomo
5. Capital humano
6. Capital intelectual
7. Cliente interno
8. Colaborador
9. Contratado
10. Cooperado
11. Cooperador
12. Empreendedor
13. Empregado
14. Estagiário
15. Estatutário
16. Executivo
17. Fixo
18. Fornecedor interno
19. *Freelancer*
20. Funcionário
21. Gestor
22. Herói
23. Líder
24. Liderado
25. Mão de obra
26. Parceiro
27. Recurso
28. Servidor
29. *Stakeholder*
30. Subordinado
31. Substituto
32. Sucessor
33. Talento
34. Temporário
35. Trabalhador

CAPÍTULO 2

É impressionante como alguns desses apelidos são inadequados, como é o caso de mão de obra.

Existe um nome mais acertado para representar as pessoas nas empresas? A resposta é um sincero não, pois cada organização possui sua própria cultura. No setor público, por exemplo, a denominação *servidor* é comumente utilizada. No setor privado, há grande predomínio da palavra *colaborador* ou *funcionário,* e a CLT designa como *empregado.*

Veja bem que a palavra *colaborador* ainda não é ideal, pois as pessoas precisam ir além de "colaborar" e apresentar alto grau de responsabilidade e engajamento nas empresas em que trabalham. Talvez por isso, os títulos de *parceiro* e *empreendedor* tenham ganhado destaque em algumas organizações.

Portanto, a depender da cultura da organização, haverá a denominação mais adequada escolhida estrategicamente pelo *board*.

Já sabemos o que evitar, mas não sabemos ainda qual a denominação ideal.

Qual a tendência nos próximos anos? Você arriscaria?

Que tal pensarmos em nomes com maior ação, como *realizadores, cooperadores* ou *talentos*?

E você, já pensou no título mais adequado para denominar as pessoas que trabalham nas empresas? Envie um *e-mail* com a sua sugestão para mim: roberto.madruga@conquist.com.br.

Gestão por Competências através do C.H.A.R.

Competência é de longe a palavra mais pronunciada nas organizações.

Gestão por competências, avaliação de competências, desenvolvimento de competências, competências técnicas, competências comportamentais, competências híbridas, competências distintivas, competências essenciais, competências sociais, competências *core*... e não para por aí.

O conceito de competência pode variar de acordo com uma abordagem mais prática ou mais acadêmica. Uma das mais aceitas define competência como o conjunto de Conhecimentos, Habilidades e Atitudes – C.H.A. de alguém.

O mais importante é identificarmos a interdependência das competências requeridas para cada cargo, que são base para sustentação dos papéis a serem desempenhados pelo profissional de TH e pelos demais gestores da empresa. Sem o desenvolvimento robusto de competências, o desempenho do administrador fica comprometido. Por isso, se faz importante acrescentarmos a palavra **Resultados** nas competências, viabilizando assim o surgimento de talentos. O "R" significa o compromisso de o

Tornando *Employee Experience* e Gestão de Pessoas estratégicos o *rebranding* do RH

colaborador colocar em prática dentro do melhor padrão de qualidade possível aquilo que aprendeu, buscando resultados mútuos (fazer acontecer). A Figura 2.5 apresenta o C.H.A.R.

Figura 2.5 A evolução do C.H.A. para C.H.A.R.

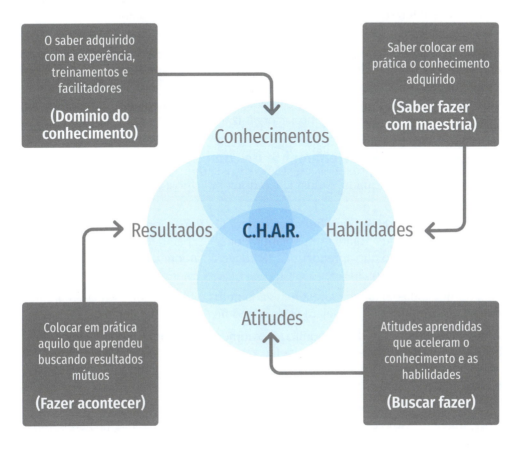

Fonte: Desenvolvida pelo autor com base em Madruga (2018).

O passo inicial para a construção de qualquer competência é a aquisição de conhecimentos, contudo somente as habilidades trarão maestria para executar a tarefa. Em seguida, as atitudes aprendidas complementam o conhecimento e as habilidades (buscar fazer). Contudo, ao C.H.A. deve ser agregado o componente *Resultado*, gerando o compromisso de que a competência não ficará "estacionada" na empresa.

CAPÍTULO 2

Em meu livro *Treinamento e Desenvolvimento com Foco em Educação Corporativa,* cometi alguns atrevimentos, entre o quais ampliei o significado de competência, pois é importante acrescentarmos o "R" de resultados para garantir que todo **C.H.A.R.** seja orientado não apenas para o êxito pessoal de quem se desenvolve, mas também da organização, dos clientes e da sociedade.

A competência profissional, portanto, é um conjunto de habilidades, conhecimentos e atitudes que terão maior valor se colocados em prática, buscando resultados (R). De nada adianta "armazenar" tal competência se ela não for aplicada e gerar valor.

Assumir responsabilidades, desenvolver autonomia, autodesenvolver-se, dedicar-se com paixão a seu trabalho e aplicar o seu talento em prol do sucesso das equipes e da organização definem claramente a missão do colaborador ao adquirir competências profissionais por cargo. Elas não podem ficar "estacionadas" em sua mente, mas "devem sair à caça" de melhorias organizacionais.

C.H.A.R., o fim do estacionamento de competências

Competência estacionada é custo. Competência posta em prática é investimento.

Acoplar o "R" ao C.H.A. contribui para colocar um fim ao romântico significado de competência. De que adianta um colaborador ser capacitado pela empresa e não colocar em prática o que aprendeu? O "R" deverá garantir que a competência será exercida e não estacionada.

Lembro que toda e qualquer tarefa realizada numa organização privada ou pública deve conduzir a resultados, sejam estes econômicos, de experiência ou sociais.

Um exemplo de resultado econômico é o aumento de vendas, já o de experiência é a elevação do *Customer Experience* favorecendo a jornada do cliente. O resultado social pode ser a produção de mais vacinas em menor tempo ou a redução de desperdício de recursos não renováveis.

Apesar do fato de competência ser o maior objeto de desejo dos líderes na atualidade, muitas pessoas que desenvolveram arduamente essa capacidade nem sempre as colocam a serviço da empresa.

Se você fosse dono de um restaurante, gostaria que os garçons ficassem estáticos, enquanto a grande clientela clama por atendimento? Esse é um exemplo simples, mas que pode ser estendido para vários cargos na empresa. Muitas pessoas talentosas não são estimuladas para colocar em prática o que aprenderam; chamo isso de **estacionar competências**.

Um exemplo gritante é quando um supervisor de atendimento que, em tese, possui maestria para lidar com crises de clientes, porém não aplica essa capacidade para lidar com situações delicadas de sua equipe, prestando um atendimento interno deficitário, empobrecendo a experiência do colaborador.

Outra situação ocorre quando um gestor de RH extremamente capaz cuida do processo de treinamento de toda a empresa, contudo, o seu time de analistas não é desenvolvido por falta de tempo. Assim ele também desperdiçará sua aptidão.

No estacionamento de competências as pessoas as possuem, entretanto, não as praticam em sua plenitude. É como se deixassem as capacidades paradas, sem uso. Assim elas se deterioram. Não é sempre que isso ocorre, contudo, adquirir competências numa organização e não as colocar em prática é um grande desperdício.

Na Figura 2.6, demonstro como "Resultados" pode englobar todo C.H.A.R.

Figura 2.6 Conhecimentos, habilidades e atitudes são englobados pelo R.

Fonte: Desenvolvida pelo autor.

Não bastam pessoas capazes. É preciso exercer a capacidade, apontando-a numa direção, gerando benefícios para as partes. Aliás, essa é uma das maiores fontes de realização do ser humano.

De nada adianta "estacionar" competências se a mesmas não forem aplicadas e gerarem valor para a organização, para o próprio colaborador e para a sociedade.

Abrangência das competências

Quando tratamos de competências, podemos classificá-las quanto à sua abrangência e quanto à competição da empresa. Quanto à **abrangência das competências**, os gestores de pessoas devem estar atentos que, antes de traçar as competências por cargo, é preciso compreender as competências organizacionais, isto é, aquelas que são comuns a todos. Um bom exemplo de macrocompetência organizacional numa empresa de engenharia é a competência analítica.

Em relação às **competências para competir no mercado**, as empresas possuem competências essenciais e distintivas. A primeira garante que a organização executará com sucesso o seu propósito e a segunda a torna diferente dos demais concorrentes. A Figura 2.7 apresenta a tipificação.

CAPÍTULO 2

Figura 2.7 As competências podem ser classificadas também por abrangência e competição.

Fonte: Desenvolvida pelo autor.

Quanto às competências ligadas à competição, uma pergunta que os líderes e o pessoal de TH devem se fazer sempre: estamos dando ênfase à capacitação dos times somente em competências essenciais ou estamos priorizando também as distintivas? Caso as distintivas sejam deixadas de lado, a possibilidade de a empresa ser sugada pela concorrência e desaparecer nos próximos anos é, simplesmente, enorme.

Falando das competências por cargo, um dos grandes obstáculos na atualidade para o sucesso de empresas que desejam crescer é deficiência da "pegada" de liderança. Muitos gestores frequentemente possuem dificuldades para delegar tarefas mais complexas para equipe e apresentam também pouca prioridade para desenvolver o time em competências que não sejam apenas técnicas.

Outro aspecto que impede uma organização de ganhar mercado é a visão pontual do gestor em relação ao trabalho, muitas vezes deixando de aproveitar oportunidades que estão acontecendo à sua volta. A competência de visão periférica num mercado cada vez mais competitivo é vital.

A competência profissional do colaborador, portanto, não pode ser deixada à sua própria sorte. Os colaboradores devem ser liderados por pessoas que incentivem e proporcionem meios para o desenvolvimento constante do C.H.A.R.

No tópico a seguir, apresentarei as competências essenciais e as competências complementares para quem almeja trabalhar na área de Talentos Humanos ou para quem deseja ser um líder bem-sucedido em outro departamento.

Competências essenciais e complementares de Talentos Humanos

Competência é o Santo Graal das organizações, as quais continuamente precisam desenvolver seus colaboradores nas questões técnicas, comportamentais e híbridas. Estas últimas são as competências mais trabalhosas para serem desenvolvidas, pois demandam a transformação técnica da pessoa assim como sua base comportamental, ambas sempre alinhadas com o negócio da empresa. Assim, são as competências de liderança, negociação, comunicação, administração de conflitos e tantas outras híbridas que fazem parte do desenvolvimento de talentos.

Figura 2.8 Exemplos de competências técnicas, comportamentais e híbridas.

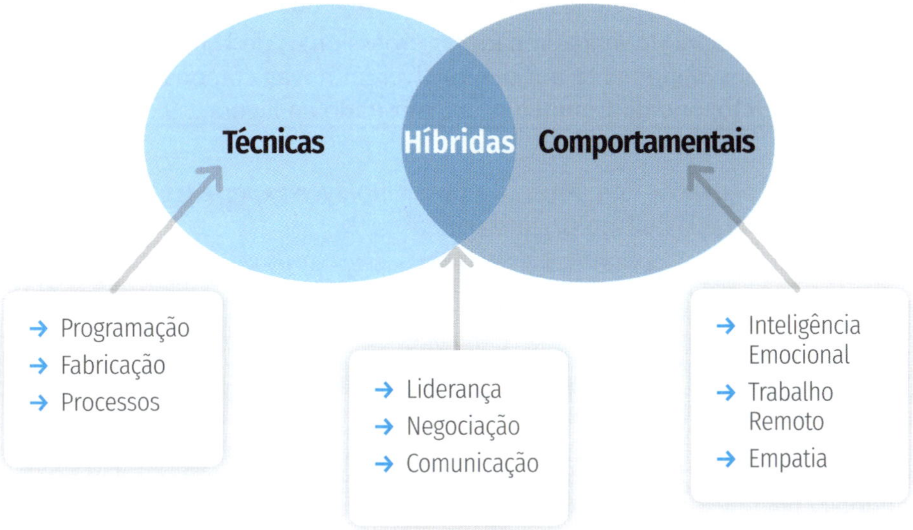

Técnicas — Híbridas — Comportamentais

→ Programação
→ Fabricação
→ Processos

→ Liderança
→ Negociação
→ Comunicação

→ Inteligência Emocional
→ Trabalho Remoto
→ Empatia

Fonte: Desenvolvida pelo autor.

As **competências comportamentais** estão em ascensão no mundo todo, e a pandemia acelerou a necessidade de as pessoas estarem mais desenvolvidas em suas ações, como, por exemplo, demonstrar atitudes aderentes ao trabalho remoto, responsabilidade, autonomia e foco.

O que você acha que é mais prioritário para a área de TH e para os gestores focados em pessoas? Aprimorar o processo seletivo para selecionar as pessoas mais potenciais ou desenvolver estratégias para preparar os colaboradores mais talentosos? Se você respondeu que os dois trabalhos são prioritários e precisam ser feitos ao mesmo tempo, acertou!

Trabalhos tão diversos aumentam a exigência sobre gerentes, coordenadores e especialistas para que dominem a maior parte dos processos de TH. Recrutar e selecionar exige competências "caça talentos" enquanto capacitar colaboradores exige medidas de educação corporativa mais de longo prazo. Já desenvolver um modelo de avaliação e desempenho demanda um trabalho analítico desses profissionais.

O processo de recrutamento e seleção, por exemplo, exige um grande esforço dos profissionais de TH, pois os novos colaboradores estão mais inquietos quanto à aceitação da hierarquia tradicional. Juntando-se a isso, temos também os seguintes cenários:

» Dificuldade de mão de obra especializada e alta rotatividade.

» Muitas pessoas ingressando no mercado com escolaridade de baixa qualidade.

» Diversas gerações diferentes participando dos processos seletivos.

» Modificação de valores das pessoas numa sociedade em mudanças.

CAPÍTULO 2

- » Aumento da competição entre as empresas e entre os departamentos.
- » Colaboradores mais sensíveis à sua jornada na empresa.

Esse complexo cenário tem pressionado os profissionais de TH e os demais líderes a se reinventarem diariamente e a desenvolverem novas competências. Inspirado nisso, criei o **Octógono de Competências**, mostrado na Figura 2.9.

Figura 2.9 Octógono de Competências para *Employee Experience*, Gestão de Pessoas e Cultura Organizacional.

Fonte: Desenvolvida pelo autor.

A forma octogonal me levou a refletir: o que deve ficar dentro do diagrama, sendo comum a todas as competências? A reposta é *Employee Experience*, Gestão de Pessoas e Cultura Organizacional (EX+GP+CO).

Gestores de pessoas, sejam eles da área de Talentos Humanos ou líderes das demais áreas, podem se aprofundar nessas habilidades, por isso, torna-se necessário

Tornando *Employee Experience* e Gestão de Pessoas estratégicos o *rebranding* do RH

adquirir competências complementares. Os profissionais mais talentosos raramente se contentam apenas com as competências essenciais. Querem mais!

Você deve estar imaginando que a vida para os profissionais de TH e para os líderes de outras áreas se tornou mais complexa. Em verdade, você acertou, pois o mercado vem exigindo que esses profissionais incorporem novas habilidades para enfrentar uma competição cada vez mais voraz entre as empresas.

Veja o exemplo no Quadro 2.1 quanto ao processo de treinamento. Ao líder cabe o perfeito domínio de como realizar diagnósticos, identificar *gaps*, forças e fraquezas da sua equipe a fim de promover uma capacitação estruturada e com benefícios para todos. Contudo, ele não poderá estar alheio ao desenvolvimento do material didático e à aplicação de metodologias ativas de ensino.

Quadro 2.1 Competências essenciais e competências complementares desejáveis para quem lida com Gestão de Pessoas.

Processo	Competências essenciais	Competências adicionais desejáveis
Treinamento e Desenvolvimento	Realizar diagnósticos e identificar *gaps* de competências	Elaborar material didático e metodologias ativas de ensino
Captação, seleção e *onboarding*	Saber ouvir e aplicar de técnicas de seleção	Negociação, assertividade na comunicação e leitura corporal
Gestão do desempenho, indicadores e produtividade	Análise de resultados e elaboração de planos	*Analytics*, elaboração de relatórios e apresentações
Feedback para os colaboradores	Acolhimento e comunicação assertiva	Aplicação do *feedback* FeedMentor e Plano de Desenvolvimento Individual – PDI

Fonte: Desenvolvido pelo autor.

Veja que aplicar *feedback* exige que o líder tenha maestria em acolher as pessoas e comunicar-se assertivamente. Contudo, o sucesso da sua ação de desenvolvimento será superior se aplicar o *feedback* com uma nova técnica, por exemplo, o **Feed-Mentor 20 minutos**, apresentado no Capítulo 1.

Embora a área de TH e os líderes possam contratar uma empresa externa para desenvolvimento do conteúdo e para ministrar os treinamentos, a empresa não deve ficar alheia e deixar de dirigir a modelagem dessa ação educacional. Pode ser que o líder nem possua habilidades para desenvolver conteúdos instrucionais, contudo, será sempre desejável que ele tenha competência para compreender o processo educacional de adultos a fim de demandar o que será desenvolvido.

Dessa forma, não basta que haja domínio das competências essenciais. Há de se construírem as competências complementares.

O líder que deseja priorizar o *Employee Experience* precisa compreender como o implanta. É o que será apresentado a seguir.

CAPÍTULO 2

Sete passos para implantar o *Employee Experience*

Colaboradores tornam-se consumidores nos próprios ambientes de trabalho. A sociedade acostumou-se ao direito e variedade de escolha quando precisa de um produto ou serviço – então, por que seria diferente ao se buscar uma carreira ou local de trabalho?

É com essa provocação que o Instituto Gallup, consultoria global e de pesquisa de opiniões, alerta sobre a importância de abraçar o *Employee Experience* na cultura das empresas. O cenário apontado pela companhia causa apreensão: enquanto **63%** dos funcionários acreditam que conseguiriam um emprego tão bom quanto o que já possuem, **51%** estão, de fato, procurando outras oportunidades enquanto empregados. Isso gasta um bocado de energia, você não acha?

Embora cada empresa precise de um plano personalizado para ter sucesso na implementação de *Employee Experience* efetiva, a Gallup fornece sete passos comuns a todos que agem para edificar uma atenção constante aos pontos de contato com os colaboradores:

1. **Atrair**: elementos culturais usados para que os maiores talentos venham até você.
2. **Contratar**: o processo seletivo posto em prática por uma equipe que reconheça os melhores.
3. **Embarcar**: os novos colaboradores devem encontrar o que lhes foi prometido na seleção.
4. **Engajar**: funcionários sempre motivados e aliados às melhores práticas no trabalho.
5. **Realizar**: avaliações de *performance* justas, precisas e consonantes com cada cargo.
6. **Desenvolver**: oferecer jornadas de crescimento de carreira personalizadas e flexíveis.
7. **Partir**: evitar a perda de talentos e criar uma experiência positiva em casos inevitáveis.

Um ponto adicional que considero para a implantação do EX é o bom manejo do método de *design thinking*, que tanto utilizamos nos processos de educação corporativa. A seguir, veremos como ele também colabora para a modelagem da experiência do colaborador igualmente nos demais processos de Gestão de Pessoas.

O *design thinking* apoiando o *Employee Experience*

A possibilidade de ter um colaborador que desempenhe suas funções de forma excelente a todo momento é algo que muitos buscam alcançar ou mesmo julgam utopia. Para sermos ótimos em algo, precisamos, primeiro, ser bons.

O ponto de partida para a boa *performance* é o ambiente de trabalho. Os aspectos físicos contam, contudo, são os fatores menos tangíveis que realmente incentivam – o FeedMentor 20 minutos, a comunicação transparente, sentimento de trabalhar em algo importante e equipes alinhadas.

Em um importante artigo para HR Trend Institute, Sara Coene aponta que perceber como a experiência do colaborador se edifica e perpassa por esses e outros pontos é uma tarefa primordial do RH. Para entender como é a jornada de um colaborador ao longo de toda sua rotina no emprego e, principalmente, saber reter líderes e talentos, é preciso criar um ambiente em que esses indivíduos queiram naturalmente estar inseridos. E isso é facilitado pelo **design thinking**.

Mas como fazer para utilizar o *design thinking* no engrandecimento das ações de *Employee Experience*? Sara Coene é sucinta ao ditar os passos para que essa aliança ocorra. O primeiro deles é entender o mapa da jornada do colaborador, descrito na Figura 2.10, identificar quais elementos trazem mais valor para a visão que os parceiros têm da empresa e trabalhar neles de forma individual, sem atingir muitos quadrados ao mesmo tempo.

Figura 2.10 A jornada do colaborador e o desdobramento dela.

Fonte: Desenvolvida pelo autor com base em Coene (2018).

Os passos podem ser encontrados no Quadro 2.2, que garante um início da relação entre o *design thinking* e o *Employee Experience* na organização. Estar atento a essas práticas é proporcionar inovação dentro da empresa, hábito que apoia a potencialidade de o mercado perceber esse ambiente inovador.

CAPÍTULO 2

Quadro 2.2 Os 10 passos para aliar *design thinking* e *Employee Experience*.

Aliando *design thinking* e *Employee Experience*	
1. Defina seu foco	Foque nos estágios mais importantes para seus funcionários e para a empresa em si, melhorando-os um de cada vez.
2. Forme times multidisciplinares	O *Employee Experience* deve ser de responsabilidade de todas as áreas, não só do RH. Diversidade é importante.
3. Mapeie as jornadas dos colaboradores	Com os focos do passo 1 definidos, crie mapas possíveis para os seus futuros e atuais colaboradores.
4. Desenhe a experiência desejada	Imagine como o *Employee Experience* perfeito funcionaria e quais consequências teria na sua empresa.
5. Identifique os principais desafios	Agora que forças e focos dos funcionários foram identificados, é hora de antever o que pode ser um empecilho.
6. Solucione os desafios	Hora de criar ideias e conceitos para transpor o estado atual e estar mais próximo da boa experiência.
7. Teste soluções	Medir a eficácia das soluções criadas pela equipe em desafios da sua empresa.
8. Implemente novos conceitos	Com conhecimento das soluções eficientes, elas podem ser inseridas na cultura da empresa e divulgadas.
9. Aprenda com os erros	A adoção das soluções sempre terá algum atrito; aprenda os porquês e facilite implementações futuras.
10. Continue melhorando suas soluções	Meça continuamente a eficiência das soluções encontradas, atualize-as, descarte-as sempre que necessário.

Fonte: Desenvolvido pelo autor com base em Coene (2018).

Contratar, desenvolver e engajar pessoas jamais pode ser entendido como um movimento exclusivamente operacional. É também uma obra estratégica, desenhada a muitas mãos, durante a discussão das estratégias da empresa. É o que veremos a seguir.

Gestão estratégica e a integração das funções organizacionais

As funções organizacionais são todas aquelas que os colaboradores exercem para cumprirem a missão definida pelo *board*. Podemos dividir as funções organizacionais de várias formas, e uma das mais interessantes é olharmos pelo prisma dos principais processos e competências. Assim, a função de marketing, por exemplo, inclui funções de desenvolvimento de produtos, *pricing* e distribuição. Enquanto isso, a função financeira designa a melhor forma de utilização de recursos da organização e a função de produção cuida de transformar matéria-prima em produtos e serviços de qualidade para os consumidores. A função de *Customer Experience* inclui os métodos, processos e ferramentas para atrair e fidelizar clientes.

Imaginemos uma grande empresa com milhares de funcionários e centenas de funções organizacionais. Como ela seria se não houvesse a articulação e integração dessas funções? Naturalmente, um verdadeiro caos, pois cada departamento agiria por conta própria, sem visão sistêmica e sem considerar as estratégias organizacionais.

Aliás, essa é uma tendência perigosa de organizações que não se planejam minimamente, deixando ao sabor dos ventos as iniciativas de cada departamento. Dessa forma, predomina a força e a persuasão de seus representantes em executar estratégias próprias, ao invés de estratégias integradoras para aproveitar a sinergia empresarial. A famosa lei da selva!

Concluindo, o processo de **Gestão Estratégica** é um facilitador da integração das funções organizacionais de pessoas, atuando de várias formas:

» Integra as diversas funções da empresa para haver trocas e sinergias para cumprir a missão, visão e compartilhar os valores.

» Acentua na organização a necessidade de todos estarem engajados para cumprir as estratégias organizacionais.

» Faz lembrar que as estratégias organizacionais são tão importantes quanto as estratégias departamentais.

» Permite alocação e compartilhamento de recursos de forma mais eficaz entre as diversas funções organizacionais, definindo melhor as prioridades.

» Cria o hábito na organização de valorizar o planejamento ágil na área de Talentos Humanos.

A seguir, apresentarei como a competência de Talentos Humanos, uma das mais nobres funções organizacionais, deve estar integrada ao planejamento estratégico.

Planejamento estratégico ágil e a participação de TH

Todos nós, sem exceção, somos corresponsáveis pelo sucesso do cumprimento do planejamento estratégico. É bem verdade que existem muitas variáveis externas que influenciam o sucesso das empresas, como, por exemplo, disponibilidade talentos, nível sociocultural da população local, crescimento econômico, concorrência e a própria situação do mercado.

Somos fortemente influenciados por acontecimentos externos ao negócio, contudo, não podemos perder a perspectiva de que as pessoas são as responsáveis por implantar o que foi decidido no planejamento, por isso, precisam ser desenvolvidas para essa responsabilidade, e não apenas serem "cumpridoras" de tarefas pré-designadas.

Sem isentar as pessoas dessa responsabilidade, a área de TH possui uma grande oportunidade de reunir e engajar colaboradores com a missão, visão e valores da empresa, tornando a execução das ações táticas mais consonantes com as estratégias traçadas.

CAPÍTULO 2

Ao diagnosticar profundamente os processos de grandes empresas, frequentemente encontro uma série de tarefas sendo executadas que não agregam valor ao negócio. Logo, estão distantes das estratégias definidas pela alta diretoria. Qual o motivo de tamanho desvio de caminhos?

Um dos motivos é que pode ocorrer a desatualização do planejamento estratégico, que fica anos sem ser revisado. As mudanças de comportamento constantes dos consumidores e dos colaboradores provam a todo instante que a capacidade competitiva da empresa precisa ser constantemente reavaliada.

Um risco que deve ser evitado é a baixa participação da área de TH nas discussões de negócios e nas definições das estratégias corporativas. Por isso, nas sessões de planejamento estratégico que conduzo sempre evoco o protagonismo da área Talentos Humanos, atuando nas quatro fases, conforme apresento na Figura 2.11.

Figura 2.11 Fases da elaboração do planejamento estratégico, respectivas entregas e o desmembramento para estratégias de *Employee Experience*, Gestão de Pessoas e Cultura Organizacional.

Fonte: Desenvolvida pelo autor.

Em todas as fases do planejamento estratégico, será necessário o protagonismo no TH, na discussão e formulação do que é esperado. Assim, na Fase 1, os *workshops* de planejamento estratégico deverão gerar uma profunda análise do ambiente interno, externo, competidores, clientes e portfólio e produtos e serviços. Já a Fase 2 será dedicada a definir temas ligados ao propósito da empresa, como delimitação do negócio, missão, visão e valores corporativos. Na Fase 3, será ainda mais necessária a intervenção de TH, pois as estratégias específicas entre as quais as de desenvolvimento, carreira e engajamento, estão sendo pensadas e registradas para depois serem transformadas em projetos e ações, Fase 4.

As estratégias de pessoas são, portanto, uma das entregas mais importantes da Fase 3, que deve ter o gestor de TH como um dos protagonistas durante a sua elaboração.

Nem sempre os gestores possuem facilidade para a criação de estratégias de pessoas, pois é muito mais fácil pensar em estratégias de negócios. Então, na Fase 3 será preciso que se chegue ao consenso dos grandes objetivos da organização para que haja uma sintonia com as estratégias departamentais, que são, nada mais nada menos, viabilizadoras desses objetivos.

Veja esse exemplo. Já na Fase 3, um dos objetivos da organização é de aumentar em 32% as receitas provenientes do mercado de médias empresas localizadas na Região Norte do Brasil nos próximos 12 meses. Perceba que, para viabilizar esse objetivo, será importante que a área comercial crie sua estratégia de atuação e que, em seguida, a área de TH desmembre-a em pelo menos três, contudo, sempre sintonizadas com os demais departamentos.

Figura 2.12 Um objetivo organizacional emanado do planejamento estratégico necessita de estratégias da área comercial, e esta precisa do desmembramento de Talentos Humanos em três.

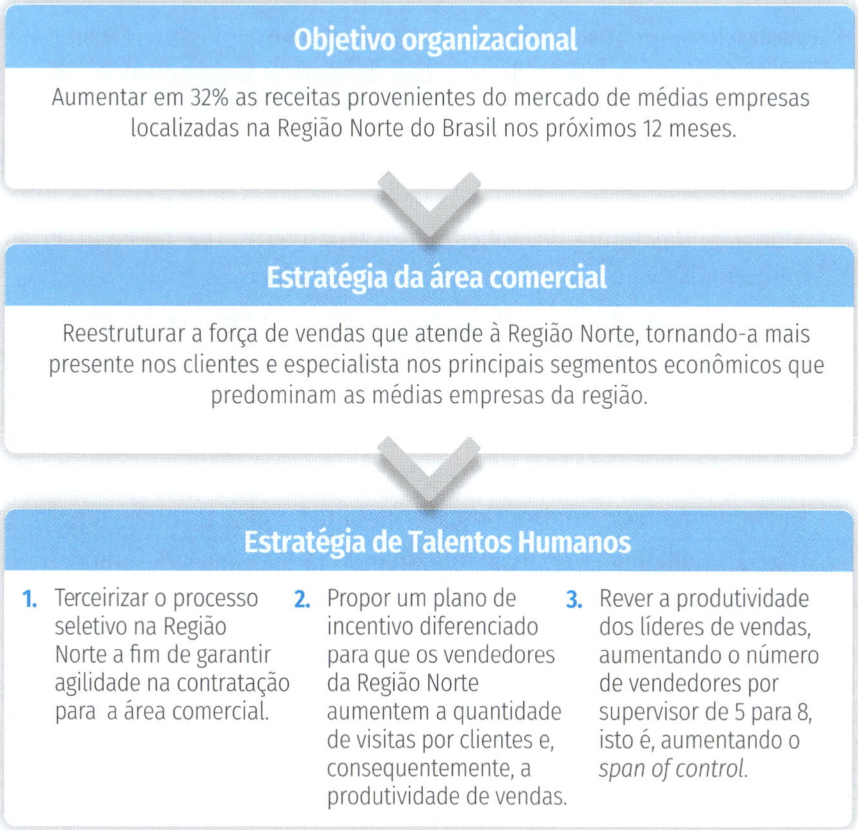

Objetivo organizacional

Aumentar em 32% as receitas provenientes do mercado de médias empresas localizadas na Região Norte do Brasil nos próximos 12 meses.

Estratégia da área comercial

Reestruturar a força de vendas que atende à Região Norte, tornando-a mais presente nos clientes e especialista nos principais segmentos econômicos que predominam as médias empresas da região.

Estratégia de Talentos Humanos

1. Terceirizar o processo seletivo na Região Norte a fim de garantir agilidade na contratação para a área comercial.

2. Propor um plano de incentivo diferenciado para que os vendedores da Região Norte aumentem a quantidade de visitas por clientes e, consequentemente, a produtividade de vendas.

3. Rever a produtividade dos líderes de vendas, aumentando o número de vendedores por supervisor de 5 para 8, isto é, aumentando o *span of control*.

Fonte: Desenvolvida pelo autor.

CAPÍTULO 2

Vejamos outro exemplo de estratégia corporativa que exigirá o desmembramento para as estratégias de Gestão de Pessoas. Vou abordar o *just-in-time*, que é muito mais do que um controle ou um sistema para minimizar estoques.

Ao contrário do que muitos pensam, o *just-in-time* não é simplesmente um método de controle de estoque e produção. O termo ficou muito conhecido na administração por revolucionar a forma de pensar a própria organização, logística, localização, forma de produzir e rede de fornecedores. *Just-in-time* é com certeza uma das estratégias corporativas mais importantes da atualidade, principalmente com a proliferação das redes sociais e *startups*.

A grande diferença para o modelo tradicional de produção é que o *just-in-time* inverteu a lógica "produção -> venda", passando para a "venda -> produção", isto é, primeiro vende-se para, em seguida, se produzir o bem. Assim, esse processo inaugurou uma nova filosofia em que nenhum insumo é comprado pela indústria ou algum bem produzido antes da previsão de venda, o que de fato gerou um novo paradigma na indústria mundial.

Assim também é a área de serviços, que não possui estoque. O consumidor recebe o serviço no instante em que compra.

Para o sucesso de empresas que nasceram baseadas em aplicativos, como no caso da iFood, construir esse modelo de negócios pressupõe desde o início operar com estratégias ágeis de Talentos Humanos. Já para empresas tradicionais que precisam da agilidade do *just-in-time* se faz necessário recriar suas estratégias de pessoal, conforme exemplos:

» Mudança da cultura dos funcionários e parceiros, que agora precisam ser muito mais ágeis em seus processos de trabalho.

» Revisão da cadeia de suprimentos, fazendo com que os funcionários estruturem processos produtivos e intercomunicantes mais ágeis e com menos atrito.

» Concentração da empresa em suas atividades-fim, tornando a área de TH um elo fundamental para que as pessoas se sintam engajadas.

» Mudança na rede de distribuição, alterando a alocação dos funcionários.

» Uso de inteligência artificial, eliminando tarefas antes desempenhadas por pessoas.

Nos dias atuais, com a aceleração da internet das coisas (IoT), o *just-in-time* está sendo aplicado largamente tanto na indústria como em serviços, e para cada exigência de mudança organizacional sempre haverá a necessidade de rever as estratégias de Talentos Humanos conforme demonstrado.

A seguir, apresentarei um método diferente que desenvolvi para apoiar executivos a traçarem novas estratégias de Talentos Humanos ou a mesmo revê-las: as estratégias SEMEAR.

As estratégias SEMEAR para a elaboração do planejamento de pessoas

Como apresentado, as estratégias de Talentos Humanos jamais podem ser isoladas, pois devem acompanhar as estratégias definidas para outros departamentos da empresa. Não existe limite para a quantidade de estratégias de pessoas a serem criadas. O que importa é que elas se tornem imprescindíveis para que o futuro da organização seja alcançado.

Contudo, acho que você vai ficar impactado com essa informação. Em minhas experiências, no Brasil, somente cerca de 1/3 dos gestores criam estratégias para o seu pessoal. A maioria "vai levando" o seu gerenciamento no dia a dia, não se dedicando a planejar os próximos passos do seu time.

Por isso, recomendo aos líderes de todas as áreas e ao pessoal de TH a utilização das **Estratégias SEMEAR** para a elaboração do planejamento de pessoas a partir de algumas perguntas-chave baseadas nos verbos **S**ervir, **E**xperienciar, **M**odelar, **E**ducar, **A**colher e **R**einventar.

Servir. Quais estratégias de Talentos Humanos são necessárias para que os *stakeholders* internos e externos da organização sejam servidos com excelência e estejam continuamente satisfeitos, traduzindo esses esforços em maior engajamento e retenção de clientes? O maior propósito de toda e qualquer organização, seja ela pública ou privada, é **servir** com eficácia e eficiência aos clientes externos e internos, por meio dos seus talentos preparados e comprometidos com o verbo **servir**.

Experienciar. Quais estratégias podem ser criadas para tornar a experiência dos colaboradores e suas jornadas na empresa recheadas de boas emoções? O que deve ser feito para evitar dores desnecessárias que os funcionários vivem dia a dia nas organizações? Essas respostas surgem a partir da criação de estratégias de *Employee Experience*, que deverão permear toda a organização e fazer parte da prioridade de todos os líderes e não apenas da área de TH.

Modelar. Quais estratégias de pessoas podem ser criadas para garantir a transformação constante da organização e modelar a cultura organizacional, incluindo a revisão de suas crenças, valores e, consequentemente, o *mindset* das pessoas que lá trabalham? A resposta a essa pergunta será imprescindível para manter a empresa conectada com a sociedade, que está em constante mudança, incluindo diagnosticar a cultura existente e tomar decisões em relação ao grau de mudança necessária.

Educar. Quais estratégias de educação corporativa, incluindo treinamento e desenvolvimento presencial e *on-line*, *coaching* e mentoria, podem ser criadas para o sucesso da organização e dos talentos que lá atuam? Lembremos que mais de 50% dos treinamentos ministrados pelas empresas são pontuais e desconectados, por desconhecimento do seu valor estratégico de médio e longo prazos.

Acolher. Quais estratégias podem ser traçadas para acolher e estimular o aumento do capital intelectual na empresa, favorecer a inovação, a aprendizagem organizacional e o ganho de produtividade junto aos colaboradores? Como estimular as pessoas para alcançarem novos patamares em suas competências? Como melhorar os indicadores de Talentos Humanos? Essas são perguntas que devem ser feitas baseadas no verbo **acolher**.

CAPÍTULO 2

Reinventar. De que forma a área de TH e os demais gestores da organização podem atuar na prosperidade da empresa, dos seus colaboradores e da própria sociedade, inovando e criando um futuro melhor? Quais inovações podem ser criadas, desenvolvidas e testadas para favorecer os processos de Talentos Humanos e, ao mesmo tempo, perpetuar o futuro da organização? Essas são perguntas-chave para a criação de estratégias de TH baseadas no verbo **reinventar**.

O resultado emanado das Estratégias SEMEAR é a alavanca para impulsionar a empresa rumo a alcançar o objetivo maior traçado. Enquanto objetivo significa "onde" chegaremos, as Estratégias SEMEAR de Talentos Humanos respondem "como" chegar lá. Veja o diagrama apresentado na Figura 2.13, no qual mostro que, para atingir um determinado objetivo de lucratividade, será necessário que a organização crie e aplique Estratégias SEMEAR de Talentos Humanos.

Figura 2.13 Estratégias SEMEAR de Talentos Humanos são como forças que impulsionam a empresa rumo a alcançar o objetivo almejado.

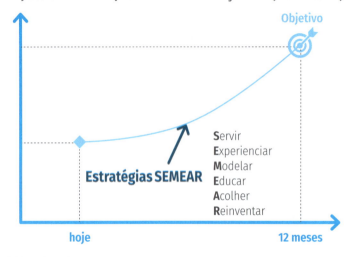

Fonte: Desenvolvida pelo autor.

Objetivos combinam com estratégias, e estas com o planejamento estratégico da organização. Costumo dizer que, em essência, todos que trabalham com Talentos Humanos devem conhecer a metodologia do planejamento estratégico.

A estratégia é um processo emergente que pode ser encontrado e produzido por toda a organização. Uma das grandes responsabilidades dos gestores é de não preconceber estratégias deliberadas, mas gerenciar o processo de aprendizado estratégico, pois a todo instante novas estratégias podem surgir por meio dos indivíduos ou coletivamente.

O planejamento estratégico e as respostas de Talentos Humanos

Até aqui, mais do que provei que uma das formas mais importantes para se viabilizar o planejamento estratégico é envolver Talentos Humanos em todas as etapas de construção.

Tornando *Employee Experience* e Gestão de Pessoas estratégicos o *rebranding* do RH

Por exemplo, quando a empresa redefine a sua missão, será importante que a área de TH simultaneamente analise se as competências organizacionais permanecerão as mesmas. Provavelmente, terão que ser reconduzidas para que a empresa consiga implantar a sua missão. Caso a empresa altere a sua visão de longo prazo, essa área terá que reavaliar os impactos na cultura organizacional.

Se redefinidos os valores organizacionais, será igualmente importante que TH verifique se os valores individuais dos colaboradores estão consonantes com tais mudanças.

Na Figura 2.14, a sequência das setas demostrará que *Employee Experience, Gestão de Pessoas e Cultura Organizacional* deverão ter um papel de protagonismo, fornecendo respostas rápidas e adequadas ao objetivo, estratégias, plano tático e controle para o sucesso do planejamento estratégico.

Figura 2.14 *Employee Experience*, Gestão de Pessoas e Cultura Organizacional precisam exercer protagonismo e responder com agilidade aos novos desafios em cada momento do planejamento estratégico.

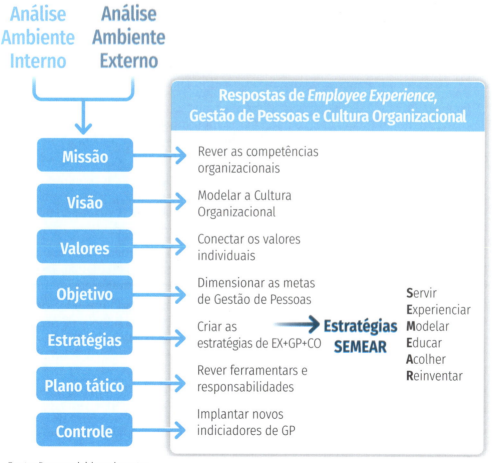

Fonte: Desenvolvida pelo autor.

CAPÍTULO 2

Note que, na Figura 2.14, as respostas fornecidas pela aplicação de *Employee Experience*, Gestão de Pessoas e Cultura Organizacional em cada etapa do planejamento são baseadas nas **Estratégias SEMEAR**, derivada dos verbos **S**ervir, **E**xperienciar, **M**odelar, **E**ducar, **A**colher e **R**einventar, que foram apresentados no tópico anterior.

Com essa técnica, será viável que o *head* responsável pela área de Talentos Humanos, em conjunto com os demais líderes da organização, crie os meios necessários para tornar esses temas centrais em todas as discussões e investimentos em curto, médio e longo prazos.

Employee Experience e GP, dilema ou paradoxo?

Anos atrás, muitas áreas focavam mais a qualidade do que o desempenho. O paradigma dominante era um pouco arriscado.

Nos dias atuais, é impossível pensar alguém trabalhando numa organização que opte por um ou por outro, isto é, considere a qualidade sem considerar os resultados e vice-versa.

Estamos vivendo uma era em que qualidade e resultados não podem ser dilemáticos, e sim escolhidos em conjunto, no que chamamos de paradoxo. Essa é a diferença entre **dilema** e **paradoxo**. Este é mais adequado para os dias atuais, pois nos fornece a clara orientação de que precisamos fazer o trabalho com qualidade e ao mesmo tempo atingir os resultados esperados. Um não sobrevive sem o outro!

O dilema é um modo de decidir cuja premissa é que as opções são excludentes: "só é possível entregar qualidade, se não tiver compromisso com o resultado". Isso é inadmissível na atualidade, inclusive é uma das explicações para o grande sucesso das metodologias ágeis.

As responsabilidades da área de TH devem ser executadas mediante critérios de excelência tanto em temos de qualidade quanto em desempenho, por isso, o trabalho não deve ser dilemático, mas basear-se no paradoxo, que muitas vezes poderá contrariar os princípios básicos, desafiando as opiniões preestabelecidas e as crenças paralisantes tão comuns nas organizações.

Isso quer dizer, por exemplo, que um novo plano de cargos e salários deve aumentar a qualidade das informações sobre as tarefas esperadas para cada função e ao mesmo tempo garantir que a empresa se torne mais competitiva no mercado, atraindo e retendo talentos. Concluindo, a equipe de Talentos Humanos está sendo desafiada cada vez mais a contribuir com profundidade nos projetos em que atua e ao mesmo tempo a proporcionar que todos os seus colaboradores estejam orientados ao resultado.

Para êxito desse duplo desafio, será importante que a área de TH repense seu modo de operação, conforme Figura 2.15.

Figura 2.15 Modos de operação de TH.

Fonte: Desenvolvida pelo autor.

O modelo de operação **TH Centralizado** numa visão mais funcional pressupõe que as diretrizes e a operação serão concentrados numa única área. Esse modelo prevalece em empresas que não estão ainda confiando na descentralização de TH. A estrutura apresentada na Figura 2.16 é um exemplo da área de TH centralizada numa visão mais funcional.

Figura 2.16 Área de TH centralizada numa visão mais funcional.

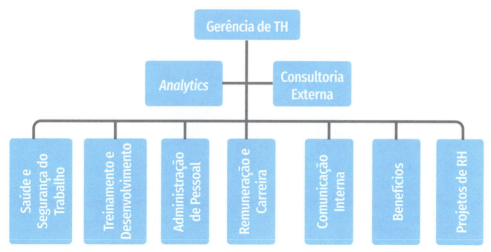

Fonte: Desenvolvida pelo autor.

Já o **TH Descentralizado**, como o nome já pressupõe, trabalha no sentido de dotar as filiais da empresa ou os demais departamentos de alto grau de autonomia com funcionamento próprio de Gestão de Pessoas, centralizando apenas as decisões mais corporativas. Nesse caso, a consultoria interna prestada por TH é um importante movimento justificado pela necessidade de os especialistas dessa área entenderem mais profundamente as necessidades e os processos das áreas internas que por eles são atendidas.

Essa mudança trouxe significativa evolução para a área de TH, que se colocou mais próxima do negócio da companhia.

Figura 2.17 Área de TH no modo de operação descentralizado.

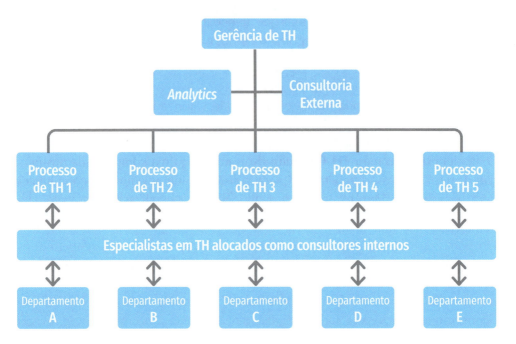

Fonte: Desenvolvida pelo autor.

O modelo de **TH** Células é uma moderna forma de ir além da consultoria interna e desenvolver capacitadas organizacionais mais rapidamente a partir do momento em que seu poder de atuação tem mais autonomia.

Quanto à **consultoria externa em TH**, percebe-se cada vez mais que a complexidade em termos de Gestão de Pessoas nas organizações vem aumentando, o que prescinde da contratação de parceiros externos para atuarem em projetos estratégico-estruturantes quanto no fornecimento de soluções operacionais.

Independentemente dos modos de operação de TH apresentados, o parceiro externo poderá contribuir tanto para a estruturação quanto para a operação de Gestão de Pessoas. É o que apresentarei a seguir.

Consultoria Externa em EX+GP+CO

É fato que os serviços de consultoria externa cresceram em todo mundo e alcançaram grande dimensão na área de alta *performance* dos colaboradores.

Tornando *Employee Experience* e Gestão de Pessoas estratégicos o *rebranding* do RH

Contratar uma consultoria, a princípio, pode parecer mais custoso, porém, apresenta grandes vantagens, como o fato de o consultor não se deixar levar pelas crenças de gestão preexistentes nas empresas que atende. Uma outra vantagem indiscutível é a capacidade de a consultoria aportar métodos e ter mais cadência para implantação de projetos estruturantes de *Employee Experience,* Gestão de Pessoas e Cultura Organizacional.

Os serviços de consultoria nunca estiveram tão valorizados no mundo. Parte do crescimento é explicado pela profissionalização dessas empresas, as quais incrementaram significativamente seus serviços, oferecendo novas especialidades, competências e ao mesmo tempo desenvolveram sua área comercial de prospecção. Parte do sucesso também é explicada pelo fato de as empresas contratantes nem sempre possuírem recursos em quantidade e especialização suficiente para implantar projetos de TH mais complexos.

Do ponto de vista da empresa contratante e do próprio mercado, residem aí os principais fatores que favorecem o crescimento acelerado de procura por serviços de consultoria. A crescente necessidade de os executivos acompanharem – pelo menos tentarem – as mudanças conjunturais, metodológicas e tecnológicas que ocorrem numa sociedade cada vez mais dinâmica cria a necessidade de revisão das estratégias empresariais e de absorção de novos conhecimentos, os quais são abundantes em empresas de consultoria.

O cenário parece perfeito para o replanejamento da atividade empresarial diante das descontinuidades geradas pela transformação digital e pela pandemia.

A opção de contratar consultorias externas é uma forma de implementar com maior velocidade e especialização os projetos estruturantes de Gestão de Pessoas, desde que esses sejam desenvolvidos em total parceria com os colaboradores da empresa contratante.

Impressionantemente, os projetos estruturantes de GP são cada vez mais numerosos e complexos, o que torna nada fácil a vida de quem trabalha em TH. Daí a oportunidade de trazer o parceiro certo.

Existem duas formas de alocar uma consultoria externa para a prestação de serviços em Gestão de Pessoas. A primeira é a construção e implantação de **projetos estruturantes**. A segunda é o fornecimento de **soluções operacionais**, os quais também são imprescindíveis para o sucesso das estratégias de TH, conforme mostra a Figura 2.18.

Figura 2.18 Projetos estruturantes de *Employee Experience*, Gestão de Pessoas e Cultura Organizacional e fornecimento e soluções operacionais são especialidades de consultorias.

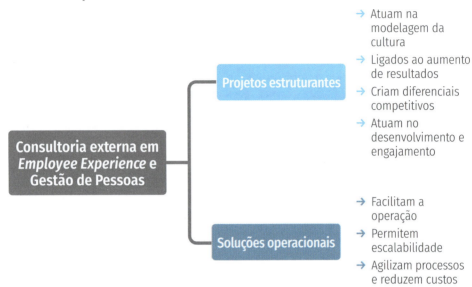

Fonte: Desenvolvida pelo autor.

O mundo está passando por uma descontinuidade tecnológica e de estilo de vida. As inovações entram rapidamente na curva de obsolescência. O conhecimento atualizado, em fração de dias – ou até de horas –, torna-se obsoleto. A maioria dos executivos podem não estar preparados ou não ter tempo para lidar com essas rupturas, necessitando de auxílio externo.

Novos tempos, novas soluções de consultoria

A busca de vantagens competitivas pelas empresas, o investimento em setores estratégicos na economia brasileira e as consequências de longo prazo causadas pela pandemia explicam por que muitas organizações precisam estabelecer parcerias com empresas especializadas que desenvolvem métodos.

O executivo de TH na atualidade está envolto com toda sorte de variáveis externas que influenciam seu negócio, como política, regulações, entrada de novos concorrentes, proliferação de fornecedores e descoberta de novas tecnologias. Além disso, o gestor precisa estar atento a toda cadeia de novas informações que poderão afetar a qualidade de suas entregas e a liderança do seu time.

Todas essas condições favorecem a necessidade de trazer parceiros externos que apresentam habilidade em transformar crenças e promover o crescimento.

A contratação de um parceiro externo se inicia num processo de seleção, envolve a clara identificação da necessidade da contratante, seleção do tipo de contratação

Tornando *Employee Experience* e Gestão de Pessoas estratégicos o *rebranding* do RH

(por *job* ou *fee* mensal) definição de tipo de produto, geração de proposta, alocação de recursos e aprovação do projeto propriamente dito. Após a contratação, ocorre a etapa mais complexa, que é a de execução do projeto propriamente dito.

A seguir, apresentarei os 25 projetos estruturantes e as 10 soluções operacionais de *Employee Experience,* Gestão de Pessoas e Cultura Organizacional.

25 projetos estruturantes e 10 soluções operacionais

Projetos estruturantes de *Employee Experience*, Gestão de Pessoas e Cultura Organizacional constroem diferenciais competitivos, longevidade da empresa e engajamento dos colaboradores. Já as soluções operacionais fornecidas ajudam as empresas no seu dia a dia, contribuindo para o ganho de escala no negócio, por exemplo.

No Quadro 2.3, apresento uma compilação dos projetos estruturantes *versus* soluções operacionais.

Quadro 2.3 **25 projetos estruturantes de *Employee Experience*, Gestão de Pessoas e Cultura Organizacional e 10 soluções operacionais.**

Projetos estruturantes de EE, GP e CO	Fornecimento soluções operacionais
1. *Assessment* e avaliação de perfil	1. Acompanhamento admissional
2. Avaliação de desempenho	2. Aplicação de testes comportamentais
3. *Coaching* de carreira	
4. Código de ética e normas de conduta	3. Cadastro de currículos
5. Diagnóstico organizacional	4. Colaboradores temporários
6. Gestão da mudança	5. Departamento pessoal
7. Gestão por competências	6. *Outplacement*
8. Mapeamento de competências	7. Programa de estágio
9. Mapeamento de processos	8. Programa jovem aprendiz
10. *Mentoring* executivo	9. Programa de *trainee*
11. Modelagem da cultura organizacional	10. Recrutamento de candidatos
12. Pesquisa CLIMA-ENGAJA	
13. Pesquisa salarial	
14. Planejamento de TH	
15. Plano de cargos e salários	
16. Plano de sucessão	
17. Política e diretrizes de TH	
18. Programa de qualidade de vida	
19. Programa de remuneração variável	
20. Saúde e segurança ocupacional	
21. Seleção de candidatos	
22. *Team building*	
23. Terceirização da área	
24. Treinamento e desenvolvimento	
25. Universidade corporativa	

Fonte: Desenvolvido pelo autor.

CAPÍTULO 2

É notória a vasta quantidade de projetos estruturantes de pessoas que as empresas podem implantar e manter para que continuem competitivas por muitos anos no setor de atuação. Por outro lado, as soluções operacionais também são necessárias, principalmente, quando há grande volume de trabalho a ser executado para uma equipe enxuta de TH.

Um ponto que sempre recomendo é que as organizações contratantes de serviços estruturantes e operacionais invistam mais na preparação de seus colaboradores para que estejam afinados com os projetos que serão implantados, viabilizando o êxito do investimento.

O processo de trabalho das consultorias estruturantes

Projetos estruturantes de TH requerem experiências múltiplas, métodos e sensibilidade, pois estamos tratando de pessoas, a parte mais sensível de qualquer organização.

Por isso, sempre recomendo iniciar tais projetos com um **diagnóstico estruturado**, aplicando metodologias multidisciplinares a fim de levantar a situação atual, a desejada e os *gaps* para a pretendida transformação. Num plano de cargos e salários, por exemplo, a situação atual é tão importante que em alguns casos chegamos a acompanhar as rotinas das áreas para identificar possíveis responsabilidades que estariam invisíveis ao papel.

Será muito importante que o diagnóstico seja realizado dentro das melhores práticas para gerar credibilidade junto à alta gestão, por isso a escolha da técnica de levantamento faz toda diferença. Algumas técnicas diagnósticas que utilizo com frequência são:

» **Pesquisa qualitativa – formulário pessoal em profundidade**: o intuito é entender em detalhes determinados comportamentos, rotinas ou opiniões das pessoas.

» **Pesquisa qualitativa – grupos focais**: mediação de discussão sobre temas relativos ao projeto, buscando aprofundamento e identificação de questões que outrora estavam ocultas à organização.

» **Pesquisa quantitativa – questionário**: geralmente realizada via *web*, sem a presença do pesquisador, visa a coleta de dados estatísticos a respeito da amostra escolhida para o projeto.

» **Levantamento de indicadores** – análise de todos os indicadores necessários para conhecimento da realidade atual e projeção de melhores resultados.

» **Medição *in loco*** – muitas vezes se torna necessário mensurarmos no local de trabalho certos comportamentos, como é o caso do *job analysis*.

Tornando *Employee Experience* e Gestão de Pessoas estratégicos o *rebranding* do RH

» **Análise documental** – o consultor deve solicitar e estudar os documentos que podem influenciar o projeto, tais como avaliações de desempenho e diretrizes internas.

» **Benchmarking** – em certas situações, será produtiva a realização de *benchmarking* em outras empresas para serem levantados dados adicionais.

» **Biblioteca de melhores práticas** – uma consultoria estruturada e experiente apresenta o diferencial de ter vivido muitos projetos similares, portanto, possui um conjunto louvável de conhecimento.

» **Assessment** – a depender do projeto, o consultor escolherá a melhor ferramenta para fazer o *assessment* pessoal ou de equipes da empresa.

O diagnóstico estruturado deve servir de subsídio para a **ideação de proposição** em forma de *workshop* interativo com a presença dos diretores, sempre baseando-se em fatos e dados para facilitar a tomada de decisão deles quanto às sugestões apresentadas.

Preparei a Figura 2.19, para apresentar o encadeamento das quatro etapas de um projeto de consultoria na área de *Employee Experience*, Gestão de Pessoas e Cultura Organizacional.

Figura 2.19 As quatro etapas do processo de trabalho das consultorias estruturantes

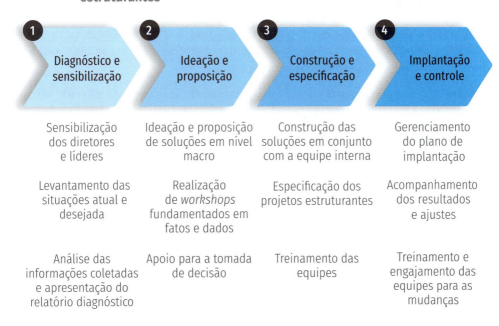

Fonte: Desenvolvida pelo autor.

CAPÍTULO 2

Continuando a sequência, ao aprovar as recomendações, a diretoria abre espaço para a empresa externa começar a construir os projetos estruturantes por meio do detalhamento necessário e início da implementação.

Alguns exemplos de projetos estruturantes que precisarão de um detalhamento robusto na etapa de **construção e especificação**: avaliação de desempenho, código de ética e normas de conduta, gestão por competências, inventário e mapeamento de competências, mapeamento de processos de gestão, plano de cargos e salários, diretrizes de TH e contratos de terceirização. Tais projetos são vitais para o funcionamento e a evolução das empresas, por isso, dediquei o Capítulo 5 para apresentar diversos projetos estruturantes e a sequência para sua correta implementação.

Tão logo esses projetos estejam perfeitamente especificados e aprovados pelo cliente, será o momento do **implantação e controle**, que, entre outras atividades, envolve gerenciar plano, acompanhar resultados, acompanhar contratações, fornecedores, fazer ajustes no plano e treinar as pessoas. Nessa etapa, será importante aplicar métodos de *change management*, com a finalidade de preparar as pessoas para as mudanças que estão ocorrendo, atuando em engajamento e mobilização do time.

Diagnósticos amplos de Gestão de Pessoas

Geralmente, as empresas, ao encomendarem projetos estruturantes comentados no tópico anterior, optam por contratar no máximo três simultaneamente, por isso, demandam um grande esforço da própria equipe.

Qualquer que seja o serviço contratado, a equipe de TH deverá fazer parte do projeto de fato, alocando tempo para todas etapas.

Quando uma empresa já possui a clara ideia de sua necessidade e, por isso, já contrata tais projetos que podem ser executados conforme as quatro etapas apresentadas anteriormente, o trabalho pode ser iniciado com um foco bem definido e as entregas ficam mais claras. Contudo, quando a organização possui uma hipótese equivocada sobre um problema de Gestão de Pessoas, o que fazer?

Há situações em que a empresa está em crise e arrasta com ela todo seu quadro de pessoas. É um momento delicado. Nesse caso, é recomendável que o diagnóstico de TH seja geral e não específico. Por exemplo, ao invés de iniciarmos por diagnosticar as necessidades para um projeto de avaliação de desempenho, o correto é fazer um diagnóstico amplo de TH, incluindo a Cultura Organizacional, cobrindo o maior número possível de itens.

Na Figura 2.20, dividi o conjunto de questões que podem ser endereçadas num diagnóstico mais amplo de Gestão de Pessoas em duas modalidades: mais racionais e menos racionais.

Tornando *Employee Experience* e Gestão de Pessoas estratégicos o *rebranding* do RH

Figura 2.20 Diagnóstico amplo de Gestão de Pessoas pode conter questões mais racionais e ou menos racionais para serem analisadas.

QUESTÕES PARA O DIAGNÓSTICO

Mais racionais	Menos racionais
1. Treinamento e desenvolvimento	11. *Employee Experience*
2. Remuneração	12. Cultura organizacional
3. Estrutura e cargos	13. Clima e satisfação
4. Responsabilidades (funções)	14. Engajamento
5. Produtividade e desempenho	15. Comunicação
6. Conhecimento	16. Conflitos e poder
7. Custos	17. Liderança
8. Tecnologia	18. Potencial
9. Processos	19. Perfil
10. Indicadores de GP	20. Sucessão

Fonte: Desenvolvida pelo autor.

Dificilmente uma empresa precisará do levantamento de todas as 20 questões, contudo, procurei apresentar o maior número de possibilidades para que nada seja esquecido.

É importante frisar que itens mais racionais são compreendidos mais rapidamente pela diretoria e os menos racionais precisarão de uma metodologia robusta para gerar conclusões que tragam credibilidade. Por exemplo, é mais fácil demonstrar que a média salarial da equipe está 5,3% abaixo do mercado do que o engajamento.

A companhia deve evitar a armadilha de levantar somente dados racionais, pois a complexidade do ser humano envolve muitas questões. Além disso, todos os itens apresentados poderão ser medidos se houver um trabalho estruturado e metodológico. O correto diagnóstico levanta e analisa tanto questões mais racionais quanto as menos racionais.

A terceirização em Gestão de Pessoas

O processo de terceirização ou de *outsourcing* é amplamente utilizado em diversos países há décadas e se transformou numa opção estratégica para que as empresas foquem nos seus negócios principais, podendo contratar serviços especializados de outras empresas.

CAPÍTULO 2

A Lei nº 13.429, de 31 de março de 2017, alterou os dispositivos da Lei nº 6.019, de 3 de janeiro de 1974, que dispõe sobre o trabalho temporário nas empresas urbanas e sobre as relações de trabalho na empresa de prestação de serviços a terceiros. A mudança trouxe maior flexibilidade para o *outsourcing*, permitindo às empresas experimentarem com maior segurança (não totalmente) essa estratégia.

Contudo, a terceirização não pode ser confundida com "precarização", isto é, as empresas não devem terceirizar serviços apenas para redução de pessoas. As organizações devem procurar extrair ao máximo os benefícios de um *outsourcing* feito adequadamente. São pelo menos sete benefícios, quando a terceirização é realizada com estratégia e modelo de gestão:

1. A contratante pode dedicar-se melhor à sua missão.
2. Pode haver ganho de produtividade, se o terceiro proporcionar escala.
3. A notória especialização do parceiro pode trazer ganhos de qualidade.
4. Possibilidade de maior agilidade na prestação de serviços.
5. Tendência de que o parceiro se especialize nas suas atividades.
6. Possibilidade de redução de custos com espaço físico no contratante.
7. Possibilidade de o terceiro propor negócios e melhorias operacionais.

Para que esses benefícios sejam aferidos, não adianta a empresa contratante "largar" a operação para empresas terceiras, retraindo-se da responsabilidade. O caminho mais seguro para o êxito do *outsourcing* será, em primeiro lugar, fazer um processo rigoroso de escolha de fornecedor, passando pela definição de responsabilidades, criação de um modelo de gestão do terceiro e a realização de reuniões periódicas de controle de qualidade e de desempenho. A Figura 2.21 apresenta esse modelo.

Figura 2.21 Processo de terceirização bem realizado traz segurança para contratante e contratado.

Fonte: Desenvolvida pelo autor.

Tornando *Employee Experience* e Gestão de Pessoas estratégicos o *rebranding* do RH

O passo mais importante do processo de terceirização é utilizar um método rigoroso de seleção do terceiro. Algumas perguntas nessa fase precisam ser respondidas antes de se escolher a empresa fornecedora de serviços de Talentos Humanos:

» Quais são os valores do parceiro? Eles se assemelham aos valores da empresa contratante?

» Qual a estratégia da empresa contratante para a terceirização? Redução de custos, concentrar foco no negócio, aproveitar a maior especialização do terceiro?

» Qual o planejamento para tornar a terceirização de TH bem-sucedida? Quais são os preparativos para isso?

» Qual o plano de transição para que a empresa contratante e a empresa contratada consigam se adaptar aos novos tempos?

» O que de fato muda na relação entre o contratante e o fornecedor contratado?

Somente após responder a essas questões é que a empresa contratante deverá passar para a próxima etapa, que é a definição de papéis e responsabilidades, a qual inclui cuidados para garantir que os serviços sejam prestados ininterruptamente e com qualidade. Será importante também, nesse contexto, definir os *Service Level Agreements* – SLAs contratuais como o parceiro de serviços de Talentos Humanos.

Chegamos ao fim do Capítulo 2, que foi dedicado a tornar *Employee Experience* e Gestão de Pessoas temas mais estratégicos e com maiores resultados para a organização e colaboradores. Tratamos também do *rebranding* do RH, revendo suas responsabilidades e estratégias diante dos novos desafios mundiais.

O Capítulo 3 será dedicado a como desenvolver e modelar a Cultura Organizacional, uma das maiores prioridades das companhias tradicionais que querem se reinventar e também das *startups* que desejam crescer e tornarem-se *scale-ups*.

Assista ao vídeo do autor sobre este capítulo

Capítulo 3

Como medir, desenvolver e modelar a Cultura Organizacional para alcançar a alta *performance*

> *"Com muito dinheiro, você pode criar produtos e serviços, promovê-los ou modificá-los com certa facilidade. Contudo, para alterar a cultura de uma organização, não basta investimento. Será preciso estratégias, ferramentas e competências."*

A cultura de uma empresa é algo tão forte que influencia os diversos comportamentos adotados pelos colaboradores. Independentemente do cargo que ocupam, do CEO ao cargo inicial, todos influenciam a cultura da empresa, assim como são influenciados por ela.

O resultado desse efeito pode ser benéfico, trazendo resultados mútuos, isto é, para os dirigentes, colaboradores e clientes finais, ou pode ser assustador, alterando os rumos da companhia. A decisão para "onde vai" a cultura de uma organização dependerá da atuação da liderança.

Veja que empresas que não possuem no seu DNA o desenvolvimento constante do seu pessoal vêm enfrentando sérios problemas com as novas gerações. A pesquisa *Value of Training* conduzida pela IBM demonstrou que os colaboradores, quando sentem a impossibilidade de carreira onde trabalham, apresentam 12 vezes mais chances de abandonar a organização do que os funcionários que sentem que podem alcançar suas metas de carreira. Pior ainda, esse número dispara para cerca de 30 vezes mais chances no caso de novos funcionários.

CAPÍTULO 3

Essa é uma escolha estratégica que está demandando da área de Talentos Humanos e dos líderes de todos os departamentos uma atuação forte com estratégias, projetos estruturantes e ações diárias de Gestão de Pessoas conectadas ao *Employee Experience*, visando modelar a cultura para melhor.

Iremos entender a partir de agora como surge a cultura de uma companhia e como ela é moldada ao longo dos anos.

Fundadores, líderes e novos entrantes formam a cultura da empresa

A cultura de uma companhia é um sistema orgânico formado por valores compartilhados que são praticados pelas pessoas durante suas interações no convívio diário no trabalho.

Embora seja simples definir o que é Cultura Organizacional, transformá-la é um grande desafio. Talvez por isso seja tão importante os gestores acompanharem a adaptação do *fit* cultural das pessoas, a evolução do mercado e da sociedade. Tudo está mudando, e a cultura de uma companhia não pode ser ignorada!

Uma das grandes preocupações da atualidade é o *fit* cultural. Será que os colaboradores estão alinhados com a cultura pretendida pelos diretores? Cultura Organizacional e *fit* cultural não são a mesma coisa, mas são complementares.

Defino Cultura Organizacional como:

> **Cultura Organizacional** é o jeito de ser e de agir de uma empresa que pode ser modelado por estímulos emanados da liderança, comportamentos refletidos por ela e estratégias de Gestão de Pessoas bem conduzidas. A Cultura Organizacional é o somatório dos valores compartilhados pelos colaboradores durante sua jornada de experiência na empresa, dando origem ao tão comentado DNA corporativo.

Já o *fit* cultural é diferente:

> O *fit* **cultural** é grau de ajustamento entre os valores, crenças e atitudes dos colaboradores que refletem o quanto são capazes de se adaptar à cultura da empresa e à maneira de esta atender ao seu mercado. A essência do *fit* cultural é dar um "*match*" entre a pessoa e a empresa para a qual trabalha.

Como medir, desenvolver e modelar a Cultura Organizacional para alcançar a alta *performance*

Chamo a atenção dos gestores para que cuidem do *fit* cultural sem gerarem preconceito e exclusão. Lembro que as melhores equipes de alto desempenho que já desenvolvi foram aquelas com diversidade e respeito às diferenças.

Um conhecimento importante para todos os colaboradores também é saber como a cultura da empresa é formada. No início de qualquer organização, a cultura é ditada pelos fundadores, que influenciam, mesmo sem notarem, as pessoas que trabalharão na companhia.

Ainda que os fundadores sejam discretos, é praticamente impossível não transmitirem seus valores para os colaboradores. Ainda que não pronunciem uma única palavra durante a jornada e que jamais apareçam na empresa, eles estão na mente das pessoas que lá atuam. Seus direcionamentos e paradigmas de qualidade, por si só, são formas de transmitir o padrão de comportamento esperado dos indivíduos.

Também é perceptível que os fundadores frequentemente narram suas histórias, mitos e tradições para os colaboradores, facilitando de certa forma a formação de um jeito de agir da empresa. As pessoas são sensíveis a essas passagens e tendem a buscar um sentido para o que estão fazendo na companhia. Daí a importância de os líderes terem capricho com seu *storytelling*.

Como se posicionam os produtos e serviços da empresa? São mais inovadores ou são mais tradicionais? Como é o estilo de liderança adotado? Como é realizado o reconhecimento das pessoas que alcançaram resultados? A empresa utiliza a meritocracia ou prefere o relacionamento para incentivar as pessoas? A comunicação no ambiente de trabalho é mais formal ou mais descontraída?

As respectivas respostas são produzidas pelos fundadores e pelos líderes, que irão moldar a Cultura Organizacional, estimulando as pessoas no ambiente de trabalho com suas crenças, direcionamentos e decisões. Com o passar do tempo, não apenas os líderes exercem influência sobre as pessoas. Líderes e liderados influenciam e são influenciados mútua e continuamente no grande jogo da cultura empresarial.

Observe na Figura 3.1 que os fundadores exercem influência sobre os líderes; estes exercem influência sobre os novos colaborares. Os liderados, ao longo de sua jornada na empresa, também exercem influência sobre os líderes e vice-versa. Desejando ou não, os dirigentes são constantemente influenciados pelos demais cargos da empresa.

Figura 3.1 Fundadores, líderes e novos colaboradores influenciam e são influenciados, formando a Cultura Organizacional.

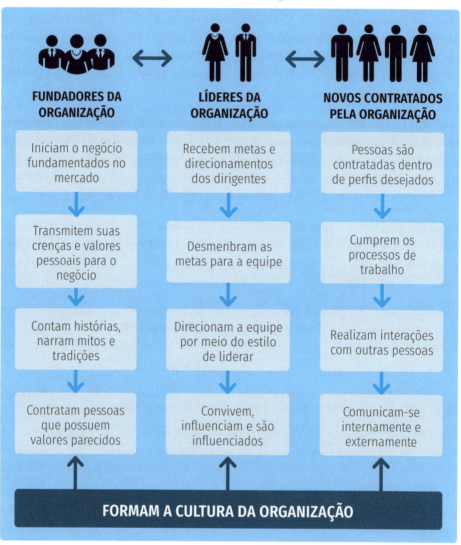

Fonte: Desenvolvida pelo autor.

O papel dos fundadores e dos líderes na cultura da empresa

A cultura, inicialmente, quando a empresa é instituída, é ditada pelos fundadores, que buscam, de forma consciente ou não, contratar pessoas com habilidades e com o perfil que se assemelhe ao modelo que pretendem implantar.

Com passar do tempo, os iniciadores buscam padronizar a forma de trabalhar dos colaboradores, capacitando-os nas competências que melhor contribuam para o negócio e também fornecendo "pílulas" diárias de direcionamento, por meio da liderança.

Como medir, desenvolver e modelar a Cultura Organizacional para alcançar a alta *performance*

Assim, os líderes acabam tendo como objetivo implícito ou explícito disseminar e "arredondar" a Cultura Organizacional, já que esta não é definitiva e pode ser aprimorada com o passar do tempo.

Embora a cultura seja "inicializada" pelos fundadores, ao longo do tempo eles tendem a perder o controle sobre ela, que fica exposta à influência das demais pessoas. Estas, por sua vez, interagem constantemente entre si na busca de resolução de problemas e de satisfação de suas necessidades, o que vai moldando comportamentos e, consequentemente, influenciando ainda mais a cultura dominante.

Outra questão é o crescimento. Quanto mais a empresa cresce, maior o risco de o *fit* cultural dos novos colabores se distanciar do propósito original dos fundadores, o que pode trazer repercussão para o negócio. Então, os líderes precisam ter o papel de cuidar da cultura, como se esta fosse um "**sistema vivo**".

Assim, os líderes precisam nutrir esse sistema. Por isso, os exemplos diários dos gestores precisam estar consonantes com a cultura que se pretende atingir. Por exemplo, numa empresa com alto padrão de qualidade herdado dos seus fundadores, caso os líderes atuais demonstrem "vista grossa" para defeitos de fabricação, contribuirão para a criação de uma nova cultura: a de baixa qualidade. Portanto, toda e qualquer atitude do gestor (ou mesmo a falta dela) pode influenciar a cultura de uma empresa, para o bem ou para o mal.

Outro fato que merece cuidado em termos de Gestão de Pessoas é que, ao longo do tempo, a Cultura Organizacional tende a sair do controle único dos seus fundadores, pois a empresa está convivendo com o seu ambiente interno formado por colaboradores, fornecedores e parceiros e, também, com o ambiente externo representado pelos clientes, concorrência e demais atores do mercado. Toda essa exposição traz para a organização fortes consequências à sua cultura, que é modelada por novos símbolos, comportamentos das pessoas, interação entre elas, valores individuais e coletivos, cerimônias, tecnologias de gestão, normas e procedimentos de trabalho.

Uma organização, portanto, é o resultado de todos esses ingredientes culturais juntos e misturados!

Depois de apresentar como é sensível e delicada a cultura de uma companhia, espero que os gestores desavisados não a confundam com espaços moderninhos de trabalho ou com o fato de a empresa estar operando bem na modalidade *home office*. Cultura Organizacional é muito mais do que isso!

Cultura Organizacional não é sinônimo de um espaço bonitinho

Muitas pessoas acreditam equivocadamente que Cultura Empresarial (chamamos, neste livro, de Organizacional) é apenas um clima de descontração ou espaços lúdicos no ambiente da empresa.

Cultura Organizacional é muito mais do que um espaço moderno ou o investimento em infraestrutura confortável. Cultura é o centro de gravidade das empresas que a faz funcionar, sejam elas de qualquer porte ou de qualquer segmento econômico.

Ela não é um ambiente de trabalho que segue as tendências arquitetônicas do momento ou um passe-livre para frequentar academias. Também não é colocar as pessoas em *home office* e fazê-las perder a identidade de grupo.

CAPÍTULO 3

"Cultura empresarial é o sentimento que você tem tanto do lado de dentro quanto do lado de fora da empresa." É com essa definição bem interessante que Michael Lazarski inicia seu artigo *Company Culture Is More Important Than A Fancy Office Space*. O autor aponta que, apesar de ela poder ser sentida na forma como as pessoas interagem no trabalho, basta visitar o ambiente e ver em seus rostos se elas estão satisfeitas com o que a companhia oferece aos seus colaboradores.

A Cultura Organizacional se inicia no exato momento em que uma organização é fundada. Ela é, na verdade, a soma do que o mercado demanda de uma companhia do setor em que opera com o que seus fundadores levam de visão e valores para sua criação. A cultura é modelada durante todo ciclo de vida de uma empresa, e isso nunca termina, pois é um sistema "vivo", como comentei anteriormente.

Lazarski aponta que a Cultura Organizacional é como uma casa. Depois de construída, feita a fundação, todas as novas mudanças devem olhar por esse prisma. Começa-se decorando-a, mas, após um tempo, percebe-se que pendurar quadros ou mudar o sofá de posição não é o bastante. Será importante rever os espaços.

Antes de tudo, é importante entender onde a companhia se encontra em relação à cultura empresarial. Existem alguns sintomas que apontam para uma cultura que esteja atrapalhando os colaboradores: falta de comunicação interna; competição em excesso; maus exemplos de gerência; falta de seriedade dos gestores ao lidarem com problemas alheios; desmotivação dos funcionários; entre outros.

Quando se identifica um ou vários desses problemas listados, está mais do que na hora de trabalhar na remodelação da Cultura Organizacional. Lazarski oferece três passos iniciais, a partir desta identificação prévia, conforme Quadro 3.1.

Quadro 3.1 Três passos iniciais para melhorar a cultura empresarial.

Contrate quem se encaixa	Funcionários que não se identificam com a cultura tendem a sair, ser pouco produtivos e desmotivar o ambiente de trabalho.
Combata o atrito	É normal haver resistência aos novos valores culturais e a empresa deve se antecipar a isso, readaptando alguns colaboradores e oferecendo um novo rumo para outros.
Permita o imprevisível	Campeonatos de jogos, ir a eventos esportivos juntos e promover comemorações no trabalho são formas de motivar, engajar e aumentar a produtividade.

Fonte: Desenvolvido pelo autor, com base em Lazarski (2019).

A cultura de uma companhia reflete a maneira agir das pessoas, por isso, é sensível. Contudo, quando um franqueador de nível nacional desenvolve franquias e seus proprietários locais precisam seguir os *guidelines* da matriz, mas precisam também conservar sua cultura local, como fazer?

Essa é uma questão bastante complexa que tive a oportunidade de vivenciar em projetos que desenvolvi em franquias referências em seu setor.

Intersecção entre culturas diferentes

Em muitos casos, as empresas se movimentam no mercado buscando fusões, aquisições e também aberturas de franquias. Estas podem ser próprias ou oferecidas a empresários locais, que tocarão o negócio dentro de determinados padrões de excelência negociados com o franqueador.

É chegada a hora, então, de "adentrar" uma cultura na outra, aproveitado o que há de melhor das empresas que estão se aproximando.

Não é nada fácil para o colaborador de uma empresa adquirida por outra abrir mão da cultura anterior para adotar o novo *mindset*. Corre-se aí o risco de perder a identidade e causar grande desgaste da equipe incorporada, por isso, esse processo deve ser cuidadoso, liderado pelo *board* da empresa e com a ajuda de um mentor experiente em Cultura Organizacional.

Veja o exemplo na Figura 3.2 de um franqueador de grande porte na área de varejo que possui dezenas de franqueados. Cada franqueado possui várias lojas locais e apresenta uma cultura própria criada pelo seu fundador.

Essa cultura deverá ter intersecções com a cultura do franqueador, do contrário não haverá ajustes de estratégias, e a equipe de vendas ficará perdida. Afinal de contas, quem os vendedores devem seguir? Os valores e diretrizes do franqueador ou do franqueado? Se a equipe se encontrar nesse dilema, a chance de perda de negócios e de desgaste nas relações só aumenta.

Por isso, o **ponto ótimo da cultura** para a equipe poderá ser intersecção das duas culturas, aproveitando o que cada uma tem de melhor, conforme Figura 3.2.

Figura 3.2 Ponto ótimo da cultura para a equipe de colaboradores dos franqueados se situarem.

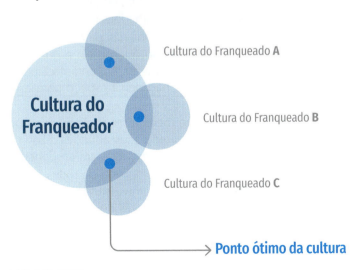

Fonte: Desenvolvida pelo autor.

CAPÍTULO 3

Temos que valorizar as duas culturas para extrair o que cada uma tem de melhor, para que as pessoas sigam os *guidelines* da matriz sem perder a identidade com os negócios locais. Os benefícios aferidos com a intersecção de culturas diferentes são inúmeros, como:

» Proporciona a criação de um programa de ambientação robusto.

» Leva a um correto direcionamento para a equipe.

» Promove o respeito às diferenças.

» Aumenta a cooperação entre franqueador e franqueados.

» Gera mais resultados dos negócios.

» Diminui o desgaste entre líderes e liderados.

A cultura de uma empresa é fortemente influenciada pelos valores pessoais de cada indivíduo que lá atua. Uma grande inspiração para o sucesso da transformação cultural vem do estudo da jornada do colaborador proporcionado pelo *Employee Journey Mapping*, método que apresentei em detalhes no Capítulo 1. A seguir, abordarei um tema muito importante para a transformação da Cultura Organizacional: os valores pessoais e corporativos.

Valores pessoais moldam a cultura das empresas

Os valores pessoais são resultantes das experiências e do aprendizado que temos ao longo da vida. Um forte indutor para moldar nossos valores é vivência que experimentamos em diversos ambientes, entre os quais o trabalho. Essas experiências podem ou não estar alinhadas com os nossos valores, daí os líderes devem ficar atentos para promover o melhor ajustamento do *fit* cultural.

Os valores são extremamente importantes porque atuam como "diretrizes internas" da pessoa. Aliás, uma das explicações de não haver uma fronteira bem definida entre vida pessoal e profissional é que os indivíduos experimentam seus valores, independentemente do local em que se encontram.

Acionamos nossos valores para quase tudo que fazemos, como produzir escolhas, nos relacionar com alguém, saber lidar com situações difíceis e nos socializar.

São os valores que nos fazem aproximarmo-nos das pessoas ou mesmo nos afastarmos delas. Cito o exemplo de um liderado que possui a criatividade como os principais valores pessoais em termos de trabalho. No entanto, ao se deparar com um gestor que dita todas as regras e que não deixa espaço para a equipe sugerir inovações, haverá um "choque de valores".

Caso esse gestor seja tão habilidoso que mereça ser reconhecido como líder pela equipe, terá suficiente percepção para identificar as aptidões desse colaborador e, assim, contribuir para que ele conquiste mais espaço para descobertas e inovação.

Esse é um exemplo cotidiano que ocorre em empresas de todos os tamanhos e nacionalidades, principalmente porque estamos atravessando uma era na qual as pessoas estão muito preocupadas em criticar ao invés de contribuir para a satisfação do outro. Os melhores líderes que conheço fazem diferente: atuam no *Employee Experience* empatizando com seus colaboradores para ajudá-los no crescimento.

Se o líder conhecer o valor de cada colaborador, terá maiores chances de realizar uma brilhante gestão de talentos.

Defino **valor pessoal** como:

> **Valor pessoal** é aquilo em que acreditamos e que trazemos estampado em nossos corações e mentes. Nossos valores nos levam a identificar situações, tomar decisões e agir em nossa jornada de experiências dentro e fora da empresa. Os valores pessoais traduzem o que é mais importante para um indivíduo e, nesse caso, filtram o que a pessoa gosta ou rejeita. Os valores são transmitidos de pessoa para pessoa, por meio da educação, tradição, família, amigos, colegas de trabalho e experiências.

O artigo *Understanding Workplace Values, How To Find People Who Fit Your Organization's Culture* explica que os valores são empregados pelas pessoas para escolher entre maneiras certas e erradas de trabalhar; eles as ajudam a tomar decisões importantes e escolhas de carreira. Alguns exemplos de valores no local de trabalho incluem:

» Ser responsável.

» Fazer a diferença.

» Concentrar-se em detalhes.

» Entregar qualidade.

» Ser completamente honesto.

» Cumprir promessas.

» Ser confiável.

» Ser positivo.

» Cumprir prazos.

» Ajudar os outros.

» Ser um ótimo membro da equipe.

» Respeitar a política e as regras da empresa e respeitar os outros.

» Demonstrar tolerância.

Os valores pessoais traduzem o que é mais importante para um indivíduo. Por isso, praticar o *Employee Experience* é uma ótima forma de alinhar o *fit* cultural à Cultura Organizacional.

Já que falamos aqui dos valores individuais, a seguir apresentarei os valores de uma empresa, que ajudam a explicar como ela age como "um todo".

Valores organizacionais podem ser trabalhados

Toda vez que pensamos em valores organizacionais, vêm à nossa mente os valores que são criados no planejamento estratégico e depois informados para o mercado e para os colaboradores por meio de vários canais de comunicação, como *sites,*

CAPÍTULO 3

redes sociais, relatórios para investidor e campanhas de marketing. Chamo-os de **valores aspiracionais**, porque são aqueles que a empresa deseja praticar e fazer com que as pessoas que lá trabalham também pratiquem.

De forma complementar aos valores aspiracionais, existem os **valores praticados** pela empresa, que podem coincidir ou não com os primeiros. O motivo é que nem sempre a organização deseja estampar em seu *site* um valor praticado que chame a atenção do mercado, como, por exemplo, o valor **competição interna**. Muitos diretores acirram a disputa entre as equipes, mas preferem, por exemplo, estampar no *site* da companhia o valor aspiracional de **foco no mercado**. O motivo é simples: por que o cliente final deveria se preocupar com um valor interno de sua empresa fornecedora?

Como o capítulo trata da cultura e do comportamento organizacional, nos interessa estudar mais os valores praticados do que os valores aspiracionais, pois os praticados são o núcleo da Cultura Organizacional e, por isso, são orientadores de diversas ações reais que ocorrem na empresa no dia a dia.

Outra explicação para isso é que os valores praticados pela empresa influenciam completamente o *Employee Experience*, podendo gerar frustrações ou engajamento a depender da forma como são conduzidos na equipe. Já pensou a respeito disso? A depender dos "valores valorizados" (com perdão pela redundância) pela diretoria, o futuro da carreira das pessoas será seriamente impactado.

Analisando friamente uma companhia, vemos que entre os valores predominantes estão "economia de tempo" e "foco em resultados". Contudo, isso não é absoluto, pois quem define a existência de uma empresa é o conjunto de pessoas que lá trabalham, as quais possuem emoções, por isso, poderão intensificar tal direcionamento ou mesmo amaciá-lo.

Defino **valores organizacionais** como:

> Os **valores organizacionais** formam a base da Cultura Organizacional e estão a todo momento na mente dos gestores e demais colaboradores, mesmo que eles não percebam isso diretamente. Os valores organizacionais são compartilhados, pois as pessoas convivem, se comunicam e se relacionam continuamente com base neles. Os valores organizacionais nem sempre são os mesmos que estão estampados no *site* da empresa, pois estes são valores aspiracionais que devem ser comunicados ao mercado. Já os valores praticados são aqueles internos exercidos junto aos colaboradores e, portanto, amplamente pronunciados dentro da organização.

A maioria das organizações que fracassam em seus mercados apresentam como justificativas questões financeiras externas ao seu negócio. Contudo, uma causa silenciosa pouco entendida pelas próprias empresas (por isso, pouco lembrada) é o desalinhamento entre os valores da organização e os valores das pessoas que lá trabalham. A seguir, apresentarei a importância do alinhamento entre eles para o sucesso da organização e para reduzir os riscos de perda de talentos.

Alinhamento entre valores pessoais e organizacionais

Valores desalinhados, pessoas desalinhadas, produtos e serviços mais desalinhados ainda têm como resultado mais clientes detratores da marca do que promotores.

Uma das principais causas para o desalinhamento de valores entre uma pessoa recém-contratada e a empresa que a selecionou está no processo seletivo. A equipe do Mindtools argumenta que o mais importante numa entrevista de emprego é o candidato entender os valores do local em que pretende trabalhar. As empresas podem até treinar pessoas para cobrir as lacunas de habilidades, contudo, sempre será mais difícil fazer com que os indivíduos mudem seus valores.

Portanto, valores alinhados numa organização auxiliam a mesma a agir como "um todo" e, assim, criam diferenciais competitivos importantes que serão facilmente percebidos pelo mercado.

Uma organização é como um ser vivo, visto como um todo (valores organizacionais). Esse mesmo ser é composto por muitas células, ou seja, os **valores pessoais**, que precisam estar sincronizados e em harmonia, do contrário o organismo será severamente afetado.

Por isso, sempre aconselho que haja o alinhamento entre os valores das equipes e os valores corporativos. Nesse caso, há a necessidade constante de três alinhamentos que podem ser construídos por meio de *workshops*:

1. Valores aspiracionais da organização emanados pela diretoria × valores realmente praticados por ela.
2. Valores organizacionais praticados × valores dos líderes.
3. Valores dos líderes × valores dos colaboradores.

Não é uma tarefa fácil, mas esses alinhamentos são tão importantes que influenciarão diversos indicadores de *Employee Experience*, Gestão de Pessoas e Cultura Organizacional, como, por exemplo, absenteísmo, *turnover*, satisfação interna e engajamento do colaborador. Além disso, contribuirão em muito para o aumento da produtividade e dos resultados gerais.

O fato é que os gestores estão tão ocupados com metas fantásticas que muitas vezes não prestam atenção nos valores que cada membro da sua equipe possui. Portanto, conhecer o valor pessoal ajudará a própria pessoa a descobrir do que se aproximar e o que evitar. Por outro lado, caso o líder desse colaborador compartilhe desse conhecimento, poderá apoiá-lo em seu crescimento.

CAPÍTULO 3

Além do cuidado para o líder, outro alinhamento importante deverá ser entre os valores do colaborador e os valores da organização. Veja na Figura 3.3.

Figura 3.3 Três possíveis posições entre os valores pessoais de um colaborador e os valores da empresa.

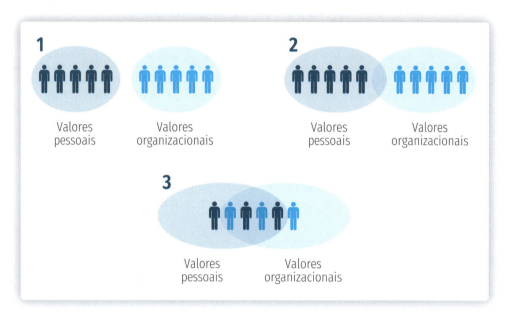

Fonte: Desenvolvida pelo autor.

Na posição número 1, há determinado afastamento entre os valores pessoais de um membro da equipe e os valores organizacionais praticados. Uma pessoa que tenha como um dos principais valores o "compromisso" tenderá a se afastar da empresa caso essa não crie um ambiente propício para honrar seus pactos assumidos com os clientes e parceiros. Dessa forma, a posição número 1 provoca desgaste em todos, sendo causa do surgimento de colaboradores detratores dentro da empresa, que tendem a falar mal dela para amigos e familiares.

Vejamos a posição número 2. Já há a aproximação entre o que o colaborador almeja e o que a empresa pratica, deixando espaço para que haja maior adaptação por parte dele ao longo do tempo. A posição número 2 é bem mais favorável para o alinhamento de expectativas futuras do que a posição anterior. Por isso, deve ser utilizada pela equipe de TH para intensificar o entendimento da jornada do colaborador.

Na posição número 3, existe um bom alinhamento entre os valores praticados pela empresa e os valores pessoais das pessoas que lá se desenvolvem. Com isso, a possibilidade de engajamento delas com os objetivos da empresa é muito alta. A explicação para isso é que os valores pessoais traduzem o que é mais importante para um indivíduo e, consequentemente, a empresa na qual trabalha assumirá um

Como medir, desenvolver e modelar a Cultura Organizacional para alcançar a alta *performance*

grau de importância ainda maior para ele, favorecendo o engajamento. Nesse caso, o engajamento pode crescer tanto, que o colaborador certamente será um promotor da marca para a qual trabalha. Contudo, não se deve esperar que haja 100% de alinhamento entre os dois conjuntos, embora seja possível existir.

Alinhamento de valores é um dos segredos para o engajamento

O engajamento das pessoas, na atualidade, é o "Santo Graal" para o *rebranding* do tradicional RH e para uma nova visão de *Employee Experience*, Gestão de Pessoas e Cultura Organizacional daquelas organizações que desejam reinventar-se.

Muito são os benefícios do **engajamento das pessoas**: aumento de produtividade, retenção de talentos, promoção da saúde, bem-estar e uma ótima sensação de trabalho em time.

Defino **engajamento** como:

> **Engajamento** é o resultado da implantação de projetos estruturantes de *Employee Experience*, Gestão de Pessoas e Cultura Organizacional com sua prática diária, proporcionando que os indivíduos deem o melhor de si, unindo os valores e interesses pessoais com os objetivos e valores organizacionais. Para se chegar ao engajamento, será necessária a união de duas partes: por um lado, a empresa dispõe de práticas de desenvolver e incentivar a sua equipe e, de outro, o colaborador coloca em prática o C.H.A.R.

Mapeamento da jornada do colaborador, metas justas, clima positivo de trabalho, liderança participativa, autonomia para criar e comunicação bidirecional são de longe importantes medidas para promover o engajamento das pessoas no ambiente de trabalho. Como demonstrado no tópico anterior, todo esse investimento será insuficiente se não houver esforços para o alinhamento entre a experiência das pessoas e os valores organizacionais.

Ainda há o mito nas corporações de que os valores pessoais dos funcionários precisam ser idênticos aos valores dos líderes, e estes precisam também ser idênticos aos valores dos fundadores. Não é bem assim.

A prática tem me mostrado que os valores precisam ser próximos e não iguais. É, inclusive, um enorme erro exigir que sejam perfeitamente aderentes.

Por exemplo, caso um novo colaborador tenha como principal valor no trabalho "aprendizado contínuo", a empresa não precisará ter exatamente o mesmo valor. O correto é imaginarmos que a organização, para atrair e manter engajado tal funcionário, precisará demonstrar o valor de "facilitadora da aprendizagem". Co-

CAPÍTULO 3

tidianamente, ela terá que demonstrar e, principalmente, agir criando espaços e condições de aprendizagem, como treinamentos estruturados (metade da laranja), para o referido funcionário entrar com a outra metade da fruta: gostar de aprender e de estudar.

Veja no Quadro 3.2 outros exemplos de aproximação de valores de um membro da equipe com os valores praticados pela empresa.

Quadro 3.2 Exemplo de aproximação de valores de um colaborador com os valores praticados pela organização, demonstrando grande potencial de engajamento.

Valor pessoal	Valor organizacional
Aprendizado contínuo	Facilitadora da aprendizagem
Ser competitivo	Ambiente motivador para competir
Respeito ao próximo	Respeito às diferenças individuais
Ampla comunicação	Promoção de diálogo entre as equipes
Ambição	Oportunidades para os que se destacam
Criatividade	Inovação e empreendedorismo

Fonte: Desenvolvido pelo autor.

Sempre lembro para os meus clientes e alunos que cultura e engajamento caminham juntos. Quanto mais favorável for a cultura da empresa para atração de talentos, maior a possibilidade de engajamento das pessoas certas e, naturalmente, maior a criação de diferenciais competitivos perante o mercado. Outra vantagem é que o *Employee Experience* resulta em mais realizações do que em "dores" na jornada dos colaboradores.

Valores pessoais são inúmeros

Nos tópicos anteriores, apresentei diversos valores das equipes e como as organizações podem "abraçar" tais propriedades e praticar processos de Gestão de Pessoas e de *Employee Experience* de forma e aumentar o engajamento desses profissionais.

Gostaria de adicionar um ingrediente muito relevante. Antigamente, as pessoas procuravam emprego basicamente para sustento econômico e aceitavam ser infelizes durante décadas até a data da aposentadoria, não importando tanto assim o seu propósito com o conteúdo do labor. As profissões eram escolhidas não por serem aderentes aos valores pessoais, mas porque os pais ditavam.

As novas gerações contrariaram radicalmente esse paradigma. Veja o Quadro 3.3. O foco do trabalho passou a ser o aprendizado e a oportunidade de produzir algo útil para sociedade e a sua escolha é influenciada por propósitos.

Quadro 3.3 Foco no trabalho e motivações para escolha antes e das novas gerações.

Antes	Hoje
Foco eminentemente na sustentação econômica	Foco do trabalho é aprender e produzir algo útil para sociedade
Escolha do trabalho baseada no medo	Escolha do trabalho influenciada por propósitos

Fonte: Desenvolvido pelo autor.

Um dos motivadores para essa grande mudança, embora poucas pessoas tenham conhecimento sobre esse fato, é que as novas gerações estão mais dispostas a "pagar o preço" para terem seus valores pessoais atendidos. E é impressionante como tais valores são numerosos e diferentes entre si.

James Clear, em seu artigo *Core Values List,* elaborou um importante inventário de valores que devem ser conhecidos por quem desenvolve programas de liderança. Ele recomenda selecionar cinco valores centrais para focar.

Quadro 3.4 Inventário de valores pessoais.

1. Autenticidade	17. Determinação	32. Liderança	47. Responsabilidade
2. Realização	18. Justiça	33. Aprendizado	48. Segurança
3. Aventura	19. Fé	34. Amor	49. Respeito próprio
4. Autoridade	20. Fama	35. Fidelidade	50. Servir
5. Autonomia	21. Amizade	36. Trabalho	51. Espiritualidade
6. Equilíbrio	22. Diversão	37. Abertura	52. Estabilidade
7. Beleza	23. Crescimento	38. Otimismo	53. Sucesso
8. Ousadia	24. Felicidade	39. Paz	54. *Status*
9. Compaixão	25. Honestidade	40. Prazer	55. Confiabilidade
10. Desafio	26. Humor	41. Equilíbrio	56. Riqueza
11. Cidadania	27. Influência	42. Popularidade	57. Sabedoria
12. Comunidade	28. Harmonia interna	43. Reconhecimento	
13. Competência	29. Justiça	44. Religião	
14. Contribuição	30. Bondade	45. Reputação	
15. Criatividade	31. Conhecimento	46. Respeito	
16. Curiosidade			

Fonte: Desenvolvida pelo autor com base em Clear (2020).

Como visto, a quantidade de valores pessoais ajuda a explicar por que o ser humano é realmente complexo e como é sensível trabalhar no seu engajamento para o sucesso dele e da organização.

CAPÍTULO 3

Cultura e engajamento

Cultura e engajamento, apesar de estarem fortemente ligados, precisam ser definidos de forma separada. Enquanto a cultura é a soma dos valores da empresa, isso é, como as coisas realmente funcionam, o engajamento liga-se à percepção dos colaboradores sobre o *modus operandi* organizacional.

O caráter da cultura atrai quem com ela se identifica e motiva esses indivíduos, aumentando o engajamento deles no ambiente de trabalho. Com o engajamento intensificado, o envolvimento dos colaboradores nos diferentes processos visando o crescimento da instituição e cumprimento das metas também se intensifica. Um exemplo disso ocorre quando os líderes aplicam o FeedMentor 20 Minutos, incentivando que as pessoas encontrem maior sentido naquilo que fazem.

A Figura 3.4, adaptada do estudo *Global Human Capital Trends – The New Organization: Different By Design*, da Deloitte University, apresenta a relação entre Cultura Organizacional e engajamento do colaborador.

Figura 3.4 A relação entre Cultura Organizacional e engajamento.

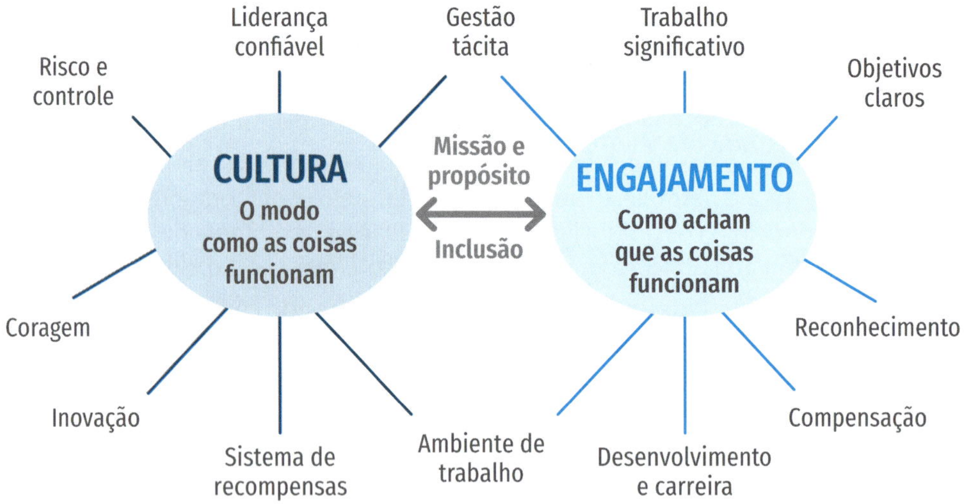

Fonte: Desenvolvido pelo autor com base em Global Human Capital (2016).

Ao analisarmos o diagrama, percebemos o quanto é importante a empresa demonstrar constantemente como as coisas lá funcionam para que os membros da equipe tenham uma percepção clara desse modo de operação e assim possam investir mais energia.

Uma pergunta que todos os gestores deveriam se fazer continuamente: como modificar para melhor a Cultura Organizacional?

A seguir, apresento 16 estratégias, baseadas em Gestão de Pessoas, *Employee Experience* e Cultura Organizacional que contribuem para moldar a cultura de uma corporação.

16 estratégias para modelagem da Cultura Organizacional

Se fosse fácil modificar a cultura de uma empresa, certamente essa lista seria bem menor. Não existe uma fórmula milagrosa, muito menos um único caminho a seguir.

Cada empresa possui suas próprias características, sua posição distinta no mercado em que atua e pessoas diferentes em sua composição. Isso confere a cada organização uma maneira diferente de resolver problemas e de fazer aprimoramentos.

Com muito dinheiro, você pode criar produtos, serviços, promovê-los ou modificá-los com certa facilidade. Contudo, para alterar a cultura de uma organização, não basta investimento. Será preciso estratégias, ferramentas e competências.

Moldar a Cultura Organizacional não é uma tarefa simples, pois exige estratégias e métodos seguros de Gestão de Pessoas, *Employee Experience* e Cultura Organizacional utilizados com cautela e muita paciência. Demanda tempo e investimento para haver transformações.

Mesmo que uma empresa esteja satisfeita com a sua cultura vigente e, assim, queira mantê-la, pode ser que sua cultura seja modificada contra sua vontade. Em alguns casos, até para pior, caso não faça esforços para sustentá-la.

Seja para manter a cultura vigente ou para moldá-la em novo patamar, há a necessidade de implantar estratégias de *people management*. As 16 estratégias a seguir atuam nessa transformação.

1. **Valorização das experiências**: da mesma forma que os valores pessoais moldam a cultura, as experiências vividas pelos colaboradores também influenciarão os rumos da corporação. Daí a importância de a empresa ser orientada ao *Customer Experience* e ao *Employee Experience*.

2. **Treinamento e desenvolvimento**: ações isoladas de capacitação das equipes dão lugar ao foco na educação corporativa continuada com trilhas de desenvolvimento anuais, por cargo e interligadas à capacitação de sucessores de cargos-chave na organização.

3. **Metodologias ágeis**: a incorporação de metodologias ágeis deve tornar o planejamento e a implantação dos projetos estruturantes de Gestão de Pessoas mais leves e ao mesmo tempo mais desejados pelos gestores.

4. **Decisões da cúpula**: a depender do processo decisório adotado pelos diretores, podem ser fornecidas mensagens para as equipes com "sinais trocados", demonstrando diferença entre o que que é correto fazer e o que a diretoria efetivamente faz. Por isso, todo cuidado é pouco com a forma de decidir dos gestores. Os exemplos fornecidos pelo alta gestão interferem nos valores corporativos, para o bem ou para o mal.

5. **Clima organizacional**: investir no clima organizacional para que esteja aderente à nova cultura é uma das estratégias de menor custo e maior eficácia em termos de *people management*. No entanto, muitas empresas confundem melhorar o clima com excesso de eventos sociais.

CAPÍTULO 3

6. **Seleção de pessoas**: os novos entrantes provenientes dos processos seletivos moldam a cultura das corporações, por isso, o ato de selecionar necessita ser revestido de novas competências emanadas do C.H.A.R., conforme apresentei no Capítulo 2.

7. **Formação de líderes**: os líderes exercem grande influência na mudança ou manutenção da cultura, por isso, precisam ser continuamente desenvolvidos, principalmente no que diz respeito às competências comportamentais, que chamamos de *soft skills*, e em competências híbridas, as quais modificam crenças, ambas apresentadas no Capítulo 2.

8. **Histórias, mitos e narrativas**: tudo aquilo que é contado de pessoa para pessoa auxilia na propagação dos valores coletivos. Isso ocorre desde nossos ancestrais. Os líderes das corporações devem saber reproduzir as histórias, mitos e narrativas provenientes dos fundadores, unindo *storytelling, design thinking* e técnicas de apresentação.

9. **Modelo de gestão**: para atingirem seus objetivos, os gestores precisam de modelos, como gestão de crises, gestão do desempenho, Gestão do Conhecimento e Gestão de Pessoas. Caso haja essa carência, cada líder tenderá a inventar seu próprio "jeitinho", levando a cultura a ser literalmente despedaçada.

10. **Espaços de convivência**: os espaços podem ser internos na empresa ou virtuais no caso de *home office*. O que importa é que não sejam tratados apenas como locais de comunicação, mas de convivência e socialização, contribuindo para modelagem da cultura.

11. **Crenças e valores pessoais**: apresentei no item anterior que a cultura organizacional é o somatório dos valores exercidos no cotidiano. A compreensão dos valores de cada membro do time facilitará ao líder identificar crenças enraizadas que afetam o futuro da organização.

12. **Relacionamento entre as pessoas**: uma das atividades mais importantes para nós humanos é o relacionamento com nossos semelhantes, por isso, esse simples e fantástico ato é coparticipante da modelagem da cultura.

13. **Comunicação entre os colaboradores**: da mesma forma que o relacionamento influencia a cultura, a comunicação presencial e remota entre as pessoas torna esse processo mais fluido ou não, a depender de como o processo de comunicação interna é orquestrado na organização.

14. **Sistema de reconhecimento e recompensas**: a meritocracia é uma poderosa estratégia para cuidar da cultura organizacional. A falta de ações meritocráticas também molda a cultura, só que da forma oposta, gerando desconfiança dos critérios da empresa.

15. **Hierarquia e trabalho em rede**: a decisão por ser uma organização mais hierárquica ou optar por trabalhar em rede, proporcionando estímulo, comunicação e autonomia para as pessoas, deve ser consistentemente discutida e deliberada pelos gestores estratégicos.

16. **Intersecção de culturas diferentes**: esse processo é visivelmente necessário em empresas que foram compradas, fundidas, incorporadas ou no caso de franquias. No início do capítulo, dediquei um tópico exclusivo a tratar da intersecção de culturas diferentes.

Cultura hierárquica *versus* cultura em rede

Existem muitas formas de classificarmos a Cultura Organizacional. Numa empresa fortemente hierárquica, os gestores esperam que haja obediência das pessoas quanto aos comandos realizados. Nem sempre é possível às equipes questioná-los, e a comunicação tende a ser unidirecional, isto é, nesse tipo de companhia vale o ditado: manda quem pode e obedece quem tem juízo.

Na cultura hierárquica, quase sempre há o que chamamos de **atrofia da liderança**, na qual os gestores não são reconhecidos como líderes por suas equipes e quase sempre tentam impor seus processos de trabalho e metas ao invés de negociá-los. Costumo dizer que as organizações hierárquicas prescindem de que os gestores sejam mais **chefes** do que líderes. No meu livro *Triunfo da Liderança,* apresentei as diferenças entre chefiar e liderar.

Outro ponto que merece atenção é que nesse tipo de empresa as pessoas se organizam em grupos, geralmente aquém em termos de autonomia, quando comparadas com equipes de alta *performance*.

Já a **cultura em rede** apresenta outros pressupostos para planejamento, ação e controle, valorizando a descentralização de poder e o *empowerment*. Enquanto o foco da cultura hierárquica é garantir e controlar, o da cultura em rede é trabalhar em projetos valorizando mais os resultados do que a burocracia.

Figura 3.5   As diferenças entre a Cultura Organizacional hierárquica e em rede.

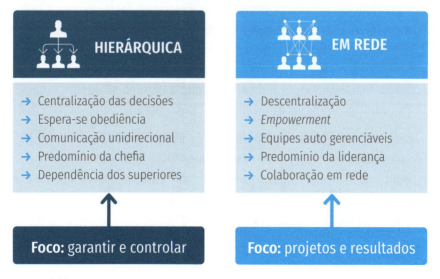

Fonte: Desenvolvida pelo autor.

CAPÍTULO 3

A pandemia trouxe para empresas com cultura hierárquica a necessidade de se aproximarem da cultura em rede, por demandar dos seus líderes maior autonomia e necessidade de estabelecer **redes de confiança**.

Na sessão a seguir, apresento sete erros que podem ser cometidos, mesmo de forma inconsciente, por empresas de qualquer setor econômico e de qualquer porte.

Sete erros sobre a Cultura Organizacional

Os gestores estratégicos constantemente se questionam sobre a cultura da empresa da qual são dirigentes, pois é muito comum ocorrer o desalinhamento entre o estilo que desejam e a cultura efetiva praticada internamente.

Por exemplo: alguns almejam que a empresa seja mais orientada à competição, pois querem alavancar rapidamente os resultados. Contudo, quando a cultura é mensurada de forma isenta, pode ser identificado um ambiente adverso a competir, o que interfere diretamente na obtenção da tão desejada alta *performance*.

Seria uma notícia ruim? Com certeza não, pois o pior cenário seria a empresa se enganar por anos a fio e não analisar *gaps* existentes em sua cultura.

O fato é que a cultura pode auxiliar, ou, por outro lado, até impedir que os objetivos e propósitos dos gestores sejam alcançados, pois o poder dos valores compartilhados internamente é gigantescamente maior do que o poder dos dirigentes.

Imagine um veleiro de competição no qual o capitão solicita à tripulação rumar para o norte. E se as pessoas fizerem justamente o oposto, indo para o sul? Isso ocorre com frequência em grandes corporações.

A cultura, portanto, pode ser tão forte numa empresa que poderá simplesmente expurgar um dirigente que tentar modificá-la, caso ele não conte com ajuda e com os métodos certos. Pensando nisso, preparei uma lista de **sete erros** que podem ocorrer nas empresas quanto à sua cultura corporativa:

1. Tentar fazer mudanças radicais na cultura de uma só vez.
2. Querer que a cultura da empresa seja modificada somente pela diretoria.
3. Subestimar o poder das equipes operacionais na manutenção da cultura.
4. Não dar tempo para a nova cultura da empresa se consolidar.
5. Achar que Cultura Organizacional é intangível que não pode ser medida.
6. Tentar modificações importantes na cultura sem contar com ajuda externa.
7. Entrar no "jogo" da Cultura Organizacional despreparadamente.

Como forma de contribuir para a eliminação desses riscos, preparei a seguir um passo a passo para a modelagem da cultura empresarial.

Como fazer a modelagem da Cultura Organizacional

Qual o grau de transformação da cultura necessário para uma empresa ser vitoriosa? Se o *gap*, isto é, a distância entre a situação atual e desejada, for grande, chamamos de **transformação da cultura**. Digamos, sair da versão 1.0 e passar para a 4.0. Se o *gap* for pequeno, trata-se de uma **atualização da cultura**.

Em ambas as situações, será necessário aplicar um método para modelar a cultura, já que o tema é complexo e exige cadência e estruturação.

Identificar se a cultura organizacional está na direção que os gestores estratégicos desejam é o ponto de partida para a **modelagem da Cultura Organizacional**, que necessita de passos para ser transformada ou atualizada, conforme o grau de mudança desejado pelos gestores estratégicos, conforme apresento na Figura 3.6.

Figura 3.6 Método para modelar a cultura organizacional, seja o *gap* grande ou pequeno em relação à situação desejada.

Fonte: Desenvolvida pelo autor.

O primeiro passo é o **diagnóstico das situações atual e desejada em relação à Cultura Organizacional**, que terá como principais entregáveis:

» Entrevistas individuais realizadas com os gestores estratégicos com a finalidade de identificar a percepção deles quanto à cultura atual *versus* a cultura desejada.

» Realização de grupos focais com colaboradores de diversas áreas, com o objetivo de mapear em forma de pesquisa qualitativa os aspectos norteadores da cultura atual. Em certos casos, ao invés de grupos focais, é preferível fazer *workshops* interativos com grupos de 20 a 40 colaboradores.

» Aplicação de questionário *web* com a finalidade de avaliação quantitativa do estilo predominante atual da cultura organizacional, valores, fatores que facilitam e que podem dificultar as mudanças pretendidas.

Vencida a fase diagnóstica, o segundo passo é apoiar a diretoria na transformação ou na atualização necessária, já que na maioria das vezes não há um perfeito

CAPÍTULO 3

alinhamento sobre onde e como desejam chegar lá. Então, deverá ser realizado um trabalho de *team building* **com os diretores para projeção da cultura desejada e para a consolidação dos novos valores**. As pessoas do projeto tratarão de reunir a diretoria para realizar as seguintes atividades:

- » O resultado do diagnóstico da cultura organizacional será apresentado em forma de *workshop* para os diretores da empresa debaterem o tema e exercitarem determinadas decisões.

- » A apresentação deverá ser bem interativa e estabelecer o debate sobre a situação atual e a situação desejada quanto à cultura da companhia e também consolidar os valores que formam a cultura pretendida.

- » Poderá haver um novo encontro para que os dirigentes sejam desafiados a pactuar e a colaborar para a transformação ou atualização da cultura vigente.

O terceiro passo é destinado a **planejamento e especificação das mudanças necessárias para modelagem da cultura**, o que demandará a realização das seguintes atividades:

- » A partir dos valores culturais consensados com os diretores na etapa anterior, haverá a especificação das mudanças organizacionais necessárias para a modelagem da cultura pretendida.

- » Elaboração de um plano de mudanças, que será submetido à diretoria e gerenciado posteriormente em forma de PMO.

- » Na sequência, a equipe do projeto irá idealizar um conjunto de recomendações em nível macro de mudanças nos processos e ferramentas de Gestão de Pessoas, os quais interferem na nova cultura.

- » O consultor sênior poderá aplicar atividades de mapeamento da jornada do colaborador baseada no *Employee Experience* com a finalidade de nivelar potenciais dores nos principais momentos, como contratação, *onboarding*, desenvolvimento e engajamento das equipes, contudo, focando no alinhamento com a nova cultura pretendida.

Será fundamental que as recomendações possam ser feitas em vários processos e ferramentas de Talentos Humanos, que precisão ser atualizados a partir dos novos valores e competências organizacionais, como, por exemplo, política de TH, descritivo das competências organizacionais, trilhas de desenvolvimento por cargo, conteúdos de treinamento, processo de *onboarding* dos novos colaboradores, processo de avaliação, rituais dos líderes, comunicação interna, processo de reconhecimento das equipes, estrutura organizacional, plano de cargos, salários e carreira, *assessment* dos líderes e mudança no modelo de *feedback*.

A quarta etapa da modelagem da cultura é a realização do **PMO, capacitação dos líderes e implantação das mudanças culturais** definidas anteriormente. Esse é o momento mais aguardado, quando tudo aquilo que se planejou na etapa anterior será colocado em prática. Para tanto, as principais atividades desempenhadas na quarta etapa são:

Como medir, desenvolver e modelar a Cultura Organizacional para alcançar a alta *performance*

» Os líderes são capacitados em pelo menos dois módulos de treinamento: O primeiro dedicado a como aplicar na prática e irradiar os novos valores organizacionais e o segundo módulo é de estratégia de liderança baseada nos novos valores.

» A segunda entrega dessa fase é o gerenciamento de dois componentes-chave para a mudança de cultura: o plano de mudanças e as ações decorrentes das recomendações ofertadas na fase anterior.

» As principais atribuições da equipe do projeto para o PMO de todas as inciativas traçadas das etapas 2 e 3 da modelagem da cultura são: identificação do andamento das ações do projeto, reunião com áreas para identificação de *issues*, alarmes para os gestores em caso de atrasos no projeto e suporte para dúvidas quanto ao escopo do plano de mudanças.

Exemplos de estratégias necessárias para a transformação da Cultura Organizacional

Conforme apresentado, o terceiro passo da modelagem da cultura é o planejamento e especificação das mudanças necessárias para a transformação ou atualização da cultura vigente. Listo aqui alguns exemplos de mudanças que podem ocorrer nos mais importantes modelos e processos ligados à experiência do colaborador:

Revisão da estrutura organizacional

A nova estrutura organizacional deve ser resultante da análise do planejamento estratégico, identificação da cadeia de valor e da análise do impacto da cultura no comando da empresa. Por isso, deverá ser elaborado com todo cuidado um novo organograma, pontuando-se as relações de subordinação e amplitude de comando. Sempre com vista a tornar a empresa ágil, com poucos níveis hierárquicos, porém gestores suficientemente fortalecidos para empreenderem as mudanças necessárias. Caso a empresa seja mais informal, poderá adotar o **competenciograma** no lugar do organograma.

Revisão do plano de cargos, salários e de carreira

Após a revisão da estrutura organizacional, chegou a vez de rever o plano de cargos, salários e carreira. Diversos componentes precisam ser atualizados. A depender do que apontar o relatório diagnóstico da cultura, será necessário criar cargos ou remodelar os já existentes, fazendo uma ampla revisão do descritivo das funções, critérios para movimentação na função, critérios para promoção e encarreiramento. Talvez seja necessário atualizar a tabela salarial por cargo.

Revisão das competências organizacionais

Uma vez que a cultura da empresa está sendo aprimorada, será que as competências organizacionais traçadas no passado continuam valendo para o presente e o futuro? O C.H.A.R. das equipes está adequado para os novos tempos? A revisão das competências organizacionais servirá como base para "calibrar" adequadamente a

CAPÍTULO 3

forma como as pessoas são selecionadas, desenvolvidas e avaliadas. As competências organizacionais são aquelas válidas para todos na companhia, independentemente do cargo que ocupam.

Assessment dos líderes

Essa iniciativa tem como principal objetivo a avaliação do perfil dos líderes da empresa, podendo ser realizada por meio de entrevista individual e aplicação do método DISC, MBTI ou outro escolhido. Após a conclusão das avaliações, haverá uma reunião devolutiva para a diretoria sobre os perfis desejados para os cargos *versus* o perfil identificado de cada líder. A depender da escolha da empresa, poderá haver sessões devolutivas para os líderes também, sempre visando que estejam engajados com as mudanças culturais propostas.

PDI, Treinamento e Desenvolvimento das equipes

Durante a devolutiva individual ocorrida no *assessment*, é recomendável a elaboração do plano de desenvolvimento para que cada líder possa reduzir, ou mesmo eliminar, os *gaps* conversados na reunião. Várias ações de desenvolvimento podem ser traçadas com ele e apontadas no PDI. Na sequência, os líderes devem ser capacitados com treinamentos presenciais e *on-line* e, em seguida, suas equipes também.

Modelo de avaliação de desempenho

Rever o modelo de avaliação de desempenho para consolidar na empresa a mudança pretendida na cultura é um imperativo. Como principais entregas, o modelo de avaliação de desempenho deverá conter o mapeamento das competências necessárias por cargo, descrição de comportamentos para cada competência e o grau de proficiência pretendido pelos dirigentes para cada uma, sempre alinhados aos novos valores apresentados no diagnóstico da cultura.

Revisão do modelo de *feedback*

Será igualmente importante que o método de *feedback* e a frequência deste também sejam revistos. No Capítulo 2, apresentei o **FeedMentor 20 Minutos** como uma renovação do processo tradicional de *feedback*. O FeedMentor poderá colaborar para que os *feedbacks* tradicionais não sejam momentos exaustivos para correção, mas sim momentos assertivos e céleres para o desenvolvimento das equipes rumo à cultura pretendida.

Existem algumas formas confiáveis para mensuração da cultura. A seguir, as sete dimensões e 28 valores que fundamentam a pesquisa interna de cultura.

Sete dimensões e 28 valores da Cultura Organizacional

O importante estudo feito por James Sarros e mais três autores intitulado *The Organizational Culture Profile Revisited and Revised: An Australian Perspective* fez uma revisão e atualização de um dos principais modelos de mensuração da cultura organizacional, chamado de *Organizational Culture Profile – OCP* dos autores O'Reilly, Chatman e Caldwell, que publicaram o célebre artigo *People And Organizational Culture, A Profile Comparisons Approach To Assessing Person-Organization Fit.*

Os resultados, baseados em uma vasta amostra de executivos, apontou para sete dimensões da cultura de uma empresa: competitividade, responsabilidade social, apoio, inovação, reconhecimento, desempenho e estabilidade. Cada dimensão é composta de quatro valores, totalizando 28 valores organizacionais que foram apresentados por Giuseppe Russo em seu livro *Diagnóstico da Cultura Organizacional.*

Quadro 3.5 Sete dimensões e 28 valores da empresa para realizar o diagnóstico de cultura organizacional.

Dimensões	Valores da empresa
1. Competitividade	1. Foco na realização 2. Ênfase na qualidade 3. Distinção – ser diferente das outras empresas 4. Ser competitiva
2. Responsabilidade social	5. Ser reflexiva/cautelosa sobre suas ações 6. Boa reputação 7. Ser socialmente responsável 8. Clara filosofia de orientação
3. Apoio	9. Foco em equipes 10. Compartilhar informações livremente 11. Foco em pessoas 12. Colaboração
4. Inovação	13. Inovação 14. Rapidez em obter vantagens das oportunidades 15. Correr riscos/ousar 16. Assumir responsabilidade individual
17. Reconhecimento	17. Equidade/justiça 18. Oportunidades para crescimento profissional 19. Maior remuneração para alto desempenho 20. Reconhecimento para alto desempenho
6. Desempenho	21. Expectativas por desempenho 22. Entusiasmo para o trabalho 23. Foco em resultados 24. Ser muito organizada
7. Estabilidade	25. Estabilidade/constância 26. Ser calma 27. Garantia de emprego 28. Baixo conflito

Fonte: Adaptado de Sarros, Gray, Densten e Cooper (2005) e Russo (2010).

CAPÍTULO 3

A partir desses valores, será apresentado o questionário para mensuração da Cultura Organizacional.

Questionário para medir a Cultura Organizacional

O levantamento poderá ser feito por formulário *web*. É fundamental que o questionário seja precedido por um convite amistoso, porém isento e objetivo. A mensagem jamais poderá ser persuasiva para não influenciar os respondentes. Veja o exemplo a seguir.

> *Prezado colaborador,*
>
> *Esta pesquisa possui o objetivo de identificar a sua percepção quanto a algumas características da empresa em que você trabalha. Lembre-se de que você não estará avaliando a si mesmo, e sim as características da empresa em que você atua.*
>
> *A pesquisa é sigilosa e, portanto, não identificada. Lembre-se de ser o mais transparente e isento possível. O tempo estimado é de aproximadamente 15 minutos.*
>
> *Qualquer dúvida, basta contatar-nos pelo e-mail: xxx@conquist.com.br*
>
> *Obrigado,*
>
> *Área de consultoria e pesquisa*

Fonte: Desenvolvido pelo autor.

Tanto a carta-convite como o questionário poderão ser enviados em papel ou respondidos em formulário *web*. Nos dias atuais, a segunda alternativa é preferível, contudo, essa decisão deverá ser tomada em conjunto com a área de TH. Há casos em que colaboradores operacionais preferem responder no papel. Tudo isso deve ser pesado na escolha da mídia que levará o formulário.

As 28 questões terão a escala de resposta no padrão Likert progressiva com cinco opções. A escala Likert é uma das mais usadas em pesquisas e é baseada em nível de concordância para cada afirmação: ( ) Discordo totalmente; ( ) Discordo parcialmente; ( )Não concordo nem discordo; ( ) Concordo parcialmente; ( ) Concordo totalmente.

No Quadro 3.6 apresentarei 28 sugestões de questões, cada qual endereçada a um dos 28 valores organizacionais.

Como medir, desenvolver e modelar a Cultura Organizacional para alcançar a alta *performance*

Quadro 3.6 28 questões para mensuração da Cultura Organizacional.

1. A empresa possui foco na realização dos objetivos definidos.
2. A empresa enfatiza fazer as coisas com qualidade.
3. A empresa se diferencia em relação às empresas concorrentes.
4. A empresa é competitiva.
5. A empresa é cautelosa e reflete antes de tomar decisões.
6. A empresa possui boa reputação perante o mercado e colaboradores.
7. A empresa pratica a responsabilidade social.
8. A empresa possui filosofia clara na sua missão, orientando suas ações.
9. A empresa possui foco em suas equipes.
10. A empresa compartilha informações constantemente entre seus funcionários.
11. A empresa possui foco nas pessoas individualmente.
12. A empresa promove a colaboração entre as pessoas na empresa.
13. A empresa dá ênfase à inovação.
14. A empresa é rápida em obter vantagens das oportunidades que cria no mercado.
15. A empresa demonstra ser ousada e incentiva que as pessoas corram riscos para inovar.
16. A empresa dissemina que as pessoas devem assumir responsabilidades individualmente.
17. A empresa demonstra justiça nas duas decisões.
18. A empresa proporciona oportunidades para crescimento profissional.
19. A empresa remunera melhor as pessoas que alcançaram alto desempenho.
20. A empresa reconhece constantemente as pessoas que alcançaram o alto desempenho.
21. A empresa comunica para o colaborador suas expectativas quanto ao desempenho esperado.
22. A empresa demonstra entusiasmo para o trabalho.
23. A empresa possui foco em resultados.
24. A empresa é muito organizada.
25. A empresa demonstra estabilidade e constância em geral.
26. A empresa é calma.
27. A empresa proporciona garantia do emprego.
28. A empresa proporciona baixo conflito nas relações.

Fonte: Adaptado de Sarros, Gray, Densten e Cooper (2005) e Russo (2010).

Como analisar os dados e *gaps*

Essa parte tão interessante do estudo deve ser orientadora, isto é, tanto as conclusões quanto as evidências que fundamentam as mesmas não podem ser "engavetadas", mas usadas para reflexão e transformação.

Veja na Figura 3.7 o exemplo de uma empresa que sempre obteve bons resultados, mas que atualmente apresenta a dimensão "ênfase na recompensa" com apenas 50% na opinião dos funcionários, o que pode impedir a organização de reconquistar a alta *performance*. O mesmo ocorre que a "orientação a *performance*". Corroborando essas características da Cultura Organizacional vigente, 80% das pessoas que lá trabalham consideram que é uma organização "estável", transmitindo os valores estabilidade, garantia de emprego e baixo conflito.

CAPÍTULO 3

Figura 3.7   As sete dimensões medidas da Cultura Organizacional.

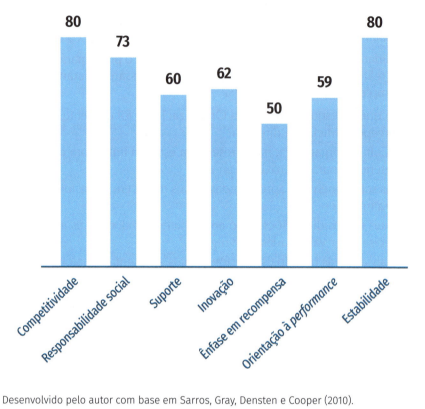

Fonte: Desenvolvido pelo autor com base em Sarros, Gray, Densten e Cooper (2010).

Diante da análise do *gap* entre o almejado pela diretoria e o constatado realmente na prática, o *board* poderá tomar uma das seguintes decisões: (a) a cultura vigente, embora não ideal, deverá ser mantida; (b) fazer esforços imediatamente para modificar a cultura organizacional. Recomenda-se que os dirigentes não fiquem paralisados e tomem uma decisão, pois esse tema é mais do que estratégico para a sobrevivência do negócio.

A consultoria de Cultura Organizacional que realizou a pesquisa poderá apoiar a diretoria com a prestação de novos serviços:

- » Análise de dados e de *gaps*.
- » Confecção do relatório e recomendações.
- » *Workshop* de *team building* para sensibilização dos gestores estratégicos.
- » Elaboração e PMO do plano de mudanças.
- » Treinamento e desenvolvimento das equipes.
- » Revisão dos modelos, processos e ferramentas de Gestão de Pessoas.
- » Consolidação da transformação organizacional.

Como medir, desenvolver e modelar a Cultura Organizacional para alcançar a alta *performance*

De posse dos resultados da pesquisa, será importante realizar um *workshop* com a diretoria e estimulá-los com algumas perguntas. A justificativa é que, certas vezes, empresas que decidem medir sua cultura não conseguem agir para atuar na mudança dela. Um dos problemas é que os gestores deveriam saber "o que fazer" com tais resultados.

Com a finalidade de despertar nos gestores estratégicos o ponto para mudança, será importante realizar as perguntas certas para eles processarem durante o *workshop*. Alguns exemplos são:

» Em que a pesquisa de Cultura Organizacional foi diferente em relação à percepção inicial da diretoria?

» A Cultura Organizacional apresentada está em linha com o que vocês pretendem para os próximos anos?

» Das sete dimensões apresentadas, quais merecem um esforço da empresa para mudar?

» Quais dessas dimensões estão em linha com o que vocês acreditam precisam ser valorizadas e divulgadas?

» Analisando as principais questões, quais apresentam maior *gap* entre o estado atual e o desejado?

» Quais departamentos precisam de maior acompanhamento para mudança de cultura?

» Que comportamentos os líderes precisam adotar para modificar a Cultura Organizacional?

» Que competências os funcionários precisam ser desenvolvidos para a mudança pretendida na cultura?

» Que valores podem ser priorizados daqui para frente?

Os parâmetros são os direcionadores da investigação, por isso precisam ser claramente definidos. A ideia é que o resultado desses questionamentos seja bem mais sintético do que analítico. Os parâmetros de análise são: grau de percepção anterior da diretoria x realidade encontrada; grau de alinhamento das dimensões da cultura encontrada com a empresa; *gaps* de respostas em relação ao ideal; comportamentos dos colaboradores a serem modificados; grau de concordância dos diretores quanto aos resultados; prioridades para serem abordadas no plano de ação; principais competências para serem desenvolvidas nos colaboradores; valores em escala de importância.

A Cultura Organizacional é fortemente influenciada pelo clima e engajamento na empresa. Como está a satisfação dos colaboradores com itens que podem ajudar a modelar a cultura?

Pesquisa de Clima e de Engajamento – CLIMA-ENGAJA

Clima e engajamento favorecem o aperfeiçoamento da cultura empresarial.

A pesquisa de clima e de engajamento é instrumento planejado e implantado para aferição constante dos aspectos que influenciam as pessoas no seu ambiente laboral.

CAPÍTULO 3

No modelo que proponho, podem ser medidos numa mesma pesquisa até 20 itens. Apelidei-o de Pesquisa CLIMA-ENGAJA, pois é uma fusão desses dois objetivos: proporcionar um clima positivo para as equipes e ao mesmo tempo engajá-las para a alta *performance*.

Mas por que o limite de 20 questões?

Já vi empresas utilizando questionários com 80 perguntas, o que pode trazer risco para a qualidade das respostas, já que o participante ao final estará mais do que cansado de responder. Outro ponto desfavorável dessa extensão é que, para a experiência do colaborador, esse processo pode soar mais enfadonho do que benéfico. Portanto, um momento tão especial como esse não pode ser encarado como um fardo pelas pessoas.

Figura 3.8 Pesquisa CLIMA-ENGAJA.

Fonte: Desenvolvida pelo autor.

A Pesquisa CLIMA-ENGAJA pode trazer inúmeros benefícios para a empresa e para os colaboradores quando aplicada pelo menos uma vez ao ano (se possível, duas vezes ao ano) e, principalmente, quando os executivos trabalham com foco na experiência do colaborador: proporciona redução de *turnover* e absenteísmo; gera aumento da satisfação no trabalho; melhoria da comunicação interna; incentivo para a empresa formar ambiente de inovação; geração de insumos para os programas de Treinamento e Desenvolvimento; atuação no desenvolvimento dos líderes; amplifica o sentimento de justiça e respeito entre as equipes; proporciona também que a jornada do colaborador tenha emoções mais positivas, portanto, contribui para o *Employee Experience*.

O objetivo da Pesquisa CLIMA-ENGAJA é diagnosticar, por meio de metodologia segura, variáveis que influenciam satisfação e engajamento dos colaboradores em seu ambiente de trabalho com aspectos objetivos (equipamentos, infraestrutura etc.) e outros mais sensíveis, como flexibilidade, humanização e transparência. Devemos lembrar que não apenas de metas vivem as equipes.

Como medir, desenvolver e modelar a Cultura Organizacional para alcançar a alta *performance*

É importante esclarecer que clima e engajamento são dois indicadores diferentes e complementares. Enquanto o clima mede a satisfação do colaborador com os processos, ferramentas e relações no trabalho, o engajamento mensura o seu vínculo emocional, sendo este um excelente previsor da longevidade na empresa e que proporciona ao colaborador se tornar um promotor da marca. As diferenças e convergências entre as pesquisas são apresentadas no Quadro 3.7.

Quadro 3.7 Diferenças e convergência entre pesquisa de clima e pesquisa de engajamento.

PESQUISA DE CLIMA	PESQUISA DE ENGAJAMENTO
O QUE MENSURA	O QUE MENSURA
A satisfação do colaborador com os processos, ferramentas e relações no trabalho	O vínculo e o engajamento do colaborador que são previsores da sua longevidade na empresa
EXEMPLOS DE ITENS LEVANTADOS	EXEMPLOS DE ITENS LEVANTADOS
1. Liderança e espírito de equipe	1. *Employee Net Promoter Score* – ENPS
2. Benefícios	2. Ambiente de trabalho flexível
3. Reconhecimento	3. Local de trabalho humanizado
4. Remuneração	4. Acolhimento do colaborador
5. Comunicação	5. Inclusão e diversidade
6. Qualidade e produtividade	6. Credibilidade no trabalho
7. Condições de trabalho	7. Transparência
8. Relações interpessoais	8. Ética e cidadania
9. Saúde e segurança	9. Treinamento e desenvolvimento
10. Infraestrutura no trabalho	10. Oportunidades de crescimento
AMBAS GERAM BENEFÍCIOS	
Redução de *turnover* e absenteísmo; aumento da satisfação no trabalho; incentiva o ambiente de inovação; cria insumos para T&D; amplifica o sentimento de justiça e respeito; proporciona que a jornada do colaborador tenha emoções mais positivas; elevação do *Employee Experience*.	

Fonte: Desenvolvido pelo autor.

Cada vez mais, temos que levantar aspectos não apenas racionais como também emocionais na jornada das equipes. Esse é um reforço sobre o porquê do método da Pesquisa CLIMA-ENGAJA. Os motivos são perceptíveis.

Por exemplo, pessoas engajadas tendem a virar talentos ao longo do tempo e também há uma relação estreita entre engajamento, propósito e alta *performance*. A possibilidade de gerar vínculos no ambiente de trabalho impacta a permanência do colaborador, como, por exemplo, cumprir promessas (coerência), comunicar claramente as expectativas e competência do líder para conduzir o negócio. Portanto, não há equipes de alta *performance* sem engajamento.

Outro aspecto que precisa ser cuidado é que muitos gestores confundem motivação com engajamento. Engajamento não é sinônimo de alegria. Engajamento é uma forma profunda de o colaborador se sentir acolhido pela proposta de valor da organização em que atua.

Medindo o *Employee Net Promoter Score* – ENPS

Dos 10 itens que recomendo para a mensuração do engajamento, um dos mais importantes é *Employee Net Promoter Score* – ENPS, indicador derivado do *Net Promoter Score*, método criado e testado por Fred Reichheld para medir engajamento de clientes.

O ENPS foi adaptado para a área de Talentos Humanos e apresenta com muita precisão o quanto o colaborador pode ser um promotor do seu trabalho, isto é, um defensor fervoroso, ou um mesmo detrator.

O ENPS é inquirido por uma única pergunta: "em uma escala de 0 a 10, quanto você recomendaria o seu local de trabalho para um amigo ou parente trabalhar?"

A mensuração do indicador ocorre diminuindo-se o percentual de detratores do percentual de promotores, conforme Figura 3.9.

Figura 3.9 Como mensurar o *Employee Net Promoter Score* – ENPS.

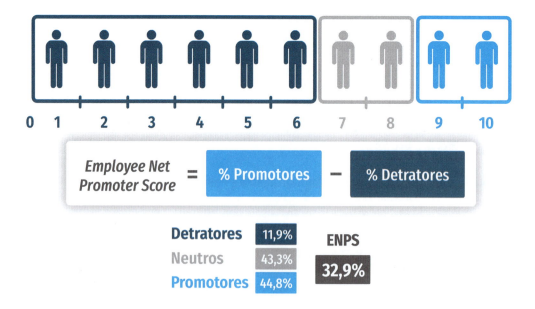

Fonte: Desenvolvida pelo autor com base em *The Employee Net Promoter System*.

Ao tabular-se as respostas na base 100, pode-se chegar aos seguintes resultados:

Pontuação	Resultado	O que fazer
ENPS entre 75 e 100	Engajamento excelente	Comemore com os colaboradores e mantenha as estratégias de Gestão de Pessoas e *Employee Experience* sempre vivas e procure as atualizar constantemente para manter a vanguarda.
ENPS entre 50 e 74	Engajamento médio – pode melhorar	Há espaço para a empresa rever como estão rodando os modelos e ferramentas estruturantes de Gestão de Pessoas e *Employee Experience*.
ENPS entre 0 e 49	Engajamento baixo – empresa em risco	Gestão de Pessoas e *Employee Experience* não estão alinhados com as melhores práticas de engajamento, por isso, precisam ser rediscutidos e reconstruídos imediatamente.
NPS menor que zero	Sem engajamento – empresa em perigo	Os colaboradores detratores são maioria, o que compromete o futuro da organização. É necessário reconstruir todos os modelos, processos e ferramentas estruturantes de Gestão de Pessoas e *Employee Experience* com urgência.

A seguir, irei apresentar as três etapas para a realização da Pesquisa CLIMA-ENGAJA.

Como implantar a Pesquisa CLIMA-ENGAJA

A Pesquisa CLIMA-ENGAJA é uma forma de diagnosticar como os colaboradores da organização estão "pensando e sentindo", lembrando que avalia dez aspectos mais racionais e dez mais emocionais. Compreender tais aspectos pode trazer benefícios para as duas partes: empresa e seus profissionais.

Para implantar esse instrumento, são necessários três movimentos encadeados:

Figura 3.10 As três etapas para implantação da Pesquisa CLIMA-ENGAJA.

Fonte: Desenvolvida pelo autor.

CAPÍTULO 3

Etapa 1 – Planejamento da pesquisa, definição dos quesitos e parametrização

» Quantificação dos participantes, departamentos e filiais que participarão da pesquisa.

» Elaboração do cronograma completo do projeto, incluindo todas as etapas desde o planejamento até a apresentação final dos resultados.

» Entrevista estruturada com a diretoria para definição das dimensões a serem pesquisadas.

» Proposição de questões, elaboração do formulário da pesquisa e respectiva escala, trazendo de forma objetiva e clara todas as questões aprovadas com a diretoria.

» Em caso de a área de TH já possuir um histórico de questionário próprio, podem ser avaliadas inclusões no mesmo.

» Inserção das questões da pesquisa em formulário *web*, para que os participantes possam respondê-la de forma ágil e segura.

» Se por questões internas a diretoria decidir pela realização do levantamento em forma de questionário impresso, o responsável pela pesquisa procederá a *design*, diagramação e impressão.

Etapa 2 – Divulgação interna e execução da pesquisa

Uma vez que o questionário foi aprovado pela diretoria e pela área de TH, e que também o formulário *web* encontra-se testado, inicia-se a etapa de divulgação da pesquisa. O objetivo é que todos participem ativamente. Nessa etapa, será fundamental que a área de comunicação interna garanta a divulgação do início do levantamento para toda a empresa. Quanto maior a participação na Pesquisa CLIMA-ENGAJA, melhor e menor o erro amostral. As atividades da etapa 2 são as seguintes:

» Orientação para a área de TH de como proceder para sensibilização dos colaboradores em responderem ao formulário dentro do prazo estipulado, com total isenção e confidencialidade.

» Disponibilização do formulário *web*, no qual será enviado um *e-mail* para os participantes, fornecendo-lhes o *link* para resposta.

» Serão de responsabilidade da área de TH a comunicação da pesquisa e incentivo dos colaboradores para participação, através de vários canais internos (*e-mail*, jornal mural, intranet, redes sociais internas, *newsletter* etc).

» Durante o período estipulado para respostas, será realizado o controle da quantidade de respondentes.

Etapa 3 – Tabulação, análise e apresentação dos resultados da Pesquisa CLIMA--ENGAJA

Esta etapa do projeto é destinada à análise dos dados coletados de forma a gerar conclusões da pesquisa. As questões consolidadas serão aquelas objetivas e as de livre resposta que contêm *insights* sobre o clima e o engajamento. Essa etapa é de suma importância para que, em seguida à análise das informações, seja criado um conclusivo relatório de pesquisa. O que é realizado na etapa 3:

» Coleta, classificação e organização dos dados coletados.

» Interpretação e classificação das respostas abertas.

- » Identificação de inconsistências e *outliers*.
- » Tabulação das informações e cruzamento de dados.
- » Elaboração e *design* instrucional do relatório.
- » Apresentação dos resultados em forma de *workshop* com a diretoria.

Ao final, será possível a empresa diagnosticar o que leva as pessoas a estarem satisfeitas e engajadas no ambiente de trabalho, passo fundamental para a aplicação do *Employee Experience*.

Lembro ao meu leitor que levantar o clima e o engajamento das pessoas e, principalmente, trabalhar o incremento de ambos é uma ótima forma de proporcionar a modelagem da Cultura Organizacional, apresentada em detalhes neste capítulo. Por isso, após *mensurar* a satisfação e engajamento dos times, será importante *atuar*, *comunicar* e *calibrar* as medidas a serem tomadas, conforme Figura 3.11.

Figura 3.11 Após a Pesquisa CLIMA-ENGAJA, será necessário na sequência atuar, comunicar e calibrar.

Fonte: Desenvolvida pelo autor.

A seguir, veremos como ocorre a curva de transição quando desejamos modificar aspectos importantes que interferem na cultura organizacional.

CAPÍTULO 3

O processo de mudança Fisher Transition Curve – John M. Fisher

Mudar a cultura de uma empresa é acima de tudo criar condições para que as pessoas mudem. Isso não é nada fácil!

Todos nós sabemos que as pessoas podem mudar, contudo, na maior parte das vezes, esse é um processo que se consolida ao longo do tempo, passando por várias etapas. O modelo de transição de Fisher (Figura 3.12) apresenta de forma bem compreensível como as pessoas respondem a mudanças ao longo do tempo.

Ann Halloran, consultora com mais de 20 anos atuando na Irlanda na área organizacional, reforça as oito etapas que as pessoas seguem num processo de mudança, que se inicia muitas vezes com ansiedade e negação quanto à necessidade de modificar algo com que se está acostumado:

1. Ansiedade e negação.
2. Felicidade.
3. Medo.
4. Ameaça.
5. Culpa e desilusão.
6. Depressão e hostilidade.
7. Aceitação gradual.
8. Avançando.

Algumas pessoas se movem mais rapidamente através dos estágios do que outras, e isso está relacionado com diversos fatores como perfil, temperamento, experiências de vida, grau de controle, apoio para realizar as mudanças e outros mais. As pessoas também podem regredir a um estágio anterior, dependendo da sua situação.

Figura 3.12 Diagrama de Transição de Fisher.

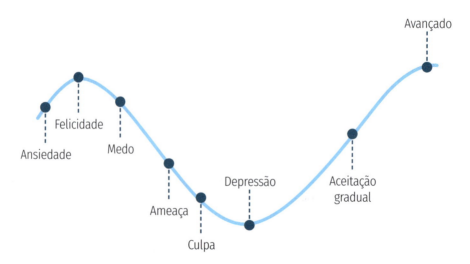

Fonte: Adaptada pelo autor com base em Fisher.

Essa curva mais parece uma montanha russa, contudo, a boa notícia é que há luz no fim do túnel.

Logo nas primeiras semanas da pandemia, as equipes se viram obrigadas a trabalhar em *home office*, sem, no entanto, uma preparação prévia. Houve profunda modificação da rotina das equipes. Ficou muito visível que elas percorreram as fases do modelo de John M. Fisher. O medo de mudar se transformou em algo ameaçador para todos. Com o passar do tempo, veio a aceitação gradual da mudança e depois o aperfeiçoamento do trabalho a distância. Passados os anos, o Diagrama de Transição de Fisher continua a ser extremamente atual.

Outro modelo importante que auxilia na mudança do *mindset* das equipes é o *forming, storming, norming and performing*, de Bruce Tuckman, que apresentarei a seguir.

Forming, storming, norming and performing – Bruce Tuckman

Você já conheceu uma equipe que não precisava de alguma melhoria para trabalhar em forma de time? Eu não.

O fato é que formar equipes requer tempo e desenvolvimento, pois colocar pessoas que nunca se viram na vida para trabalhar cooperativamente de forma presencial ou a distância não é trivial. Quando você se depara com essa complexidade e conjuntamente escolhe uma metodologia para isso, as coisas ficam mais fáceis.

O *site* Mindtools.com apresenta de forma bastante simples os passos para se transformar pessoas desagregadas em times de alta *performance* em *forming, storming, norming and performing – understanding the stages of team formation*:

Formação

No início, a maioria dos membros são positivos e educados, porém alguns estão ansiosos, pois conhecem completamente o trabalho que a equipe irá fazer e outros bastante motivados com a novidade. O líder deve fortalecer os papéis e responsabilidades dos membros da equipe de forma clara.

Confrontação

Em seguida, a equipe se move para a fase de confronto, onde as pessoas começam a empurrar os limites estabelecidos na fase de formação. Essa é a fase que muitas equipes não conseguem ultrapassar, pois pode haver conflitos entre os estilos de trabalho individuais, que, se causarem problemas, podem frustrar as pessoas. Outra situação é que os membros da equipe podem desafiar a autoridade do líder. Todo cuidado é pouco.

Normatização

Com o tempo, a equipe se move para a fase de normatização, começando a resolver as diferenças, valorizar os pontos fortes dos colegas e respeito ao líder. Agora que os membros da equipe se conhecerem melhor, eles podem conviver e são capazes de pedir ajuda mútua e fornecer *feedbacks* construtivos. As pessoas desenvolvem um compromisso mais forte para a meta da equipe. Nada é por acaso. O líder deverá atuar fortemente na normatização.

CAPÍTULO 3

Atuação

A equipe chega à fase de execução quando o trabalho cooperativo e intenso ajuda no cumprimento da meta da equipe. As estruturas e processos de apoio para o time já estão funcionando bem, e o líder nesse instante pode delegar mais. Não foi fácil chegar a essa fase, por isso, é bom ter cuidado com o movimento de pessoas que possam entrar ou sair da equipe.

Figura 3.13 Diagrama de Tuckman para auxiliar na mudança de *mindset* das equipes.

Fonte: Desenvolvida pelo autor com base em Mind Tools.

Este capítulo que você acabou de ler foi dedicado a **como medir, desenvolver e modelar a Cultura Organizacional para alcançar a alta *performanc*e**. Nele, vimos juntos os papéis dos fundadores e líderes na disseminação da cultura da empresa, a intersecção entre culturas diferentes, o alinhamento entre valores pessoais e organizacionais, 16 estratégias para modelagem da Cultura Organizacional, como fazer a modelagem da Cultura Organizacional, sete dimensões e 28 valores da Cultura Organizacional, como medir o clima e o engajamento no trabalho e como mensurar o ENPS.

No Capítulo 4, apresentarei estratégicas, técnicas e dicas de *Employer Branding*, recrutamento e seleção de talentos, que são a força motriz para o sucesso de Gestão de Pessoas.

Assista ao vídeo do autor sobre este capítulo

Capítulo 4

Aplicando o *Employer Branding* e inovando no recrutamento e seleção de talentos

> "Selecionar e reter talentos na Empresa 4.0 se tornou ainda mais complexo, devido às novas gerações e à hipercompetição entre as empresas. Por isso, a área de Talentos Humanos e os líderes de diversos setores estão sendo desafiados a conhecer e a aplicar novas estratégias e técnicas de Employer Branding, Recrutamento e Seleção de Talentos."

Jeff Bezos, fundador da Amazon, comentou que prefere entrevistar 50 pessoas e não contratar nenhuma a selecionar uma pessoa errada. Essa afirmação é de grande genialidade, pois o que mais importa não é a quantidade de pessoas quando se trata de processo seletivo, mas sim a qualidade do resultado a que se pretende chegar, que é a descoberta de futuros talentos.

Vejamos a questão em nosso país. O grande dilema vivido pelos empregadores é lidar, por um lado, com a grande oferta de mão de obra e, por outro, com a dificuldade de encontrar candidatos certos em um país com tantos problemas na educação básica. A realidade dura é que, apesar da grande quantidade de pessoas precisando de emprego, a maior parte não possui qualificação mínima para o serviço.

Em termos de Gestão de Pessoas, a maior parte dos empresários com quem convivo diariamente vive um dilema terrível: ao mesmo tempo que desejam contratar talentos, se deparam com a limitação imposta pelo mercado. Alguns executivos aceitam contratar pessoas aquém do perfil por falta de opções, mesmo num mercado com grande desemprego. Outros preferem esperar para contratar melhor, o que também traz prejuízos.

Nesse caso, qual a melhor decisão?

Utilizar uma metodologia diferenciada para seleção combinada com estratégias de *Employer Branding* pode aumentar o sucesso para atrair e reter talentos com maior margem de segurança. Para isso, devemos nos desapegar de técnicas primitivas e do excesso de amadorismo que rondam esses processos.

Nas seções a seguir, apresentarei uma série de dicas e ferramentas simples que amenizam bastante esse dilema e permitem que as organizações aumentem o seu potencial para atrair mais talentos e contratem pessoas mais potenciais. O primeiro ponto dessa discussão é definirmos o que significa ser uma pessoa talentosa.

Vale a pena discutirmos o que é um talento!

O significado de talento

O que é um talento para você? Alguém acima da capacidade média? Alguém que desenvolve seu trabalho com maestria? Alguém que supera os resultados?

O fato é que todos nós somos providos de talentos. Alguns para a parte numérica, outros para relações humanas, outros para tecnologia, outros para as artes. São infinitas possibilidades.

Durante muito tempo, pensou-se que as pessoas já nasciam talentosas. A hereditariedade contribui parcialmente para isso, contudo, o ambiente vai moldando a pessoa na medida em que ela passa por experiências.

Captar **talentos** durante o processo seletivo num cenário em que as empresas são cada vez mais competitivas e que, por isso, não podem errar nas escolhas passou a ser o grande desafio para a área de Talentos Humanos – TH e também para os líderes das demais áreas que abrem as vagas. Contratar pessoas fora do perfil e que não tenham chance de fazer um bom trabalho, na atualidade, é muito mais preocupante e desgastante, tamanha a exigência que as empresas possuem para gerar resultados no curto prazo.

Por isso, o ato de "pinçar" e reter talentos passou a ser a grande prioridade das organizações que pretendem gerar diferenciais competitivos e prosperar num mercado assustador em termos de competição. Os processos seletivos, feitos cada vez mais a distância, também vêm exigindo mudanças no *mindset* dos recrutadores. A própria inteligência artificial vem ajudando, mas não resolve o ato de selecionar e reter talentos. Depende muito dos modelos de *Employee Experience*, Gestão de Pessoas e Cultura Organizacional que as empresas adotam.

Se você tiver dúvida ainda sobre o significado de talento, pense em algo muito especial como um diamante. Fazendo-se uma analogia, diamantes e pessoas talentosas apresentam pelo menos sete características comuns:

Figura 4.1 As qualidades de um diamante que podem ser extrapoladas para uma pessoa talentosa.

1. ALcançável
2. Sensível
3. Brilhante
4. Valioso
5. Lapidável
6. Único
7. Escasso

Fonte: Desenvolvida pelo autor.

Alcançável: assim como o diamante, o talento é atingível, contudo, a pessoa que irá desenvolver sua aptidão deverá se esforçar muito para isso e contar com ajuda da empresa. Em nossa jornada, podemos alcançar vários níveis que antes pareciam impossíveis; podemos nos superar e desejar ir mais longe; alcançar novos objetivos é uma das prerrogativas das pessoas consideradas talentosas nas organizações, que não medem esforços para fazer entregas acima da expectativa do cliente interno e ou do externo.

Sensível: por ser rocha, embora o diamante seja forte, a sua sensibilidade salta aos olhos e é contagiante. Assim são os talentos que apresentam grande sensibilidade, muitas vezes incompreendida pelos líderes diretos. Sensibilidade aqui tratada não é sinônimo de "mimimi". Constitui-se em utilizar com destreza seus sentidos humanos para fazer entregas acima da expectativa e também tirar proveito de experiências positivas de trabalho.

Brilhante: o diamante quando lapidado adequadamente reluz, mostrando todo seu brilho. Assim é a pessoa que desenvolveu seu talento e teve a oportunidade de demonstrá-lo. Terá todas as condições de bilhar por onde passar. Assim, o líder imediato deve cuidar para que esse brilho não se apague e ao mesmo tempo reluza numa proporção adequada.

Valioso: quando identificamos colaboradores talentosos, devemos reconhecer o quanto são preciosos para a organização. Ser valioso não diz respeito apenas à materialidade, mas a quanto brilho as pessoas reconhecem nesse talentoso profissional. Reconhecer talentos significa dizer para eles, através de vários instrumentos de Gestão de Pessoas, o quanto são importantes para a organização.

Lapidável: os verdadeiros talentos permitem ser lapidados e vão se tornando ainda mais brilhantes quando são trabalhados por líderes qualificados. Assim é o diamante na natureza, que, quando encontrado pela primeira vez, mais parece um cascalho.

CAPÍTULO 4

Pessoas talentosas, além de aceitarem ser lapidadas, também pedem que isso ocorra. Também trabalham ativamente para desenvolverem o seu próprio brilho.

Único: não há na natureza um diamante sequer igual ao outro. Cada qual com seu brilho, com seu tamanho, com sua proporção. Assim, as pessoas talentosas são singulares, cada qual com o seu perfil, aptidão e competências. Costumo dizer incessantemente para os líderes que observem as pessoas como indivíduos e não como uma "massa homogênea". Outra dica é que as melhores equipes que já formei são heterogêneas, compostas por perfis diferentes e complementares. Deve-se valorizar a diversidade.

Escasso: em minhas pesquisas, descobri que equipes medianas que ainda não alcançaram a alta *performance* possuem somente 10% de pessoas consideradas talentosas. Muito baixo esse percentual, você não acha? Já membros de equipes de alto desempenho lideradas por gestores que sabem atrair, desenvolver e engajar cooperam entre si para a busca da excelência e, por isso, podem chegar a possuir sete vezes mais talentos do que as demais.

Irei apresentar para você, na prática, uma estratégia muito eficaz que, embora seja bem difundida, ainda está na sua infância no Brasil em termos de prática consistente, o *Employer Branding*.

Employer Branding: finalmente a união entre Marketing e Gestão de Pessoas

Se está difícil captar talentos, que tal ampliarmos a compreensão sobre o processo de recrutamento e seleção? Antes, o principal objetivo deste era trazer a pessoa adequada à função, agora a meta é prover esse processo de táticas de marketing, visando atrair mais candidatos qualificados e aumentar a taxa de sucesso na decisão pela vaga. Veja a diferença na Tabela 4.1.

Tabela 4.1 Simulação da diferença entre selecionar com e sem *Employer Branding*.

	COM *Employer Branding*	SEM *Employer Branding*
Candidatos atraídos incialmente	30	20
Candidatos adequados	9	3
Vagas existentes	5	5
Vagas preenchidas	5	2
Candidatos excedentes	2	0
Resultado do processo	SUCESSO	RISCO

Fonte: Desenvolvida pelo autor.

Aplicando o *Employer Branding* e inovando no recrutamento e seleção de talentos

Outro ponto que merece destaque é que recrutamento e seleção são interdependentes. As experiências vividas pelos candidatos e funcionários trafegam em velocidade exponencial nas redes sociais e, se algo sair errado para eles, a imagem da empresa poderá ser seriamente afetada. Aliás, muitos candidatos potenciais podem deixar de responder ao anúncio de vagas por causa da reputação da marca que foi abalada por um processo seletivo fraco.

Por isso, todo cuidado é necessário com a forma como as empresas constroem as suas marcas. Se você perguntar ao pessoal de comunicação de marketing, eles dirão que a construção é feita prioritariamente pelos esforços de marketing digital e marketing *off-line*. Talvez se esqueçam de que, atualmente, um dos maiores construtores da marca é a experiência do colaborador e do candidato.

Veja bem. Os tipos de *branding* mais conhecidos são o *branding* corporativo da marca, o *branding* de produto, o *branding* de serviço, o *branding* pessoal e o *branding* dos locais. Contudo, o *branding* da marca empregadora é pouco difundido pelas empresas brasileiras.

Employer Branding é a estratégia e um importante conjunto de táticas para influenciar como os funcionários e candidatos percebem o empregador. Em certas situações, é possível encontrar também artigos com a expressão *Employment Branding*, entretanto, esse termo é bem menos aceito.

Defino **Employer Branding** como:

> **Employer Branding** é a união de estratégias de Marketing e de Gestão de Pessoas criadas para favorecer a experiência de quem está se candidatando a trabalhar numa empresa e também de quem trabalha nela, implementadas por meio da criação de uma oferta de valor atrativa e por iniciativas que valorizam a jornada das pessoas em diferentes momentos. O **Employer Branding** é uma forma de construção da marca empregadora e um componente-chave para o sucesso do **Employee Experience**.

O artigo *HR and Marketing: Building Your Employer Brand Together,* de Tracy Lloyd, apresenta maneiras de criar uma parceria de sucesso entre Gestão de Pessoas e Marketing, exemplificando que essas duas áreas precisam colaborar em iniciativas estratégicas, especialmente aquelas impulsionadas por TH. Nesse caso, não envolver marketing no projeto pode ser um erro fatal. A imagem apresentada no artigo é muito interessante e retrata esse novo posicionamento nas empresas.

Figura 4.2 A união de Marketing com TH como base para o *Employer Branding*.

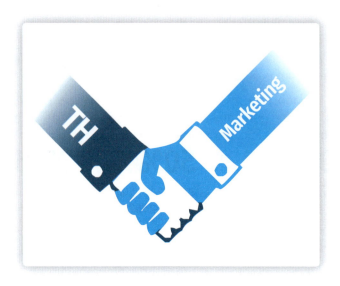

Fonte: Adaptada pelo autor com base em Lloyd (2018).

Quem diria que área de TH seria um dia convidada a desenvolver no seu pessoal a competência de marketing? Quase inimaginável alguns anos atrás!

Unir esforços de Marketing e de Gestão de Pessoas em prol da melhor experiência de candidatos e de colaboradores é um passo importante para as organizações. Contudo, isso não deve ser confundido com o **endomarketing**, mais ligado à campanha de incentivo interna de curta duração.

Resultados com a aplicação de *Employer Branding*

O tema *Employer Branding* foi fortemente influenciado por Brett Minchington, CEO da Employer Brand International – EBI e uma das principais autoridades mundiais em *branding* de empregadores. Uma importante organização de recrutamento e seleção nos EUA chamada Recruiting.com define a estratégia, em seu artigo *The Case for Employment Branding,* como "a percepção do mercado de como é trabalhar para uma empresa. É a imagem que seus futuros funcionários, atuais e antigos têm em mente sobre a experiência de pertencer à sua companhia. Isso inclui características como a cultura, o ambiente de trabalho, benefícios e a proposta de valor da organização".

O artigo publicado pelo WilsonHCG Research Institute, baseado na pesquisa *Employment Branding*, chama a atenção dos leitores para resultados impressionantes que foram conseguidos por empresas que aplicaram essa técnica. A Figura 4.3 ilustra tais resultados.

Figura 4.3 Resultados alcançados por empresas americanas que aplicaram *Employer Branding*.

80% dos líderes reconhecem que *Employment Branding* impacta suas habilidades de contratar talentos

50% dos líderes afirmam que *Employment Branding* levou a candidatos mais qualificados

30-60% de redução de *turnover* quando *Employment Branding* é alinhado com o perfil e as aspirações dos candidatos

Fonte: Adaptada pelo autor com base em WilsonHCG Research Institute (2018).

O que você achou da redução de 30 a 60% do índice de rotatividade em empresas que praticam essas técnicas? São dados impressionantes!

Sete técnicas para praticar o *Employer Branding*

Selecionar e reter talentos se tornou mais complexo num mundo afetado pela pandemia e que teve suas relações de trabalho formais seriamente questionadas. As novas gerações e a hipercompetição entre as companhias também vêm desafiando a área de Talentos Humanos e os líderes de diversos setores a se reinventarem. Vem disso a importância de praticarem novas técnicas.

Você conhece os ditados "não basta ser bom, tem que parecer ser bom" e "galinha boa, quando bota ovo, cacareja"?

Esses clássicos ditos populares ensinam que os gestores devem divulgar suas inciativas de sucesso para que as pessoas percebam e tenham, então, vontade de trabalhar com eles. Assim, a relação candidatos/vaga se torna benéfica, favorecendo pinçar mais e melhores talentos para a empresa.

Mostrar para o mercado que está se praticando boas experiências na jornada dos já contratados é sem dúvida alguma o motor do *Employee Experience* e não custa tanto assim como se pensa. É muito mais uma questão de inovação do que de investimento.

O fundamento é que o mercado precisa estar sabendo (e concordando) que a empresa está agindo dentro das melhores práticas, para assim conquistar estrelas na jornada do colaborador.

CAPÍTULO 4

Irei apresentar a você sete técnicas para praticar o *Employer Branding*:

1. Definição da abrangência

Tudo começa com a compreensão de que essa estratégia deve abranger os macroprocessos de recrutamento, seleção e *onboarding* e suas respectivas subetapas. Na Figura 4.4 apresento momentos nos quais podem ser aplicadas inciativas de *Employer Branding*, que devem ser presentes desde a elaboração inteligente do conteúdo do anúncio da vaga até a ambientação do recém-contratado.

Figura 4.4   Momentos para aplicação de técnicas de *Employer Branding*.

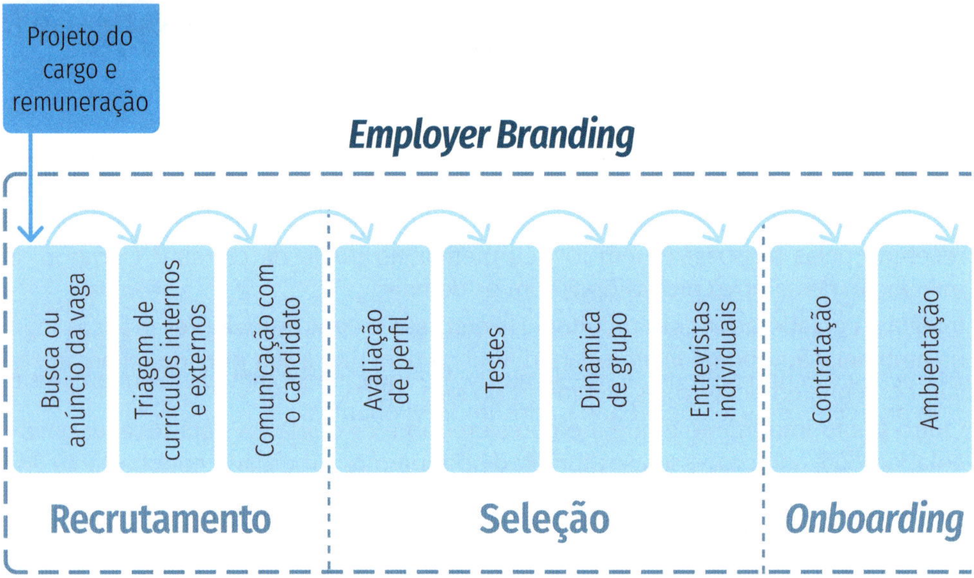

Fonte: Desenvolvida pelo autor.

Em cada subetapa apresentada no infográfico, será importante aplicar inciativas de *Employer Branding*.

2. Comunicação com candidatos

Criação de vídeos com depoimento de funcionários e com o fundador, apresentando o local de trabalho real, pessoas reais, benefícios reais e a cultura da empresa, sempre com uma pitada de emoção. Esses vídeos podem ser exibidos durante a espera do candidato no processo seletivo ou até mesmo enviado para ele. Outro cuidado importante é capacitar os funcionários da empresa sobre a forma e a importância de como os candidatos devem ser acolhidos com excelência desde o primeiro contato com a organização.

3. Atendimento e postura

A impressão do candidato com o atendimento prestado pelos profissionais da empresa durante a fase de recrutamento e seleção ditará o conceito que será formado sobre a marca ou mesmo se, no futuro, será bom trabalhar naquele ambiente. Aliás, essa ex-

Aplicando o *Employer Branding* e inovando no recrutamento e seleção de talentos

periência fará parte de sua memória por muitos anos. Então, que tal proporcionar boas impressões e evitar situações constrangedoras, como longo tempo de espera e processo seletivo pouco transparente? Que tal os recrutadores gastarem menos tempo preenchendo formulários, vendendo a empresa e mais tempo observando os candidatos?

Por isso, todo cuidado com o atendimento ao candidato será importante, e devem ser tomadas providências desde o acolhimento da pessoa até a escolha dos textos de mensagens que serão a ele enviadas. Tão importante quanto atender o cliente externo é atender ao cliente interno.

Ter sensibilidade ao tratar os candidatos, passar para eles a impressão exata – e não fantasiosa – do trabalho que os espera, procurar economizar o tempo deles e realizar atividades de seleção respeitosas são cuidados fundamentais durante o atendimento a esse público.

4. *Onboarding* dos novos

Muitas vezes avaliado como menos importante, o processo de *onboarding* dos novos contratados é mais estratégico do que parece. A sua correta aplicação ditará o comportamento do colaborador nos próximos anos na empresa. Como ele foi recebido pelas pessoas? Quem foi seu mentor no início da carreira? Como foi a integração desse novo profissional com os demais?

Integrar o colaborador com a cultura da empresa e com as melhores práticas logo na ambientação poderá fazer toda a diferença para que a sua jornada na organização contenha emoções mais favoráveis do que "dores".

Outro ponto importante é que a empresa redobre os cuidados para receber novos colaboradores no processo estruturado de *onboarding*, abordado com bastante ênfase no Capítulo 1 no *Framework* EX+GP+CO, não permitindo que posturas inadequadas de funcionários eventualmente descontentes influenciem os novos entrantes. Uma dica adicional é o líder imediato exercer um papel de mentor, contanto que esteja preparado, logo no início da jornada do recém-contratado.

5. Proposta de valor

Um dos primeiros *speechs* que o líder e o recrutador devem fazer para os participantes do processo seletivo é apresentar a proposta de valor que está sendo feita para a vaga. Não se trata aqui de "vender" a empresa e seus produtos, e sim de demonstrar para os candidatos os ganhos racionais e emocionais que terão ao longo dos anos ao conviver na empresa.

Nesse encontro devem ser abordadas questões de encarreiramento, *empowerment*, desenvolvimento profissional, crescimento, clima de trabalho, entre outras. Contudo, jamais os recrutadores devem enaltecer a empresa e ficar vendendo seus diferenciais, por mais que sejam empolgados. Deixem isso para o pessoal de marketing fazer na comunicação externa! O excesso de venda no início da jornada dos colaboradores cria altas (e talvez inatingíveis) expectativas, desnecessariamente.

Conheço casos em processos seletivos nos quais os líderes ficam duelando pelos candidatos, vendendo benefícios e exaltando a vaga, semelhante ao que ocorre no programa The Voice Brasil. Ao invés de vender, informe aos candidatos qual a proposta de valor da empresa.

6. Valores sociais

Conheço empresas em que os colaboradores são fortemente atraídos pelo ambiente de trabalho acolhedor e pelo relacionamento próximo com os colegas. Outras organizações oferecem pleno desenvolvimento profissional, o que motiva também muito. Esses são elevados valores corporativos.

Estamos vivendo uma verdadeira revolução de tais valores, e o motivo tem a ver com a expectativa dos novos entrantes no mercado e com a grande disseminação do trabalho remoto.

As novas gerações apreciam (com muita razão) certos valores que as empresas no passado não pronunciavam tanto. Sempre foi comum empresas citarem valores mais ligados ao mercado, como foco no cliente, do que ligados aos colaboradores, como **amizade**. Por isso, o pessoal de TH deve se conscientizar da importância de divulgar tanto para os funcionários quanto para os candidatos valores sociais, como equidade, senso de justiça e imparcialidade. Assim podem fazer os líderes também. *Employee Experience* e Gestão de Pessoas são movidos por esses valores.

7. Portal de carreira corporativo

A reformulação da tradicional área "trabalhe conosco" no *site* para um portal de carreira robusto, trazendo estórias de funcionários reais e questões de empregabilidade, pode ser um ótimo diferencial para a captação de talentos. As pessoas que concorrem às vagas quando acessam o *site* da empresa esperam encontrar informações relevantes para a vida delas, não apenas detalhes de produtos e serviços da organização. Adicionalmente, as redes sociais devem ser integradas com essa visão, favorecendo a informação do candidato.

Na Figura 4.5, apresento a evolução do tradicional portal de envio de currículos para o portal de carreiras, mais integrado com a experiência do colaborador.

Figura 4.5 A evolução do tradicional portal de envio de currículos para o portal de carreiras das empresas.

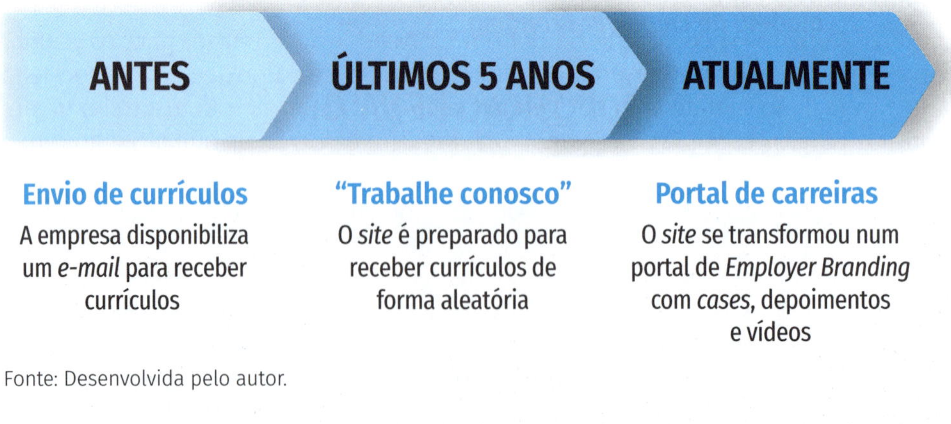

ANTES	ÚLTIMOS 5 ANOS	ATUALMENTE
Envio de currículos	**"Trabalhe conosco"**	**Portal de carreiras**
A empresa disponibiliza um *e-mail* para receber currículos	O *site* é preparado para receber currículos de forma aleatória	O *site* se transformou num portal de *Employer Branding* com *cases*, depoimentos e vídeos

Fonte: Desenvolvida pelo autor.

Um portal de carreira atraente que contribua para o *Employer Branding* deve comportar as sessões de depoimento de funcionários atuais, estórias de sucesso da empresa, proposta de valor oferecida pela empresa, vagas em aberto e formulário simplificado para inscrição de candidatos.

Um aspecto motivador será a proposição de valor da empresa. É o que veremos nas próximas seções.

Dez táticas de como fazer uma proposição de valor para o candidato

Muitos candidatos não têm ideia do que os espera na empresa. Por isso, deixam-se influenciar por informações parciais ou mesmo errôneas, diminuindo seu apetite de investir tempo e esforço no processo seletivo. A verdade é que as pessoas, durante o envio de currículos e logo após, no processo seletivo, tendem a criar expectativas ou muito acima ou muito abaixo da realidade.

Se isso ocorrer, sua participação na seleção poderá ser afetada. Quem sabe não seria um ótimo candidato, mas desistiu da vaga ou não se esforçou o suficiente por não ter "comprado" a ideia?

Os líderes e o pessoal de TH devem proporcionar que os candidatos tenham brilho nos olhos e, assim, se engajem no processo de seleção, aumentando em muito a chance de a empresa conquistar um talento.

Sempre recomendo que as empresas, em primeiro lugar, construam uma sólida cultura, pois essa será "passada adiante" naturalmente pelas pessoas. A Cultura Organizacional é tão importante que dediquei o Capítulo 3 inteiramente para ela.

Fazer promessas, mesmo que viáveis, no momento do processo seletivo não é suficiente para que os candidatos estejam com brilho nos olhos e invistam no seu melhor. A solução mais apropriada é a empresa criar, escrever e comunicar a sua proposição de valor ao candidato. Na Figura 4.6 apresento dez táticas de como isso pode ser feito.

Figura 4.6 Dez táticas para criar a proposição de valor para candidatos no modelo de *Employer Branding*.

Fonte: Desenvolvida pelo autor.

CAPÍTULO 4

Explicando melhor cada tática:

1. **Consciência quanto ao estilo de cultura**: medir e descobrir qual é o estilo de cultura da empresa. A empresa é mais acolhedora, mais focada em resultados, mais ligada ao cumprimento de regras?

2. **Comunicar os valores da cultura**: apresentar os valores emanados da Cultura Organizacional durante o processo seletivo se torna um importante instrumento para atrair as pessoas que apresentam valores próximos, aumentando a eficácia da retenção de talentos.

3. **Diferenciais em relação ao mercado**: pesquisar, analisar e criar diferenciais em relação ao mercado em termos de Talentos Humanos é uma prerrogativa importante para a proposta de valor da empresa.

4. **Apresentar os "ganhos"**: nem sempre o candidato possui clara ideia se a empresa será adequada para ele mesmo. Ajudar o pretendente do cargo a responder à pergunta: "o que ganho trabalhando aqui?" pode reduzir futuras frustrações.

5. **Inovar nas recompensas**: apostar em benefícios e recompensas menos tradicionais é uma boa forma de inovar a proposta de valor.

6. **Usar a emoção e a razão**: se a empresa possui uma boa proposta de valor, deve ter todo o cuidado de o recrutador comunicar com mais emoção para as pessoas e não usar somente a razão.

7. **Compartilhar depoimentos**: compartilhar depoimentos de funcionários no *site* e em materiais de recrutamento em forma de narrativas, utilizando-se a técnica do *storytelling,* é uma boa opção para atrair talentos.

8. **O poder do *design*:** desconsiderar a excelência do *design* no processo seletivo é um erro. Por isso, deve-se cuidar que os materiais para o recrutamento e para o processo seletivo sejam de excelência quanto ao visual.

9. **Inspirar embaixadores internos**: a área de TH não deve agir sozinha no processo de *Employer Branding*. Deve contar com a área de marketing, mas, principalmente, inspirar os atuais funcionários a tornarem-se embaixadores da marca.

10. **Mentoria dos novos contratados**: outra ação de baixo investimento e grande eficácia é capacitar os funcionários para que sejam mentores dos novos colaboradores, auxiliando-os a obterem sucesso em suas carreiras.

Não pensemos que é tarefa fácil engrandecer a marca para atrair mais talentos. Mas também não tornemos esse processo tão distante. O *Employer Branding* pode ser praticado de forma simples e resolutiva, por isso, apresentei para você dez

Aplicando o *Employer Branding* e inovando no recrutamento e seleção de talentos

táticas de fácil implementação para criar uma proposição de valor robusta para os candidatos. Não posso esquecer de mais uma dica: a empresa deve honrar esses compromissos ao longo de toda jornada do colaborador na empresa, não somente no processo seletivo.

As empresas às vezes se esquecem de que as pessoas antes, durante e após o processo seletivo contam suas histórias como tudo ocorreu. Costumam dizer detalhes, locais, nomes dos recrutadores e tudo o que experienciaram. Contam para a família, amigos da academia, no transporte público, para professores, enfim, contam para muitas pessoas como foi seu dia na empresa.

O mesmo ocorre com os funcionários atuais, que tendem a revelar também através das redes sociais sua satisfação em trabalhar na empresa.

Já foi o tempo em que as inquietações eram restritas internamente na empresa. Com a proliferação de opções de redes sociais, as pessoas têm se encorajado a contar como é sua experiência em trabalhar em certa organização. Isso pode ter uma ótima conotação quando a empresa cuida do seu *Employer Branding*, mas pode ser ruim quando descuida dessa poderosa estratégia.

Até esse momento neste capítulo, trouxe para o leitor estratégias, dicas e práticas de *Employer Branding*. Apresentarei métodos eficazes para selecionar pessoas, aumentando o potencial das empresas em atrair talentos. Iniciarei comprovando o resultado superior obtido com a seleção realizada com métodos estruturados.

Seleção com método estruturado gera 3 vezes mais resultados

Um dos maiores dilemas das empresas que precisam preencher seus quadros de funcionários é escolher a "pessoa certa". A insegurança de escolher um candidato que pode "dar errado" é um dos maiores temores do TH, que constantemente se vê pressionado pelas áreas demandantes a não "errar a pontaria".

Vamos a um exemplo extremo. Imagine um candidato que foi selecionado após um intenso e demorado processo em que participaram vários gestores e a área de TH. Imagine que nesse processo o candidato teve que fazer testes de conhecimento, avaliação de perfil, dinâmica de grupo e entrevistas individuais. Imagine que esse processo se estendeu por dois meses e que foi desgastante para o candidato e para a empresa e custou muito caro.

Alternativamente, imagine que o candidato pode ter sido fisgado por um processo completamente digital guiado por inteligência artificial, que fez todas as atividades de seleção na plataforma.

Imagine agora que esse candidato foi aprovado, começou a trabalhar e meses depois foi demitido. É um choque, não?

Na verdade, a frustração vem de ambas as partes, mas sempre recai sobre os responsáveis pelo processo seletivo, que acabam ouvindo uma frase que corta o coração: "o candidato foi mal selecionado".

CAPÍTULO 4

Por essas e por outras, a área de recrutamento e seleção acaba sofrendo uma pressão enorme das demais e, muitas vezes, os recrutadores são mal compreendidos. Você concorda com isso?

Este trecho do livro é dedicado a "azeitar" a relação entre o pessoal de seleção e os gestores da empresa que precisam de colaboradores com alta *performance*.

O primeiro ponto que preciso esclarecer é que ninguém possui bola de cristal, portanto, a seleção nunca garantirá 100% de assertividade. Mesmo que a empresa utilize **inteligência artificial** a seu favor, o peso recai sobre a decisão dos gestores.

O segundo ponto é que, por mais que o processo seletivo seja longo, não significa que seja eficaz. O terceiro é que somente no momento da prática o candidato será definitivamente testado. O quarto ponto é que processos seletivos estruturados são três vezes mais eficazes do que os processos rasos.

Figura 4.7 Processos seletivos estruturados são três vezes mais eficazes do que os processos rasos.

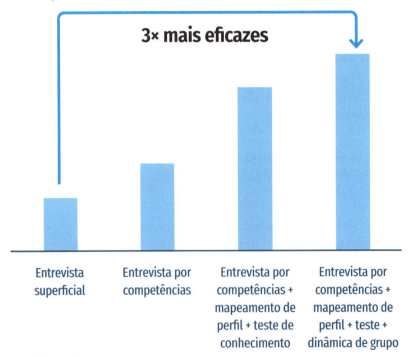

Fonte: Desenvolvida pelo autor.

Outra recomendação é que todo e qualquer processo seletivo seja baseado em competências.

Seleção por competências e por valores

A seleção por competências, quando comparada com a seleção tradicional, proporciona três grandes vantagens: aumento de *performance* geral das organiza-

Aplicando o *Employer Branding* e inovando no recrutamento e seleção de talentos

ções, redução de arrependimento na contratação e incremento no *Employee Experience*.

Além disso, a seleção por competências visa ajustar a organização às novas tendências de mercado, portanto, provocando a sua atualização. Fazendo-se uma analogia com os *aplicativos*, é como se a área de Talentos Humanos tivesse que constantemente atualizar sua "versão do *software*", para não se distanciar dos *stakeholders*.

Recrutar e selecionar não é, como muitos autores falam, "pinçar" os melhores candidatos, assemelhando-se a um técnico de laboratório de agronegócios que, com seu instrumento de coleta, irá selecionar a semente mais adequada para os padrões especificados. O processo de **seleção por competências** não irá "pinçar" e sim estimular os diversos candidatos a interagirem no momento da seleção, fazendo-os destacarem-se, caso possuam as competências esperadas pela empresa.

De nada adianta candidatos com competências adequadas, se não se encaixarem, pelo menos em parte, nos valores organizacionais. Outro ponto de atenção é que os valores organizacionais devem estar alinhados com as competências da empresa. Por exemplo, se a empresa possui o valor colaboração, então uma competência geral da empresa imprescindível para todos os funcionários (sem exceção) será o trabalho em equipe. A questão é que nem sempre os valores organizacionais estão conectados ao processo de atração de talentos.

"Descendo-se" para a competência por cargo, um gestor de vendas, por exemplo, deverá desempenhar com sucesso a competência *team building*. Veja o diagrama que preparei na Figura 4.8.

Figura 4.8 Os *valores organizacionais alinhados às competências organizacionais* devem determinar as competências por cargo, e estas, por sua vez, devem fundamentar todo e qualquer processo de seleção por competências.

Fonte: Desenvolvida pelo autor.

CAPÍTULO 4

A seleção por competências parte desse princípio, levando o pessoal de TH a avaliar as competências por cargo. Então, o processo seletivo completo deverá priorizar o mapeamento do candidato de forma mais prática, avaliando o seu potencial de exercer tais competências, desde que esteja adequado aos valores organizacionais.

Antes mesmo do início do processo de seleção, o recrutamento começa pela descrição assertiva das atividades, competências, experiências e perfil requeridos para o cargo. Esse é o ponto de partida para se descobrir o candidato com mais potencial, pois de nada adianta a busca se você não tem um "mapa" orientador.

Lembro também que o novo significado de competências agora possui o "R" de *Resultados*. Portanto, uma competência é um conjunto de Conhecimentos, Habilidades e Atitudes performados com Resultados, daí chamarmos de C.H.A.R.

Uma das competências mais nobres com que todos os líderes deveriam se entusiasmar é o domínio completo do processo seletivo, mesmo que uma parte deste seja delegada para outras pessoas. Por isso, apresentarei 12 técnicas para seleção de pessoas.

12 técnicas eficazes para seleção de pessoas

Selecionar pessoas na atualidade é um dos maiores desafios para o departamento de Talentos Humanos e para os líderes das demais áreas. Não é uma equação simples, e somente o *feeling* não resolve.

O grande segredo é mesclar as técnicas de tal forma que o processo seletivo seja o mais assertivo possível, conduzindo candidatos e empresas a ficarem satisfeitos (mutuamente) com o resultado e por muito tempo.

O melhor resultado ocorre quando há ajustamento entre o que candidato tem a oferecer e os requisitos para o cargo. No entanto, o inverso pode acontecer, pois não é raro localizarmos em nossos diagnósticos funcionários com o "perfil errado" na "função certa". Quando isso ocorre, além do desperdício de tempo e de dinheiro, há danos à reputação da empresa e frustração do candidato.

Se estamos falando que a metodologia de *Employee Experience* deve permear todos os processos de Gestão de Pessoas, então gerar a emoção de frustração nos recém-contratados é um tiro no pé.

Existem muitas técnicas de seleção de pessoas, desde as mais simples e rápidas até as mais complexas e demoradas. Cada organização deverá escolher a mais adequada à sua cultura e ao cargo almejado e utilizar algumas combinadas. Jamais em excesso.

As 12 técnicas eficazes para seleção de pessoas são:

1. Entrevista *on-line*
2. Entrevista telefônica
3. Entrevista comportamental
4. Dinâmica de grupo
5. Teste de conhecimento

6. Demonstração de habilidades
7. Análise de rastro social *on-line*
8. Jogos *on-line*
9. *Manager matching*
10. Confirmação de referências
11. Inteligência artificial
12. Mapeamento de perfil

1. Entrevista *on-line*

Uma excelente forma para conhecer o candidato, suas reações e alguns comportamentos observáveis por meio de videoconferência. A grande vantagem está associada a economizar tempo das pessoas para deslocamento e a reduzir os custos do processo seletivo. Na minha experiência, quase metade dos candidatos se saem melhor por entrevistas *on-line*, já que não estão distraídos com estímulos que ocorrem nos escritórios nos quais estão sendo entrevistados. Outro ponto favorável é que a entrevista *on-line* é uma técnica excelente para o entrevistador observar com atenção as expressões faciais do candidato, com muito mais detalhes do que se pensa.

2. Entrevista telefônica

Utilizada para identificar junto ao candidato aspectos ligados ao vocabulário, tom e velocidade da fala. É uma excelente técnica para descobrir pessoas que precisarão utilizar a comunicação oral com intensidade na empresa, como é o caso de analistas de *Customer Success*. As perguntas a serem utilizadas na entrevista telefônica devem ser abertas, isto é, não podem conduzir o candidato a preferir respostas lacônicas. As perguntas mais apropriadas devem conter expressões como "conte-me um pouco sobre" e "de que forma você conduziu a situação x". Essas indagações geram maior diálogo entre entrevistador e entrevistado.

3. Entrevista comportamental

Ao contrário da técnica de entrevista comum, que é formada por perguntas aleatórias e voltadas para o tempo futuro, a técnica de entrevista comportamental não pergunta que atitude o candidato "adotaria", mas como se "comportou" em situações passadas. Outro aspecto favorável é que a entrevista comportamental se baseia nas competências do cargo. Às vezes, um recrutador descuidado dispara uma série de perguntas para o candidato sem planejamento, o que se traduz em perda de oportunidade. A técnica de entrevista comportamental deve ser planejada e as questões devem ser baseadas nas competências do cargo.

4. Dinâmica de grupo

Costumo dizer que a dinâmica de grupo é algo temido pelos candidatos, mas é uma ferramenta poderosa para os selecionadores. A dinâmica, como o próprio nome já sugere, é uma forma de observar os candidatos em atuação, passando por

CAPÍTULO 4

experiências similares àquelas que irão ocorrer no dia a dia na empresa. O alerta que faço é que a dinâmica seja ajustada de acordo com o cargo desejado e que, por isso, não seja utilizada de forma inconsequente. Outro ponto de atenção é para os recrutadores: não exagerar no desafio proposto ao candidato, para não transformar o ato em constrangimento.

5. Teste de conhecimento

Uma excelente forma de se detectar quanto o candidato conhece sobre determinada competência a que está concorrendo. Os testes de conhecimento não substituem a entrevista e devem ser utilizados como um complemento ao processo seletivo. O ponto de atenção que devemos ter é a escolha das questões. Outro dia, eu estava analisando o teste de um candidato à vaga de redator que tirou uma nota modesta na prova de português, contudo, sua redação era de alto nível com ótimo vocabulário e enredo. Provavelmente, o candidato seria eliminado se o teste fosse o principal instrumento de seleção.

6. Demonstração de habilidades

Gosto muito dessa técnica, pois ela é vivencial e proporciona ao candidato demonstrar o seu grau de maestria em relação ao cargo a que está concorrendo. Se estamos selecionando vendedores, será interessante desafiar os candidatos a apresentarem produtos e serviços para o recrutador, como se este fosse um cliente. Nessas horas, é possível observar aspectos como oralidade, argumentação, sequência de ideias e criatividade, competências de suma importância para a equipe comercial. No caso de analistas financeiros, estes podem ser convidados a criar instrumentos para tomada de decisão.

7. Análise de rastro social *on-line*

Costumo dizer para os candidatos que suas redes sociais são como cartões de visita sobre suas carreiras. Por mais que uma pessoa use uma rede social somente para sua vida pessoal, registrando momentos com a família e amigos, alguns comportamentos podem ser "pescados" pelos recrutadores, como, por exemplo, assertividade na comunicação e humanização. Já o LinkedIn, como rede social profissional, é o local mais apropriado para o candidato expressar seus interesses, cursos, leituras e aprendizagens, fazendo assim um *rapport* com a vaga pretendida. Conectar-se ao LinkedIn é uma ótima forma também de aumentar o *networking*. Se desejar, conecte-se ao meu perfil pelo *link:* https://www.linkedin.com/in/roberto-madruga, ou posicione a câmera do seu celular sobre o QR Code.

144

8. Jogos *on-line*

Na era da disrupção, as empresas aprenderam que proporcionar desafios *on-line* atrai legiões de pessoas que gostam de competição. Aliás, esse traço é muito importante em várias áreas, como os departamentos de marketing e comercial. Jogos *on-line* são utilizados também para ajudar recrutadores a identificar pessoas que apresentem afinidade com os propósitos da empresa.

9. *Manager matching*

Há pontos de convergência entre o candidato e o gestor que abriu a vaga? Está mais do que comprovado que o segredo de sucesso para alta *performance* é uma equipe mesclada com perfis diferentes de pessoas que se complementam, por isso, identificar logo no processo seletivo essa tendência do candidato é importante.

10. Confirmação de referências

Essa é uma forma analógica do processo seletivo, contudo bastante valiosa. Você conhece aquela frase muito utilizada pelos profissionais de *big data*: "O comportamento passado é um grande previsor do comportamento futuro?". Por isso, a confirmação de referências no trabalho anterior é um indicativo, principalmente se for realizada fazendo-se as perguntas certas e evitando-se perguntas fechadas. Ao invés de se perguntar "o fulano foi um bom funcionário?", prefira identificar os resultados que obteve, perguntando algo do tipo: "poderia descrever uma situação em que fulano foi elogiado em seu trabalho?".

11. Inteligência artificial

A inteligência artificial é composta por algoritmos que rodam em diversos aplicativos em *desktops* ou celulares, possui grande capacidade de busca e de análise de dados dos candidatos e apresenta as seguintes vantagens para Gestão de Pessoas: funciona 24x7, reduz a burocracia no processo seletivo, reduz o tempo gasto e reduz custos com a seleção.

12. Mapeamento de perfil

Uma das melhores formas de selecionar o profissional mais adequado é identificar se seu perfil é aderente ao perfil do cargo. Esse processo é tão importante que, muitas vezes, prefiro contratar uma pessoa com pouca experiência, contudo, com o perfil adequado, do que o contrário. Quando o candidato possui o perfil comportamental ajustado com o cargo pretendido, as chances de sucesso na contratação dobram. Existem diversas metodologias para mapeamento de perfil que podem ser utilizadas pelas empresas. As mais conhecidas e com resultados mais comprovados que utilizamos são o DISC e o MBTI. O **teste BOFO**, que apresentarei mais adiante, é um rápido e prático indicador de perfil também.

Apresentei, de forma objetiva, 12 técnicas para seleção de pessoas. Naturalmente, a empresa deverá selecionar aquelas mais relevantes nas quais tiver domínio e que estiverem relacionadas com as competências do cargo almejado. Num processo

CAPÍTULO 4

estruturado, é possível utilizar de três a quatro técnicas com o candidato para se chegar à melhor decisão, conforme a Figura 4.9.

Figura 4.9 Um processo de seleção estruturado prescinde da utilização na sequência adequada das técnicas.

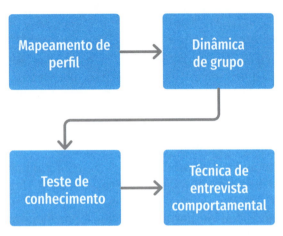

Fonte: Desenvolvida pelo autor.

Entendendo o perfil comportamental

Muitos gestores que não manejam técnicas de seleção tendem a rotular as pessoas a partir dos comportamentos observados incialmente. O problema desse hábito é a perda de oportunidade, pois os candidatos apresentam características que precisam de estímulos para emergirem.

Outro ponto para o qual chamo a atenção é que os recrutadores valorizam em excesso a experiência pregressa do candidato, também abrindo-se pouco para conhecer a essência dele.

Qual o fator do candidato mais importante para seu sucesso na futura empresa? O que o candidato deve "trazer" consigo para se adequar às exigências da nova função?

O **perfil comportamental,** quando aderente à vaga é, talvez, o maior motivo de sucesso na carreira de alguém!

Perfil comportamental é uma ótima "lupa" para conhecermos tendências e decifrarmos melhor as pessoas. Não é necessário ser psicólogo para conhecer o perfil das pessoas, porém, são necessárias muitas horas de estudo e de observação para conhecer as técnicas que são abertas aos administradores e demais profissões. Se faz necessário também gostar desse tema e procurar conhecer a si mesmo, isto é, seu próprio perfil.

O perfil comportamental é um grande indicativo de como a pessoa tende a reagir diante de determinadas situações no trabalho. São as características pessoais dominantes!

Por outro lado, os gestores das empresas descrevem o perfil projetado, isto é, desejado para cada cargo com a finalidade de convidar a pessoa mais adequada para cada situação, conforme Figura 4.10.

Figura 4.10 Observar o perfil comportamental do candidato é o ponto de partida para atrair e desenvolver a pessoa certa para a função certa.

Fonte: Desenvolvida pelo autor.

Quando se dá o ajustamento entre o perfil comportamental apresentado pelo candidato e o perfil projetado para o cargo pela empresa com pelo menos 70% de *match*, as chances de se selecionar uma pessoa que terá futuro na organização aumentam tremendamente.

Existem técnicas eficazes para se medir e interpretar o perfil das pessoas e se você tiver formação em humanas será ainda mais interessante para o sucesso desse procedimento. O grande objetivo é identificar o perfil comportamental do candidato *versus* o perfil desejado para o cargo. O primeiro é mensurado por testes específicos junto ao candidato e o segundo é mapeado junto ao empregador. Na Figura 4.11, apresento alguns perfis que são de fácil observação durante os processos seletivos.

Figura 4.11 Perfis que são de fácil observação durante os processos seletivos.

Fonte: Desenvolvida pelo autor.

CAPÍTULO 4

Vou apresentar para você uma ferramenta simples que desenvolvi, já foi testada com centenas de gestores e que contribui para identificar o perfil mais adequado. O método BOFO.

BOFO – *Back Office versus Front Office*

Você já foi mal atendido em alguma loja ou local de prestação de serviço? Não é a maioria, mas existem atendentes que nitidamente demonstram não gostar de trabalhar com clientes, apresentando uma série de atitudes que chegam a afugentar a clientela. Desde mau humor até dar "fora" nos consumidores.

Um dos motivos para esse desperdício é a inadequação de perfil desse profissional *versus* o que é recomendado para a função.

Nesses anos todos, inclusive atualmente, vejo colaboradores de empresas ocupando funções que exigem trabalhos mais internos e concentrados (*back office*), contudo, com um perfil de linha de frente (*front office*). Raramente isso dá certo, e a probabilidade de haver insatisfação mútua, isto é, da empresa e do colaborador, é muito alta.

Por isso, dediquei este trecho do livro a apresentar para você o problema endêmico de muitas empresas, que é a inadequação do perfil das pessoas que trabalham no *front office*, ou seja, na linha de frente, *versus* aquelas que ocupam posição no *back office*, ou seja, na retaguarda das operações. Para não restar dúvidas, uma função típica de *front office* é vendedor de campo e uma de *back office* é desenvolvedor de sistemas.

Quando uma pessoa de *front* está num cargo que exige o perfil *back*, o colaborador, com o tempo, vai se tornando insatisfeito, podendo, inclusive, aumentar o seu nível de estresse. Normalmente, o seu gestor percebe nitidamente problemas no comportamento e na baixa produtividade. Outra parte afetada com esse desajuste é, naturalmente, o consumidor, que não deveria pagar o preço desse erro no processo de Gestão de Pessoas.

A atitude daquele atendente que mencionei no início desta seção pode ter sido um problema pontual naquele infeliz momento. Contudo, analisando-se por outro ângulo, você já pensou que aquela pessoa pode não ter aptidão para atender ao público, mas sim para lidar com requerimentos mais internos na empresa? Se isso for verdade, a possibilidade do erro se repetir é gigantesca.

Muitos desses colaboradores se sentem mais motivados para escrever um projeto ou resolver um problema interno do que estar na linha de frente, argumentando e negociando pacientemente com clientes, tarefa que requer outro perfil. Trata-se de um sofrimento para essas pessoas uma tarefa de que não gostam, no mínimo, seis horas por dia.

É notório que muitas pessoas preferem passar o dia desenvolvendo projeto em frente a computadores, como é o caso dos desenvolvedores de sistemas, do que interagindo com o público. Dizemos então que esses profissionais são mais vocacionados para serviços de *back office*. Ao invés de serem o cantor de uma banda, se sentiriam melhor como produtores, cenógrafos etc.

Quero deixar claro que ambas as atividades são importantes, e que a empresa não pode prescindir delas. Entretanto, a maior dica para o profissional nessas horas é

148

que tenha muita sinceridade no processo seletivo e procure escolher corretamente o seu trabalho, para não se arrepender e gerar desgastes.

Já a dica para o empresário é que realize seu processo seletivo com métodos mais estruturados, a fim de reduzir o número de demissões e, naturalmente, aumentar o tempo de retenção de colaboradores talentosos. Os clientes irão agradecer muito!

Veja na Figura 4.12 a diferença entre o perfil *Back Office* e o *Front Office* – BOFO.

Figura 4.12 Diferença entre o perfil *Back Office* e o *Front Office* – BOFO.

Fonte: Desenvolvida pelo autor.

Essa diferença no perfil comportamental pode ser facilmente detectada no teste de perfil BOFO, que apresentarei na próxima seção.

Teste de perfil BOFO – *Front Office versus Back Office*

Em minhas pesquisas na área de serviços, já detectei em algumas empresas que cerca de 1/3 da força de trabalho que ficava na linha de frente com clientes não tinha aptidão para isso e, inclusive, não gostava desta função, o que é um grande transtorno para o mercado. O perfil errado na função certa não resulta em equipes de alto desempenho.

É nítido que algumas pessoas possuem aversão a servir outras pessoas, preferindo trabalhos mais internos. Será que os gestores não enxergam isso e procuram equilibrar o time? Por que alocar pessoas para atender clientes se elas não gostam de servir, mas apenas serem servidas? É um contrassenso.

Para ajudar na tomada de decisão tanto para candidatos quanto para empresas, apresento um teste simples, porém não simplório, que desenvolvi e venho usando há anos.

CAPÍTULO 4

É bem eficaz e já foi testado por centenas de gestores. O **Teste de perfil BOFO – *Front Office versus Back Office*** pode ser feito presencialmente ou pela *web* e leva no máximo sete minutos.

Apresentarei o questionário completo e como interpretar os resultados.

Concentre-se nas questões a seguir e marque um X na alternativa que melhor descreve você. Seja rápido na resposta e procure não pensar em demasia. Seja o mais sincero possível na resposta. O tempo aproximado para você completar o questionário é de sete minutos.

Obrigado por sua disponibilidade,

Equipe de seleção.

QUESTÕES

1. O tipo de trabalho que mais me satisfaz em realizar é:
   - ( ) a. negociar e conversar diretamente com as pessoas.
   - ( ) b. fazer para estas pessoas trabalhos internos, sem que seja preciso aparecer para elas.

2. Se eu trabalhasse com vendas, eu iria preferir:
   - ( ) a. atender clientes diretamente, apresentar produtos ou serviços para eles.
   - ( ) b. elaborar tarefas mais internas nas empresas, auxiliando a venda.

3. Se eu trabalhasse no setor de entretenimento, eu iria preferir:
   - ( ) a. fazer trabalhos que interagissem diretamente com o público.
   - ( ) b. fazer trabalhos mais nos bastidores sem interação com o público.

4. Se eu realizasse uma festa ou um evento profissional, eu iria preferir:
   - ( ) a. receber os convidados e trocar ideias com o maior número deles.
   - ( ) b. cuidar de todos os detalhes internamente para o sucesso do evento.

5. Se eu pudesse escolher o tipo de trabalho a ser feito numa empresa, eu iria preferir:
   - ( ) a. lidar diretamente com pessoas, convencendo-as e apresentando ideias.
   - ( ) b. fazer projetos ou atividades mais internas na empresa.

Aplicando o *Employer Branding* e inovando no recrutamento e seleção de talentos

6. Em relação ao atendimento a clientes eu penso que:

( ) a. o mais importante é eu ver pessoalmente o sorriso do cliente com a compra certa.

( ) b. o mais importante é a satisfação do cliente ao sair da loja.

7. Quando sou convidado para uma reunião, prefiro ocupar meu tempo:

( ) a. apresentando ideias na reunião e atuando no convencimento das pessoas.

( ) b. elaborando previamente argumentos e materiais que facilitem a reunião.

8. Quanto ao ato de servir pessoas em uma empresa, eu acredito que:

( ) a. o sucesso em servir pessoas está no ato de atendê-las diretamente e negociar soluções.

( ) b. o sucesso em servir pessoas está na preparação prévia de estrutura e materiais para servi-las.

9. Se eu trabalhasse com tecnologia, iria preferir:

( ) a. reunir usuários, entrevistá-los sobre suas necessidades e palestrar sobre minhas sugestões.

( ) b. desenvolver métodos ou projetos para o sucesso dos usuários.

10. Se eu fosse um profissional da área da saúde, o tipo de trabalho que iria preferir é:

( ) a. atender diretamente meus pacientes buscando sua cura.

( ) b. trabalhar como pesquisador a fim de descobrir a cura para doenças.

Resultado: some a quantidade de X na letra "a" e compare com a tabela:

Somatório da letra "a": acima de 6	O teste demonstrou que você possui preferência para desempenhar tarefas mais ligadas à linha de frente das empresas, atividades estas chamadas de *front office*.
Somatório da letra "a": entre 4 e 6 pontos	O teste demonstrou que você apresenta preferências equilibradas para desempenhar tarefas ligadas à linha de frente das empresas (*front office*) e tarefas internas (*back office*).
Somatório da letra "a": abaixo de 4 pontos	O teste demonstrou que você possui preferência para desempenhar tarefas mais ligadas à retaguarda das empresas, atividades estas chamadas de *back office*.

Você poderá fazer o teste de perfil BOFO – *Front Office versus Back Office* no link https://conquist.com.br/labs/avaliacoes-testes/teste-de-perfil-bofo-front-office-versus-back-office/ ou apontando a câmera do seu celular para o QR Code:

Quando o processo seletivo falha – quem tem razão?

É muito frequente ouvirmos empresários e líderes revelando a dificuldade de atrair talentos. Há situações em que, de 20 candidatos, sequer um é aprovado. Realmente, a vida do empregador não é esse mar de rosas que as pessoas acham que é.

O grande dilema relatado pelas empresas que precisam contratar é que, se refinarem muito o processo seletivo, pode ser que não passe ninguém. Contudo, ao analisarmos o que os candidatos falam do processo de seleção, achamos um ponto de vista completamente diferente, desafiando os gestores a reverem suas posições.

Nas minhas pesquisas, quando o empregador não consegue êxito no processo seletivo as principais causas atribuídas são candidatos sem o perfil adequado, pouco interesse ou poucos candidatos inscritos. Contudo, esses mesmos candidatos têm uma experiência bem diferente sobre o problema: processo seletivo extenso, impressão ruim do processo seletivo (ou do recrutador) e ambiente hostil encontrado na empresa. Na Figura 4.13, é possível perceber que há uma enorme diferença entre as visões.

Figura 4.13 Divergência de visões quanto às causas de fracasso em processos seletivos, segundo empregador e candidato. Quem tem razão?

Fonte: Desenvolvida pelo autor.

Essa não é uma típica divergência de opinião, mas pontos de vista diametralmente opostos, pois o empregador é quem dirige o processo seletivo e o candidato é quem está sendo avaliado, portanto, posições bem distintas.

Aplicando o *Employer Branding* e inovando no recrutamento e seleção de talentos

Quem estaria certo?

Nessa demonstração não há certo ou errado. A minha intenção é alertar os recrutadores de que muitas oportunidades de achar talentos podem estar sendo desperdiçadas em razão de o processo de recrutamento e seleção estar desajustado com os novos tempos.

Aliás, muitas seleções frágeis acabam afugentando bons candidatos bem antes do que se pensa: na fase de cadastramento do currículo.

Reforçando essa visão, veja a pesquisa realizada pela revista *Fortune 500* intitulada *Employment Branding,* publicada pelo WilsonHCG Research Institute:

» Menos de **50%** dos novos contratados dizem que entendem o que se espera deles no trabalho.

» **90%** dizem que uma experiência de entrevista positiva pode mudar sua opinião sobre a empresa.

» **60%** dos candidatos abandonaram uma seleção devido à sua extensão e/ou complexidade.

» **92%** considerariam deixar a empresa atual se outra com excelente reputação oferecer trabalho.

» Entre os jovens de 18 a 35 anos, a "capacidade de aprender e avançar" é o principal motivador.

» Contudo, **42%** provavelmente deixarão a empresa atual por não estarem aprendendo rápido o suficiente.

» **66%** dos candidatos estão compartilhando suas experiências negativas em todo tipo de plataforma.

Esses dados reforçam que o **tradicional processo seletivo ruiu** e que algo novo precisa emergir. Por isso, é válido se compreender os dez erros mais recorrentes no processo de seleção.

Os dez erros mais recorrentes em processos seletivos

Certa vez, quando eu participava como observador de uma seleção, um dos executivos da empresa contratante iniciou a reunião com o candidato apresentando demoradamente a empresa e o que esperar da vaga.

Não há nada de errado em fazer isso, contudo, não no início da conversa. Abrir demasiadamente informações para o candidato tende a tornar a reação dele mais adaptada ao que a empresa espera do pretendente à vaga.

Num processo seletivo eficaz, o entrevistador não pode exercer influência sobre o comportamento do candidato. Desvendar o que o candidato tem para oferecer à empresa confere ao processo seletivo muito mais autenticidade do que já dar o "gabarito da prova".

Há tempos, abri um processo seletivo para um cargo administrativo. Gostei muito do currículo de uma candidata que descrevia grande experiência na parte financeira e contábil, mas nada sinalizava no currículo sobre sua habilidade em resolver

CAPÍTULO 4

problemas cotidianos de um escritório, como, por exemplo, supervisionar a manutenção e a limpeza.

Iniciei as perguntas sobre suas competências financeira e contábil e rapidamente a candidata respondeu com muita propriedade todas as questões. Em seguida, perguntei-lhe sobre a importância que atribuía às outras tarefas administrativas. Então, ela demonstrou claramente que não dominava e não achava importante.

Agora, imagine se eu tivesse começado o processo seletivo apresentando com ênfase a necessidade da empresa relativamente a outras tarefas que ela não dominava. Certamente, estaria induzindo a candidata ao erro ou mesmo a mentir.

Para evitar esse constrangimento e perda de tempo, tanto por parte da empresa quanto por parte do candidato, apresentarei os dez erros mais comuns em processos seletivos:

1. Proporcionar uma experiência ruim ao candidato, como, por exemplo, fazendo-o esperar em demasia ou atendendo-o com frieza.
2. Aplicar dinâmicas de grupo que levem ao excesso de competição, fazendo com que pessoas talentosas se afastem dos holofotes.
3. Não fornecer *feedback* sobre as etapas do processo seletivo.
4. O selecionador estar mais preocupado em "vender a empresa" do que em identificar potencialidades do candidato.
5. O selecionador influenciar o candidato em demasia, fazendo com que ele responda aquilo que quer ouvir, ao invés de apresentar fatos.
6. Não basear o processo seletivo no descritivo da função, presente no plano de cargos e salários.
7. Usar técnicas de seleção corretas, porém inadequadas para as competências avaliadas.
8. Atropelar os prazos do processo seletivo e contratar às pressas, sem usar técnicas adequadas.
9. Privilegiar a experiência do candidato ao invés do perfil. Ambos são importantes.
10. Fazer perguntas inadequadas ao candidato, em sua maioria baseadas numa situação ilusória que não ocorreu.

Os dez erros mais recorrentes no processo de seleção de candidatos ocorrem com mais frequência do que você imagina, por isso, será importante que integrantes da área de TH e os líderes da empresa tentem ao máximo evitá-los. Lembremos que o *Employee Experience* começa a ser construído antes mesmo de o funcionário começar na empresa. Lembremos também que ruídos no processo seletivo levam fãs a virarem detratores da marca.

Dos dez erros, posso dizer que o de número 10 (fazer perguntas inadequadas ao candidato) costuma ocorrer em cerca de 50% dos processos seletivos. Apresentarei uma vacina potente para isso: a técnica de entrevista comportamental.

Aplicando o *Employer Branding* e inovando no recrutamento e seleção de talentos

Técnica de entrevista comportamental

Existem muitas formas de se entrevistar candidatos, muitas das quais levam a pessoa a projetar respostas hipotéticas ao invés de buscar em sua memória situações vividas. Perguntas do tipo: "se você fosse gerente da nova filial, o que você faria?" inicialmente parecem interessantes, mas podem levar o candidato a "inventar" um cenário ilusório, uma vez que de fato ele não é gerente daquela regional, logo, não viveu aquela experiência.

Perguntas prospectivas, isto é, aquelas que apontam para um futuro, devem ser usadas com cautela. Por isso, recomendo que grande parte das questões endereçadas ao candidato no processo seletivo sejam baseadas não em atitudes hipotéticas que adotaria, mas, sim, em como a pessoa se comportou em situações reais no passado.

Um dos aspectos mais emblemáticos numa seleção de talentos é saber fazer as perguntas certas. Muitas vezes, erroneamente, entrevistadores gastam a maior parte do tempo "vendendo" a empresa ou a vaga, ao invés de se dedicarem a ouvir as pessoas que estão sendo avaliadas. Não é à toa que empresas que possuem a cultura influenciada por *Employee Experience* se preocupam com a jornada das pessoas, muito antes de elas serem contratadas.

A **técnica de entrevista comportamental** possui quatro pilares: (1) é baseada em competências; (2) ao entrevistado não se pergunta que atitude adotaria, mas como se comportou em situações passadas; (3) o objetivo é descobrir como o candidato lidou com uma situação e não como o faria hipoteticamente; (4) comportamentos passados projetam *performances* futuras em situações parecidas.

Figura 4.14 Os quatro pilares da técnica de entrevista comportamental.

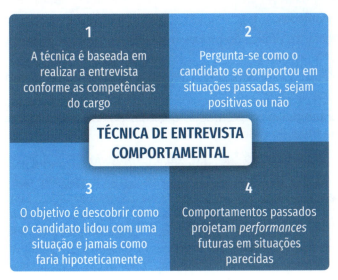

Fonte: Desenvolvida pelo autor.

CAPÍTULO 4

Quando aplico a técnica de entrevista comportamental, tenho o cuidado de fazer o processo de seleção baseado em competências. De fato, essa é a primeira providência antes da entrevista: identificar quais são as competências do cargo projetado e, então, criar questões sobre elas.

Há um determinado consenso entre os pesquisadores de que a técnica de entrevista comportamental é baseada em alguns movimentos que formam o SAR, que é um acrônimo de:

- » Situação.
- » Ação.
- » Resultado.

Em primeiro lugar, perguntamos sobre a **situação vivida**; em seguida, buscamos saber como o candidato **agiu** nessa questão; e em seguida, que **resultado** obteve a partir da ação. Veja na Figura 4.15 o exemplo de como aplicar o SAR.

Figura 4.15 A técnica de entrevista comportamental é baseada em três movimentos que formam o SAR.

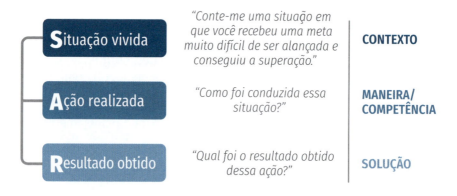

Fonte: Adaptada pelo autor com base em Weseek (2020).

A pergunta deve estar adequada à competência que está sendo avaliada no candidato. Outro ponto de atenção é que as questões podem referir-se uma situação de insucesso. Veja esse exemplo do SAR:

S: *"Descreva uma situação, no seu trabalho anterior, em que você teve uma discordância importante com seu superior imediato ou com um cliente."*

A: *"Como você agiu nessa situação?"*

R: *"Que resultado você e a empresa obtiveram?"*

Quem é que já não discordou de um superior nessa vida? Quem é que não teve uma opinião diferente do cliente? Muito raro, *não*? Caso o candidato não apresente esse fato, isso já é um sinal para o recrutador.

Perguntas para se fazer aos candidatos para vagas em TH

Todos os executivos sabem quanto é importante saber fazer boas perguntas que estimulem o candidato a desenvolver o seu raciocínio. Obviamente, não se pode selecionar um colaborador apenas pelo fato de ele ter respondido às perguntas de forma adequada ou por possuir o melhor currículo.

Como forma de auxiliar as empresas a contratarem melhores funcionários para ocupar cargos na área de Talentos Humanos, a especialista Susan Heathfield disponibilizou uma série de exemplos de perguntas que podem feitas para se descobrir os candidatos mais adequados à vaga. As questões são divididas entre as perguntas adequadas para um indivíduo experiente e um candidato que está começando. Selecionei as que considero mais impactantes e que estão enquadradas no exemplo que acabei de fornecer sobre a técnica de entrevista comportamental:

Para os candidatos experientes ao emprego:

» Descreva como você foi capaz de avaliar os serviços de TH e relações de trabalho em seu último cargo.

» Como você contribuiu para a determinação das prioridades do departamento de TH em sua posição anterior?

» Descreva o ambiente de trabalho que você desenvolveu para pessoas em sua posição anterior. Quais foram as principais características do ambiente de trabalho que você estava tentando manter e reforçar?

» Como o seu departamento de TH contribuiu para o planejamento, criação, manutenção da cultura corporativa?

» Quais foram suas contribuições significativas para estabelecer o ambiente de trabalho para as pessoas?

» Conte-me sobre uma época em que iniciou um programa de TH que foi bem-sucedido em sua organização.

» Você já defendeu um processo ou um programa que não conseguiu se firmar na organização?

Para candidatos em início de carreira:

» Para você, qual é o papel do departamento de TH em relação a missão, visão e estratégias da empresa?

» O que você deve mensurar para determinar se o departamento de TH está fazendo um trabalho eficaz para a empresa?

» Quais são os papéis mais importantes do departamento de TH em relação aos funcionários em uma organização?

CAPÍTULO 4

» Qual é o papel do departamento de TH na criação do ambiente de trabalho para os colaboradores?

» Pensando sobre seus anos de faculdade e experiências no seu trabalho, você já ajudou a iniciar uma mudança? Qual foi a mudança? Qual foi o seu papel em fazer a mudança acontecer?

» Como você costuma reagir quando a mudança é introduzida e você não teve parte na identificação da necessidade ou no planejamento?

Vale a pena recrutar na academia

Estamos numa era em que a ciência está sendo fortemente valorizada. A pandemia lembrou às pessoas que a ciência é capaz de trazer novas respostas para novos problemas da humanidade. Nunca antes em nossos tempos a ciência foi tão convocada!

Assim também vem ocorrendo nas empresas.

Sempre fui adepto da cooperação entre empresas e universidades. A minha própria carreira é uma fusão dessas duas experiências: a prática e a acadêmica. Há muitos anos, trabalho transformando pessoas e negócios. Inicialmente como executivo, depois como consultor, professor e pesquisador, tive (e tenho) a oportunidade de implantar projetos em centenas de empresas, desde companhias de grande porte até *startups*. Em paralelo, fui cada vez mais me especializando e não paro de estudar e de pesquisar. Isso me facilita em muito ajudar as pessoas a alcançarem a alta *performance*.

Costumo recomendar para meus clientes, alunos e leitores que **estudem todos os dias**. Sim, todos os dias! Essa é a minha meta. Alguns dias, consigo somente 15 minutos e assisto a uma palestra relevante *on-line*. Outros, consigo três horas, o que dá para ler de um a dois capítulos de um livro. Em outras ocasiões, consigo estudar e pesquisar um dia inteiro. O importante é manter essa rotina, como se fosse o hábito de nos alimentar.

Na sequência ao estudo e à pesquisa, procuro praticar o que aprendi. Implantar projetos nas empresas a partir do rigor da pesquisa e da criação de métodos na academia é algo bem mais suave quando nos preparamos. Sou muito grato por isso!

Venho observando que, com a sofisticação das competências exigidas para os executivos, essa fusão empresa-academia vem ganhando destaque em todo o mundo. A ciência está sendo chamada para apoiar mais as empresas, e o contrário também é verdade.

Algumas empresas já descobriram isso e se destacam na inovação e nos resultados. Outras estão aprendendo.

Aplicando o *Employer Branding* e inovando no recrutamento e seleção de talentos

Veja o artigo *Escolhidos a Dedo*, de Cibele Reschke, que trouxe à tona a ideia de buscar na academia pessoas que podem engrandecer as organizações.

Não é segredo que as empresas sempre irão buscar para si profissionais qualificados e, quanto mais alto na hierarquia for o cargo, maior deve ser a especialização do profissional. Mas o que deve ser feito quando tais colaboradores não são encontrados com facilidade no mercado de trabalho?

Ao buscarem contratar em um padrão elevado, as corporações têm olhado para a área acadêmica, que é vocacionada a produzir conhecimento científico. É uma tentativa de alinhar a produção intelectual à gestão que envolve diversos fatores. Esse alinhamento pode se dar em produtos específicos, buscando mestres e doutores que pesquisem na área desejada, ou de forma geral com a Cultura Organizacional.

Existe a tendência de que a cooperação entre empresas e a academia cresça, já que os benefícios são mútuos. Uma vez juntos, a companhia pode aproveitar a inventividade dos acadêmicos, enquanto esses apropriam-se da estrutura organizacional e do contato prático com a área em que pesquisam. Quando todos ganham, não há por que traçar caminhos paralelos.

20 dicas para planejamento e realização do processo seletivo, segundo a jornada do candidato

O processo seletivo pode parecer exaustivo pelo grande tempo despendido pelos gestores que buscam peneirar talentos. Não é uma tarefa fácil, mas uma etapa profundamente estratégica, que geralmente não é percebida por alguns profissionais de seleção, que estão assoberbados para repor vagas.

Por isso, resolvi apresentar um conjunto de dicas para que o processo seletivo seja mais assertivo, evitando refazê-lo inúmeras vezes quando algo sai errado. Confirmo que um dos problemas mais recorrentes é possuir vários candidatos e nenhum selecionado. Algo ocorreu então no processo anterior, o recrutamento, certo? Talvez!

Boas contratações fazem a empresa crescer e estimulam o próprio pessoal interno, que percebe que a empresa está trazendo pessoas que não serão um "fardo", e sim a solução. Quando se contrata mal para uma área, um funcionário talentoso mais antigo costuma pensar assim: "nossa, vai sobrar serviço para mim, pois o novato não tem a mínima condição".

Para evitar desgastes como esse, se faz necessário observar o processo seletivo como uma **jornada do candidato**; daí a importância de enxergarmos esse tempo como um gesto de *Employee Experience*. Preparei dicas por cada etapa da jornada.

CAPÍTULO 4

Figura 4.16 **20 dicas para planejamento e realização do processo seletivo, segundo a jornada do candidato.**

JORNADA DO CANDIDATO

ANTES da seleção	DURANTE a seleção	APÓS a seleção
1. Use táticas de *Employer Branding* para atrair mais candidatos qualificados.	1. Cuide para que o candidato não demore para ser atendido.	1. Se necessário, negocie com os mais talentosos. Não perca essa oportunidade.
2. Verifique se há a necessidade de criar uma nova posição.	2. Receba as pessoas com sorriso e faça *rapport*.	2. Permaneça conectado com os candidatos mais qualificados.
3. Verifique a preferência para convidar candidatos internos.	3. Apresente suscintamente a empresa e a posição em aberto.	3. Transforme os candidatos que não passaram na seleção em aliados da marca.
4. Caso não haja, informe aos líderes os *gaps* a serem desenvolvidos.	4. Evite "vender" demais, pois o foco é o candidato e não a sua empresa.	4. Forneça notícias também para quem não passou na seleção.
5. Descreva, com técnica, os requisitos e competências do cargo.	5. Apresente o objetivo do processo seletivo, as etapas, datas e peça para anotarem.	5. Faça uma reunião do tipo *lessons learned* com os recrutadores.
6. Atribua peso às competências.	6. Aplique as técnicas de seleção apresentadas neste capítulo.	6. Procure identificar como melhorar o próximo processo seletivo.
7. Elabore um *checklist* para observar os candidatos.	7. Agradeça e informe a próxima etapa.	

Fonte: Desenvolvida pelo autor.

Pelo visto, preparar-se para antes, durante e após a seleção significa pensar na jornada do candidato, com a finalidade de atrair e selecionar adequadamente os talentos.

O exemplo que veio do Governo do Canadá

Quando pensamos em locais que promovem recrutamento, seleção e capacitação de pessoas, pensamos normalmente em empresas privadas e em consultorias, raramente num governo.

Contudo, fiquei bem impressionado com os serviços fornecidos pelo Governo do Canadá. No *site* https://www.jobbank.gc.ca é possível a qualquer pessoa buscar um trabalho, treinamentos, usar ferramentas simples sobre decisões de carreira, planejar a aposentadoria e, até mesmo, solicitar assistência financeira temporária. Também podem-se encontrar oportunidades de emprego nos setores público e privado, programas de contratação, aplicar ou ampliar uma licença de trabalho.

Para as empresas, é possível contratar e gerenciar funcionários, obter informações sobre folha de pagamento, salários e conselhos sobre recrutamento, treinamento e gerenciamento de funcionários.

O serviço do Governo do Canadá também colabora com quem está começando um negócio, trazendo informações para abrir uma empresa, incluindo registro, modelos de planos de negócios e regulamentos.

Ao buscar trabalho em Toronto, aparecem milhares de posições. No *site*, é possível fazer vários filtros para facilitar o trabalhador, como distância até a residência, título, cargo, empregos públicos, escolaridade exigida, línguas faladas e muito mais.

Figura 4.17 Portal do Governo do Canadá que apoia as empresas e os funcionários.

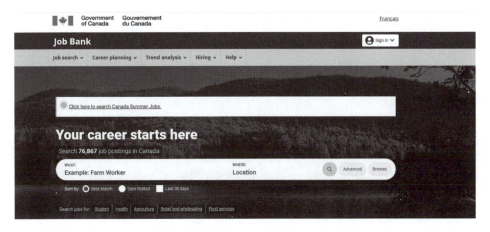

Fonte: Job Bank (2021).

Recrutamento de *trainees* e estagiários

Jacqueline Sobral, em seu artigo *Como Educar para o Mercado de Trabalho*, apresenta um ponto de vista muito atual sobre os jovens candidatos a programas de estágio ou de *trainee*, que sofrem com diversas barreiras quando buscam fazer a transição das instituições de ensino para o setor em que pretendem seguir carreira.

CAPÍTULO 4

Prazos, orçamentos, pressão, conflitos, desentendimentos, hierarquias. Todos esses elementos possuem duas características que devem ser observadas atentamente: são inerentes ao mercado de trabalho e causam aversão aos trabalhadores mais jovens.

As gerações mais novas mostram-se cada vez mais incompatíveis com o ambiente de trabalho tradicional, muitas vezes aliado à falta de autonomia para experimentar. Por mais que a educação avance, é necessário identificar as novas formas de comportamento no trabalho.

A nova geração nem sempre tem uma orientação sobre quando empregar os conhecimentos adquiridos. Isso se deve, muitas vezes, à ansiedade desse universo. Essa necessidade de estar em constante evolução, aliada à percepção de estar sempre sendo avaliado, também se vê quando o jovem ingressa na companhia e costuma clamar por uma promoção de forma antecipada. O contato com o conhecimento técnico gera a ideia no jovem de que ele sabe muito mais do que efetivamente sabe.

O jovem deve ser visto como um diamante bruto, disposto a ser lapidado pela Cultura Organizacional. Portanto, as instituições que buscam contar com essa gama de profissionais precisam evoluir para um modelo que lhes permita serem atrativas para os jovens.

Participo constantemente de processos seletivos de jovens talentos, e é visível logo nas primeiras impressões o quanto as pessoas pensam que são capazes de fazer algo apenas com teoria adquirida. Vou resumir três padrões que venho percebendo nesses candidatos durante os processos seletivos:

> » Muitas vezes, confundem habilidade com conhecimento, isto é, se sentem prematuramente capazes.

> » Demonstram conhecimento técnico, contudo, baixa inteligência emocional, demonstrando comportamentos contraditórios para os selecionadores.

> » Possuem grande quantidade de informações, porém, dificuldade de selecionar as mais importantes para serem utilizadas.

Não é unanimidade, mas esses comportamentos ocorrem com frequência, o que pode levar o recrutador a não perceber potencialidades "escondidas".

Conhecer tais comportamentos será importante para os recrutadores buscarem meios de adentrar esse universo a fim de descobrirem talentos. Lembro que o fato de ser jovem e estar começando no mercado de trabalho não elimina potencialidades na pessoa, que pode ser avaliada com uma outra "lupa" pelos especialistas de TH.

Idades diferentes não são um problema, mas a solução. As equipes de alta *performance* que já formei foram aquelas com pessoas de todas as faixas etárias, credos, perfis, gêneros e características étnico-raciais. Reforço mais uma vez no livro que uma organização deve ser um local seguro para o exercício da pluralidade e do respeito às diferenças das pessoas.

Bom, fechamos com chave de ouro este capítulo, no qual tratamos da aplicação do *Employer Branding* e da inovação no recrutamento e a seleção de talentos.

No Capítulo 5, apresentarei 11 projetos estruturantes que favorecem o *Employee Experience* e a Gestão de Pessoas, contribuindo para a atração, o desenvolvimento e a retenção de talentos em organizações de todos os setores e portes.

Com base na minha experiência de implantação de tais projetos, tomei o cuidado de apresentar para o leitor não apenas "o que" significa cada um deles, mas principalmente "como" implantá-los, inclusive com as respectivas etapas de cada empreendimento.

> Assista ao vídeo
> do autor sobre
> este capítulo

Capítulo 5

Modelos e Ferramentas de Gestão de Pessoas e de aprimoramento da Cultura Organizacional

"Modelos, projetos estruturantes e ferramentas de Employee Experience e Gestão de Pessoas visam assegurar que a empresa dará prioridade para atração, desenvolvimento, engajamento e retenção dos seus talentos, contudo, de forma estruturada, profissional e sólida, demonstrando para o mercado suas intenções e, para o público interno, prioridade e cuidado com as pessoas e com a Cultura Organizacional."

Organizações públicas ou privadas administram, em relação ao seu pessoal, dois tipos de iniciativa diariamente: ações rotineiras, como elaboração de folha de pagamento, e projetos mais estruturantes, como inventário de competências. A diferença entre uma ação rotineira e um projeto estruturante é que a primeira é básica e indispensável no dia a dia da empresa, equivalendo ao que chamamos de "fazer o arroz com feijão".

Já modelos e ferramentas de Gestão de Pessoas e de aprimoramento da Cultura Organizacional são aqueles implantados com métodos e cadência, fornecendo bases para proporcionar inovação, desenvolvimento dos colaboradores e incremento de negócios.

O ponto de partida para isso é a criação de um *Framework* EX+GP+CO para que todos os líderes e a área de Talentos Humanos – TH consigam, de maneira bem objetiva, entender e concordar com o escopo e com a integração entre as partes. O *framework* completo de *Employee Experience*, Gestão de Pessoas e Cultura Organizacional foi apresentado no Capítulo 1. A seguir, apresentarei um simplificado que também pode ser utilizado pelos gestores de TH e líderes organizacionais.

CAPÍTULO 5

Framework simplificado de *Employee Experience*, Gestão de Pessoas e Cultura Organizacional

Veja a Figura 5.1 como exemplo de *framework* que criamos para uma grande empresa no setor de bem-estar, o qual teve a finalidade de apresentar a jornada do colaborador desde o momento de recrutamento e seleção, passando pelo processo de *onboarding*, T&D, indicadores e metas, incentivo, indo até a transição de carreira dessa pessoa e sucessão.

Note que, na medida em que o colaborador vai obtendo essas experiências ao longo do tempo (eixo "jornada do candidato"), sua *performance* tende a aumentar. No entanto, isso só ocorrerá se a camada superior do *framework*, formada pela estratégia de Gestão de Pessoas, Cultura Organizacional, liderança e política de TH, for executada com maestria.

Figura 5.1 *Framework* simplificado de *Employee Experience*, Gestão de Pessoas e Cultura Organizacional criado para um grande projeto.

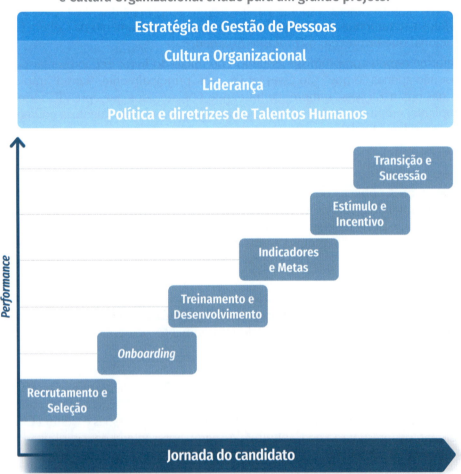

Fonte: Desenvolvida pelo autor.

Modelos e Ferramentas de Gestão de Pessoas e de aprimoramento da Cultura...

Nos dias atuais, empresas pequenas, médias ou mega organizações com milhares de colaboradores precisam calibrar continuamente suas estratégias de pessoas, suas diretrizes de pessoal, seu modelo de liderança e a cultura corporativa por meio da implantação de métodos e ferramentas que possam viabilizar os resultados esperados. Basta que uma organização possua mais de 40 colaboradores que já necessita implantar alguns desses modelos.

Esses ingredientes prepararam as companhias para lidarem com as incertezas do mercado, desenvolvendo e gerenciando com eficácia seus Talentos Humanos.

Projetos estruturantes de *Employee Experience* e Gestão de Pessoas visam assegurar que a empresa dará prioridade para atração, desenvolvimento, engajamento e retenção dos seus talentos, contudo, de forma estruturada, profissional e sólida, demonstrando para o mercado suas intenções e, para o público interno, prioridade e cuidado com as pessoas e com a Cultura Organizacional. Essa é uma boa ponte para alta *performance* das equipes.

Essas e outras questões são abordadas e respondidas neste capítulo, que possui a intenção de desvendar e explicar em linguagem simples para o leitor quais são os modelos e ferramentas de Gestão de Pessoas e de aprimoramento da Cultura Organizacional que favorecem o *Employee Experience*.

Conforme o meu compromisso assumido no início do livro, irei apresentar para o leitor não apenas "o que" são esses temas, mas, principalmente, "como" implantá-los nas organizaçõess, sempre me baseando nos métodos que aprendi, aprimorei e implantei em dezenas de empresas, acompanhado por uma talentosa equipe. No caso, abordarei 11 deles na Quadro 5.1.

Quadro 5.1 **11 modelos e ferramentas de Gestão de Pessoas e de aprimoramento da Cultura Organizacional que favorecem o *Employee Experience*.**

1. Política de Gestão de Pessoas
2. Plano de sucessão para cargos-chave
3. Aplicação da Matriz *Nine Box*
4. Avaliação de desempenho por competências
5. Inventário e mapeamento de competências
6. Plano de cargos e salários e plano de carreira
7. Manual de procedimentos de Talentos Humanos
8. *Assessment* e avaliação de perfil
9. Código de ética e manual de normas de conduta
10. Revisão da governança corporativa
11. Prevenção e redução de conflitos

Fonte: Desenvolvido pelo autor.

1. Política de Gestão de Pessoas

No Capítulo 2, apresentei o protagonismo que o tema *pessoas* deve ter durante o planejamento estratégico. Assim, a área de TH pode assumir uma posição mais proativa, elaborando em conjunto com o *board* a **Política de Gestão de Pessoas**.

CAPÍTULO 5

A Política de GP, como o título já diz, é única, por isso a expressão é no singular. Ela reúne o conjunto de diretrizes que norteiam tudo aquilo relativo a liderar e gerenciar gente. A sua finalidade é assegurar resultados para a organização, demonstrar transparência para os colaboradores e instituir marcos para engajamento e valorização da experiência deles.

A Política de GP é tão importante quanto a missão e os valores da organização, por isso, precisa ser cuidadosamente criada e, posteriormente, batizada com um nome que confira distinção e importância. Alguns nomes marcantes são: Política de Gente e Gestão, Política de Desenvolvimento de Talentos, Política de Desenvolvimento Humano ou, simplesmente, Política de Talentos Humanos. Poderia até ser Política de Recursos Humanos, porém, note que no livro evito usar a expressão "recursos", pelos motivos expostos no Capítulo 2, no qual discuto o *rebranding* do RH e os novos papéis e competências para gerir talentos.

Ao contrário do que muitos pensam, existe apenas uma única Política de GP por empresa. O que difere de quantidade são as diretrizes, que podem ser muitas a depender do porte da organização.

Veja o exemplo da Nestlé, que em seu *site* apresenta sua política de pessoas, cujo público-alvo é não menos que 100% dos seus colaboradores. O documento apresenta as diretrizes que funcionam como base para a Gestão de Pessoas em todo o mundo, apresentando a todos os colaboradores os aspectos que influenciam seu ciclo de vida na empresa. No manual são citadas diretrizes de formação e aprendizagem, remuneração total, gestão de talentos, desempenho, organização em mudança, entre outras.

As **Diretrizes de GP**, as quais também denomino de ***statements***, correspondem aos direcionamentos emanados dos gestores estratégicos, os que definem as regras que precisam ser seguidas por todos para que a Cultura Organizacional seja favorecida e o ambiente de trabalho seja o mais saudável, acolhedor e produtivo possível.

Veja na Figura 5.2 que há uma hierarquia entre política, diretrizes, modelos e ferramentas de Gestão de Pessoas.

Figura 5.2 A hierarquia PDMF – Política, Diretrizes, Modelos e Ferramentas de GP.

Fonte: Desenvolvida pelo autor.

Modelos e Ferramentas de Gestão de Pessoas e de aprimoramento da Cultura...

As diretrizes precisam de um nível mínimo de detalhamento para serem compreendidas por todos e também não devem gerar dúvida nos colaboradores. Veja dois exemplos de diretrizes que criamos para uma grande empresa:

Avaliação semestral – todos os colaboradores serão avaliados duas vezes ao ano (março e novembro) quanto às suas competências técnicas e comportamentais por meio da aplicação do modelo de avaliação da empresa. A avaliação será realizada pela liderança imediata, e o seu resultado será utilizado dentro do prazo máximo de cinco dias após o evento para orientar a carreira do colaborador, por meio de *feedback* e Plano de Desenvolvimento Individual – PDI.

Recrutamento interno – todas as vagas abertas na empresa até o nível de gerência serão divulgadas simultaneamente para colaboradores e candidatos externos. Os candidatos internos e externos possuirão chances iguais para concorrer, sendo que, no caso de empate no processo seletivo, será dada preferência ao candidato interno. Os critérios para participação no recrutamento interno são: aprovação pelo gestor imediato; colaborador desempenhando ao menos seis meses na função atual; o candidato possuir no máximo a diferença de um nível hierárquico referente à vaga pretendida.

Na Figura 5.3, apresento uma técnica facilitadora para escrever diretrizes.

Figura 5.3 Técnica para escrever diretrizes de GP.

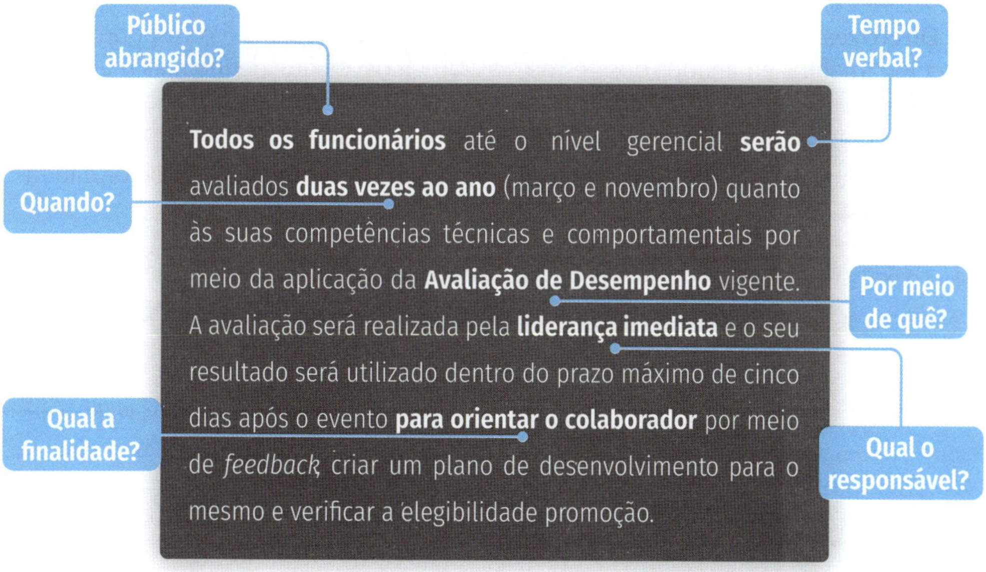

Fonte: Desenvolvida pelo autor.

Como implantar a Política de Gestão de Pessoas

O objetivo da criação e implantação do **PDMF** é proporcionar um conjunto bem estruturado de elementos obrigatórios na empresa, os quais nortearão todas as ações da organização no que diz respeito a tratamento e gestão das equipes. Assim, a área de Talentos Humanos conquista um grau mais estratégico, participando ativamente da discussão e normatização de tudo aquilo que afetará a convivência do colaborador na organização.

O tempo de elaboração e implantação poderá ser de seis meses, caso tenham que ser detalhados os **Modelos de Gestão de Pessoas**. São exemplos destes: modelo de avaliação de desempenho, planejamento de sucessão, plano de cargos e salários, plano de carreira, modelo de gestão por competências, modelo de remuneração variável, entre outros.

Nos projetos em que estruturamos a Política de GP, podemos perceber claramente a conquista de sete benefícios para a empresa e para os colaboradores. São eles: maiores chances para atrair, manter e desenvolver pessoas; assegurar que as funções realizadas sejam desempenhadas de forma produtiva; trazer o sentimento de justiça e meritocracia para a equipe; proporcionar o aumento do sentimento de pertencimento das pessoas; regular, de forma muito simples, assuntos que antes não eram transparentes; promover nos líderes maior possibilidade de integração ao modelo de gestão; e tornar as regras de convivência visíveis e acessíveis a todos da organização.

São quatro as etapas necessárias, como mostrado na Figura 5.4, para construção e implantação da Política de Gestão de Pessoas.

Figura 5.4 As quatro as etapas necessárias para construção e implantação da Política de GP.

Fonte: Desenvolvida pelo autor.

Etapa 1 – Diagnóstico da situação atual: levantamento da situação atual das diretrizes e dos modelos existentes de GP, sejam eles escritos ou estejam apenas no discurso dos gestores; apresentação das conclusões para os diretores; e discussão quanto ao que será elaborado na próxima etapa, por meio de um *workshop* interativo.

Etapa 2 – Elaboração das diretrizes e aprovação com a diretoria: ideação do texto inicial, contendo as diretrizes de recrutamento e seleção, admissão, ambientação, desdobramento de metas, treinamento e desenvolvimento, remuneração, benefícios, avaliação de desempenho, promoções, transferências, entre outras. Cada diretriz é redigida com frases curtas e objetivas, conforme apresentado anteriormente.

Etapa 3 – Elaboração do manual de Política de GP e *workshop* de aprovação: elaboração do texto final e realização de *workshop* para apresentação e discussão de cada item do manual; o relatório deve ser entregue e apresentado em forma de *workshop* para diretoria com cerca de três horas de duração com a finalidade de favorecer a troca de experiência entre os executivos.

Etapa 4 – Implantação da Política de GP e treinamento dos líderes: tão logo o documento seja definitivamente aprovado pela diretoria, haverá turmas de treinamento de cerca de quatro horas de duração para os demais líderes da empresa conhecerem em profundidade a política e diretrizes, pois eles serão os grandes indutores da cultura.

O manual da Política de GP muitas vezes requer um detalhamento ainda maior. Por exemplo, a diretriz anteriormente apresentada de **recrutamento interno** provavelmente irá requerer o seu maior detalhamento e a elaboração de algum formulário de apoio. Nesse caso, a empresa deverá abrir um novo projeto estruturante denominado de **Manual de procedimentos de Talentos Humanos**, apresentado também em detalhes neste capítulo.

2. Plano de sucessão para cargos-chave

Um estrondoso sucesso, "um sucessão". Esse trocadilho não é à toa. Sucessão não é só a passagem de bastão. É fazer com que a empresa seja um enorme sucesso e que tenha perpetuidade no mercado em que atua.

Muitas empresas apenas se preocupam com a sucessão de cargos estratégicos quando um executivo as abandona, de forma inesperada, causando um impacto negativo e desnecessário.

Outra situação recorrente é quando algo repentino acontece no negócio, necessitando movimentar pessoas estratégicas, sem, no entanto, preparar sucessores para cargos-chave. É o caso de inauguração de filiais, aquisições e incidentes com equipes.

Veja o gráfico da Figura 5.5, que construí para demonstrar a perda gigante de produtividade de uma equipe de *Customer Success* que ficou "órfã" do seu gerente, que se mudou de cidade. Note que a demora para a contratação de um novo executivo para o cargo foi de aproximadamente dois meses, fora o tempo adicional de três até o novo ocupante "pegar o ritmo". Concluindo, somente em outubro a empresa conseguiu voltar aos patamares de produtividade que possuía meses atrás.

Figura 5.5 A produtividade da equipe de *Customer Success* despencou com a saída repentina do seu gerente, o que poderia ser minimizado com um processo estruturado de sucessão.

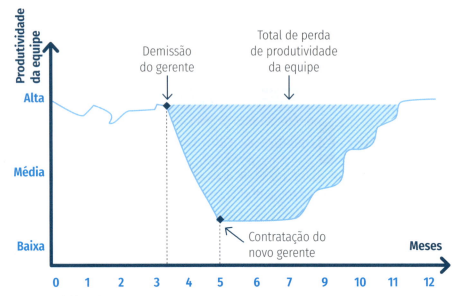

Fonte: Desenvolvida pelo autor.

Para evitar esses enormes transtornos financeiros e emocionais, se faz necessário implantar um projeto estruturante denominado plano de sucessão para cargos-chave.

São muitos os benefícios aferidos com o **plano de sucessão**: evita promoções equivocadas ou movimentações nas quais o promovido sequer foi preparado ao longo do tempo; minimiza os riscos de descontinuidade do negócio e também de queda dos indicadores; perpetua o legado para novas gerações; cria a cultura de equipes autogerenciáveis; aumenta a velocidade de reposição da vaga; desenvolve o colaborador ao longo do tempo para ocupar novos desafios; institui um planejado processo de encarreiramento na empresa; aumenta as chances para, já no processo seletivo, identificarem-se potenciais sucessores; cria a cultura de desenvolvimento prévio dos colaboradores.

Quem são os sucessores *tops*, isto é, aqueles que apresentam maiores condições de serem preparados para os cargos na cúpula? Podemos utilizar vários instrumentos para essa identificação.

Um dos mais simples e eficazes que produzi foi uma matriz de decisão para uma empresa de combustíveis que precisava escolher um diretor dentre os gerentes que possuía. Praticamente todos eram antigos nas funções e apresentavam desempenho satisfatório.

O que poderia deixar os investidores dessa empresa seguros, uma vez que almejavam se aposentar?

Modelos e Ferramentas de Gestão de Pessoas e de aprimoramento da Cultura...

Identifiquei que foram dois requisitos necessários para os futuros sucessores: confiança que inspiravam nos sócios e capacidade de fazer um ótimo trabalho com autonomia, isto é, baixa dependência dos donos. A matriz da Figura 5.6 apresenta os quadrantes, sendo o número 1 mais interessante.

Figura 5.6 Matriz para tomada de decisão de sucessores criada para uma empresa do setor de energia.

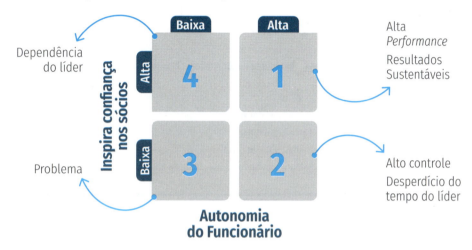

Fonte: Desenvolvida pelo autor.

Depois de inúmeras discussões com os sócios, o sucessor escolhido foi aquele gerente que apresentou qualidades suficientes para preencher a vaga, no caso o quadrante 1, isto é, alta autonomia e inspiração de confiança junto aos sócios.

O importante foi criar um método simples para tomada de decisão que agradou a todos e trouxe o resultado necessário.

Estratégias para sucessão

É de suma importância adotar estratégias para sucessão, as quais serão espelhadas no plano de sucessão. Algumas estratégias que recomendo são: conscientização do provável sucessor quanto à importância do negócio; suceder para ampliar os resultados do negócio e o tornar longevo; conhecer o que pensam os prováveis sucessores e se estão realmente interessados na nova posição; desenvolver, por meio de treinamentos estruturados, os sucessores; treinar o sucedido para que atue na transição de poder e fique tranquilo ao deixar a corporação; construir e formalizar o plano de sucessão.

Como criar e implantar o plano de sucessão

Quando desenvolvemos um plano de sucessão, temos como objetivo ajudar a preparar a organização com uma perspectiva de continuidade nos negócios e sustentabilidade por meio do diagnóstico e planejamento sucessório para os cargos-chave, definindo potenciais sucessores, quando e onde poderão ocorrer as substituições. A *timeline* da Figura 5.7 apresenta as quatro etapas.

Figura 5.7 As quatro etapas para implantar o plano de sucessão.

Fonte: Desenvolvida pelo autor.

A seguir, irei apresentar em mais detalhes as quatro etapas previstas na *timeline* do projeto.

Etapa 1 – Identificação das posições-chave na empresa para os próximos anos: diagnóstico, por meio de entrevistas junto aos gestores estratégicos, para mapeamento dos requisitos que influenciam a sucessão na organização; identificação dos cargos-chave que farão parte do plano de sucessão; levantamento do perfil desejado para os cargos-chave que farão parte do plano de sucessão.

Etapa 2 – Aplicação da Matriz *Nine Box* e de Potencial para identificação dos sucessores: aplicação de Matriz *Nine Box* para identificação dos colaboradores candidatos à sucessão de cargos-chave que poderão ser preenchidos de um até cinco anos; aplicação da Matriz de Potencial para identificar os candidatos internos à sucessão mais potenciais; análise dos resultados cruzando-se potencial ou *performance*.

Etapa 3 – Plano de sucessão, PDI e monitoramento do mapa de sucessão: desenvolvimento do plano de sucessão para a transição dos sucessores; o plano de sucessão será o norteador do PDI das pessoas identificadas; criação de PDI para os candidatos internos à sucessão, traçando a trilha de competências a ser percorrida por ele.

Etapa 4 – Treinamento e Desenvolvimento dos sucessores e sucedidos: desenvolvimento de conteúdo e atividades instrucionais para treinamento nas competências assinaladas no PDI; aplicação de treinamentos com instrutores especializados e experientes, utilizando-se metodologias ativas de ensino; ações de acompanhamento pós-treinamento.

Quanto à Matriz *Nine Box*, irei apresentá-la em detalhes.

3. Aplicação da Matriz *Nine Box*

A Matriz *Nine Box* se originou na década de 1980 com o objetivo de identificar oportunidades de revisão de portfólio de negócios. Na época, a empresa BCG (The Boston Consulting Group) e a McKinsey criaram matrizes para essa finalidade, analisando, por exemplo, os fatores crescimento de mercado *versus market share*.

Ao longo dos anos, essa forma simples e eficaz de analisar duas dimensões se tornou muito popular e foi absorvida pela área de Talentos Humanos. Para tanto, os fatores analisados passaram a ser potencial × *performance*. As principais aplicações do *Nine Box* na atualidade são:

» Sucessão de cargos-chave.
» Treinamento e desenvolvimento de equipes.
» Promoções internas.
» Transição de carreira.
» Incentivos de curto e longo prazos.
» Desligamentos, quando necessário.

As empresas mais bem estruturadas preocupam-se com a sucessão dos seus executivos com bastante antecedência, como uma forma de reduzir riscos e aumentar a longevidade dos negócios.

Assim, a **Matriz Nine Box** é bem útil para identificar através de pontuação quais pessoas se situam nos quadrantes mais propensos para promoções, mérito e sucessão, conforme Figura 5.8.

Figura 5.8 Matriz *Nine Box* com nove classificações conforme o grau de *performance* (*eixo x*) e grau de potencial do candidato (*eixo y*).

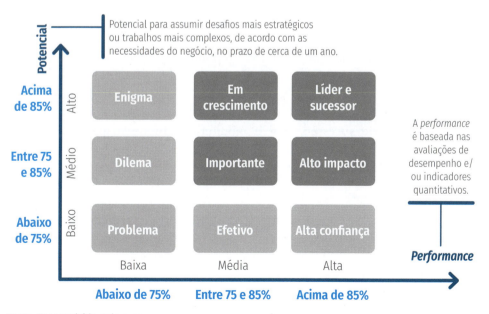

Fonte: Desenvolvida pelo autor.

CAPÍTULO 5

Como utilizar a Matriz *Nine Box*? Vamos entender as duas dimensões utilizadas para avaliar se Ana é uma candidata potencial para ocupar uma função de diretoria.

Performance (*eixo x*): é o resultado de quanto Ana realizou durante um período (exemplo um ano) nos indicadores acordados com a empresa. A meta estipulada para ela foi de alcançar nota 9,2 em sua avaliação de desempenho. No caso, Ana alcançou 9. Portanto, estará na faixa acima de 85%.

Potencial (*eixo y*): é o resultado da avaliação de quanto Ana se enquadra no potencial para atingir outros desafios na empresa. É importante chamar a atenção que potencial nada tem a ver com o item anterior (*performance*). O potencial irá responder se ela num futuro próximo atenderá a certos quesitos: iniciativa, prontidão, adequação de perfil, postura e formação acadêmica. Note que, nesse caso, não é *performance* passada, mas sim uma promessa para o futuro, por isso chamamos de potencial.

Na Tabela 5.1, apresento uma forma de se identificar o potencial de Ana por meio da pontuação da matriz.

Tabela 5.1 Identificando o potencial de um colaborador numa escala de 100% para ocupar um cargo de diretoria.

	Discordo totalmente	Discordo	Não concordo nem discordo	Concordo	Concordo totalmente
O colaborador desenvolve-se profissionalmente por iniciativa própria e, quando a inciativa é da empresa, aproveita as oportunidades e aplica novos conhecimentos nos negócios.					X
O colaborador encontra-se pronto em termos de competências desenvolvidas para alcançar um cargo superior nos próximos 12 meses e, além disso, demonstra desejar a nova função.					X
O colaborador apresenta perfil e potencial para desenvolver outros colaboradores continuamente quando for assumir a próxima função.				X	
O colaborador possui condições emocionais e postura condizentes para representar a empresa em casos de necessidades urgentes que exijam relacionamentos mais estratégicos.				X	

Modelos e Ferramentas de Gestão de Pessoas e de aprimoramento da Cultura...

	Discordo total-mente	Discordo	Não concordo nem discordo	Concordo	Concordo total-mente
O colaborador possui formação acadêmica e técnica apropriada para a futura função que lhe dê suporte para resolver situações mais complexas, sem desgastar a equipe.				X	
Peso relativo	1	2	3	4	5
Total de pontos	0	0	0	12	10
Pontuação obtida	22				
Pontuação máxima	25				
Nota obtida	88%				

Fonte: Desenvolvida pelo autor.

Neste exemplo, a nota obtida por Ana foi de 88%, portanto, na Matriz *Nine Box*, situa-se no quadrante **líder** e **sucessor**, ou seja, uma grande candidata para um cargo-chave pretendido. Assim, ela é classificada como talentosa com potencial para suceder pessoas em cargos-chave na empresa. Chamamos Ana de *high performance – high potential*.

Na Matriz *Nine Box* a seguir, descrevi quais são as nove possibilidades de classificação e, principalmente, que ações podem ser administradas junto aos candidatos, a depender da pontuação que obtiveram.

CAPÍTULO 5

Figura 5.9 Matriz Nine Box *indicando as nove classificações possíveis ao se avaliar o potencial e a performance de alguém e as ações indicadas para essa pessoa, conforme o encaixe no quadrante.*

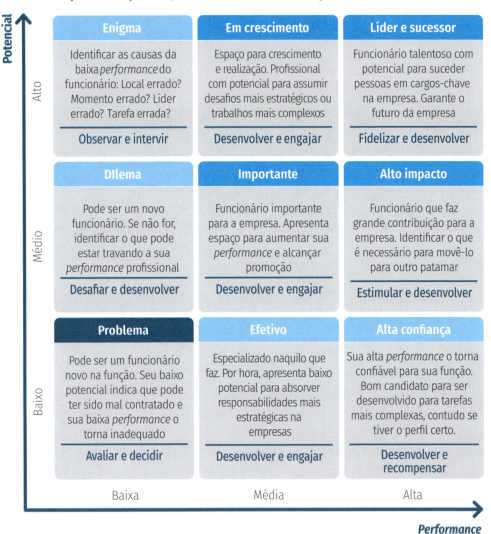

Fonte: Desenvolvida pelo autor.

Como visto na Figura 5.9, um dos eixos da *Nine Box* é de *performance*. Uma boa métrica para isso é o resultado proveniente da aplicação de um modelo bem estruturado e meritocrático da avaliação de desempenho, visto a seguir.

4. Avaliação de desempenho por competências

Um dos grandes desafios que as empresas enfrentam é como avaliar o desempenho dos seus colaboradores sem cometer injustiças, de forma a torná-los mais focados, encorajados e com maior produtividade. Lembremos sempre que o foco também é no *Employee Experience*. Por isso, o caminho para essa avaliação ser realizada e bem aceita por todos passa pela elaboração de um modelo apropriado de avaliação de desempenho para cada empresa.

A análise do desempenho é um importante instrumento para aferir os pontos fortes e pontos a melhorar dos colaboradores, por meio de uma escala numérica para o desempenho de cada cargo.

A avaliação do desempenho por competências também permite aos gestores obterem informações de sua equipe para tomada de decisões estratégicas, como, por exemplo, promoção, transferência de funcionários, plano de desenvolvimento, remuneração, mérito e *feedback*. Por isso, deve ser utilizada com cuidado e de forma colaborativa entre avaliador e avaliado, tanto no processo de aferição, quanto no momento do *feedback*.

A **avaliação de desempenho com foco em competências** é um importante instrumento que proporciona meritocracia, identificação de talentos, *feedbacks* mais profissionais, fortalece a alta *performance*, localiza *gaps* de competências e favorece o desenvolvimento dos colaboradores.

As modalidades de avaliação de desempenho são de 90°, 180° ou 360°, a depender da maturidade da empresa, conforme Figura 5.10.

Figura 5.10 Três modalidades de avaliação de desempenho.

Fonte: Desenvolvida pelo autor.

Os benefícios gerados para a empresa e para os colaboradores são inúmeros: aprimoramento da liderança; melhoria do ambiente e da comunicação entre os colaboradores; melhor direcionamento de carreira do colaborador; promove a compreensão e busca das competências mais aderentes aos negócios da organização; proporciona identificação de talentos e melhor uso do potencial de cada um; fortalece o senso de alta *performance* e ajuda a localizar onde há perda de energia; proporciona *feedbacks* mais profissionais e evolução para a alta *performance*.

CAPÍTULO 5

Como implantar a avaliação de desempenho por competências

O objetivo da avaliação do desempenho por competências é correlacionar o grau (numérico) esperado pelos gestores com o grau em que um colaborador se encontra em cada competência avaliada. Dessa forma, torna-se possível traçar ações importantes para a busca da alta *performance*, tais como criação de plano de desenvolvimento, gestão de carreira, *feedback*, plano de sucessão, programas de *coaching* e gestão de mudanças. As etapas para implantação são quatro.

Figura 5.11 Quatro etapas para implantar a avaliação de desempenho por competências.

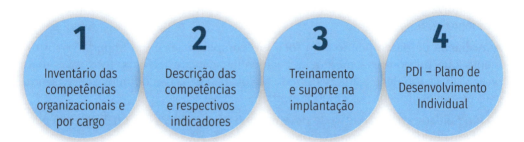

Fonte: Desenvolvida pelo autor.

Etapa 1 – Inventário das competências organizacionais e por cargo: a primeira etapa do projeto é o diagnóstico, cuja principal entrega é a lista de competências organizacionais, isto é, aquelas que devem ser desempenhadas por todos os cargos da empresa. São elas que semeiam a Cultura Organizacional. Simultaneamente ao diagnóstico, são apresentadas as competências específicas que o cargo precisa ter.

Etapa 2 – Descrição das competências e respectivos indicadores (comportamentos): o profissional que se dedicará a essa etapa descreverá os comportamentos (indicadores) de cada competência organizacional e também de cada uma das competências específicas para cada cargo; definição da metodologia de avaliação, pesos, escala de resposta e processo operacional de avaliação; descrição das competências técnicas, comportamentais e híbridas organizacionais e por cargo; identificação de três indicadores, isto é, comportamentos esperados para cada competência e respectivo nível de proficiência; apoio aos líderes estratégicos da organização para elegerem o grau desejado para cada indicador, isto é, numericamente cada competência terá uma "nota" ideal para cada cargo.

Etapa 3 – Treinamento e suporte na implantação: a etapa de implantação é dedicada a preparar a empresa para realizar a avaliação de desempenho definida, que poderá ser na modalidade 90°, 180° ou 360°, conforme a cultura vigente; realização de treinamento presencial com os gestores da empresa quanto ao processo e à forma de avaliar as pessoas; elaboração de conteúdo com o objetivo de servir de material de treinamento e suporte para os gestores da empresa conhecerem o processo de avaliação de desempenho; suporte para os gestores sanarem dúvidas a respeito

Modelos e Ferramentas de Gestão de Pessoas e de aprimoramento da Cultura...

da avaliação de desempenho que está sendo aplicada na empresa; esse suporte pode ser fornecido durante 15 dias após a realização da turma de treinamento.

Etapa 4 – Plano de Desenvolvimento Individual – PDI: logo após realização da avaliação de desempenho, recomendo que seja traçado pelo líder, com o apoio de TH, o PDI que tratará os pontos críticos detectados nas avaliações dos colaboradores, realizando recomendações de modalidades de desenvolvimento e de prazos para cada um. Essa etapa é de suma importância por sinalizar e apoiar, por meio da elaboração do relatório de PDI, os colaboradores no desenvolvimento de seu potencial. O que será realizado e entregue nessa etapa: identificação dos pontos fortes e críticos de cada colaborador; criação de ações de desenvolvimento por avaliado, indicando como o mesmo poderá alcançar melhor desempenho; estabelecimento de prazos para cada ação de desenvolvimento.

Os líderes serão capacitados para acompanhar o *status* de desenvolvimento do colaborador, realizar comentários a respeito da sua evolução e identificar se as ações acordadas para o PDI estão sendo cumpridas.

Principais erros em uma avaliação de desempenho

Você sabia que muitas empresas que realizam o seu processo de avaliar podem estar perdendo grandes oportunidades de proporcionar um encarreiramento mais consistentes dos seus talentos por absoluta falta de informação? A experiência do colaborador pode até ser negativamente afetada se alguns cuidados não forem planejados.

O fato é que praticamente todas as empresas estruturadas realizam algum tipo de avaliação de desempenho do seu pessoal, instituindo processos e ferramentas. Contudo, muitas delas se esquecem de um ingrediente fundamental para o sucesso dessa mensuração: um ambiente de trabalho propício.

Gomes, Moraes e Freitas, no artigo *Elaboração e Avaliação do Modelo de Gestão de Pessoas Orientado por Competências*, concluem que as empresas promovem, inadvertidamente, um ambiente excessivamente heterogêneo e fragmentado de produção, o que ocasiona consequências para as pessoas que lá trabalham. Isso prejudica também os processos de trabalho e a própria visão dos colaboradores sobre os requisitos necessários para se desenvolverem na função e alcançarem maior visibilidade.

O administrador Gustavo Periard fez uma lista com os erros mais recorrentes na hora da avaliação:

Efeito de halo ou horn

Por vezes, o avaliador estende uma avaliação positiva (efeito *halo*) ou negativa (efeito *horn*). Isso acontece quando o avaliador segue um raciocínio tendendo a analisar de forma positiva ou negativa durante toda a avaliação.

Tendência central

Ao contrário do efeito *halo* ou *horn*, nesse caso o avaliador opta apenas por dar notas medianas aos avaliados, não considerando todos os pontos ou preferindo se

CAPÍTULO 5

abster de grandes decisões. Esse exemplo é recorrente em chefes que têm dificuldade se se comportarem como líderes.

Efeito de recenticidade

Nesse caso, o avaliador se baseia em casos recentes para atribuir notas aos avaliados. Isso pode tanto prejudicar quanto favorecer determinado colaborador de acordo com o seu desempenho, seja ele bom ou ruim, apenas nos últimos meses ou dias, dependendo da memória do avaliador.

Erro constante (complacência/rigor excessivo)

É preciso definir critérios de avaliação comuns a todos os avaliadores para que, durante o processo, suas características pessoais não imprimam juízo de valor aos avaliados.

Erro de "primeira impressão"

Ao contrário do efeito de recenticidade, o erro de "primeira impressão" se dá quando o avaliador baseia a avaliação não no desempenho do funcionário, mas no primeiro contato que teve com ele.

Erro de semelhança (autoidentificação)

Quando há interesses comuns tanto pessoais quanto profissionais entre avaliador e avaliado, a pontuação tende a ser mais positiva e fica prejudicada por não ter critérios de análise definidos.

Erro de fadiga/rotina

Quando há muitos funcionários na empresa, os avaliadores chegam ao final do dia cansados. Após um certo número de avaliações, os critérios de análise são deixados de lado.

Guido M. J. de Koning observou que 95% dos empregados superavam as expectativas de seus gestores. Em outra organização, quase todos os empregados receberam bônus de fim de ano. Porém, nenhuma dessas empresas estava indo muito bem. Cenários como esses, onde por um lado os colaboradores são bem avaliados e por outro a empresa está decaindo, são comuns. A maioria dos sistemas de gestão de desempenho são falhos e não entregam os resultados que os executivos procuram.

Por isso, temos que cuidar de uma peça fundamental para essa mensuração: o inventário e mapeamento de competências, tema que veremos em detalhes.

5. Inventário e mapeamento de competências

O mapeamento de competências é um poderoso instrumento desenvolvido para suprir a área de Talentos Humanos e a diretoria com insumos para acelerar o *Employee Experience*. O mapeamento e inventário de competências permite gerar informações valiosas para tomada de decisão e para identificar lacunas de competências na empresa.

O objetivo do projeto é identificar os conhecimentos, habilidades, atitudes e resultados – C.H.A.R. primordiais para determinação das competências organizacionais e por cargo divididas em técnicas, comportamentais e híbridas. Esse é um importante alicerce para as organizações desenvolverem diferenciais e elevarem seus resultados.

Os benefícios para a empresa e para os colaboradores ao se implantar o **inventário e mapeamento de competências** são: clara definição dos conhecimentos, habilidades, atitudes e resultados esperados pela empresa em relação a cada cargo; lança fundamentos para a empresa realizar a gestão por competências; maior alinhamento entre a Gestão de Pessoas e a busca por melhores resultados; *input* indispensável para o processo de avaliação de desempenho ser justo; identificação de pontos de excelência e melhor aproveitamento do potencial; auxilia no aumento da produtividade e a maximização de resultados; permite que o colaborador conheça os requisitos para sua função.

Como realizar o inventário e mapeamento de competências

O projeto é um importante modelo de Gestão de Pessoas que proporciona à organização conhecer e utilizar as competências organizacionais e as competências por cargo para gerenciar vários processos ligados aos colaboradores, como, por exemplo, recrutamento e seleção, *onboarding*, avaliação de desempenho, identificação de talentos, *feedbacks*, treinamento e desenvolvimento. As etapas para implantação são três, conforme apresento na Figura 5.12.

Figura 5.12 Etapas para implantar o inventário e mapeamento de competências.

Fonte: Desenvolvida pelo autor.

Etapa 1 – Identificação das estratégias da organização: o início do projeto é dedicado a se conhecerem as estratégias gerais da organização e aquelas em relação à Gestão de Pessoas, por meio de entrevistas com os líderes e com a análise de documentos importantes, tais como o planejamento estratégico e política de Gestão de Pessoas.

CAPÍTULO 5

Etapa 2 – Mapeamento de competências organizacionais e por cargo: identificação, por meio de análise documental e de entrevistas, das principais competências *core* da organização e das competências por cargo. Descrição das competências técnicas, comportamentais e híbridas.

Etapa 3 – *Workshop* com gestores para homologação das competências: a entrega final do inventário e mapeamento de competências será um relatório, trazendo a análise das informações levantadas mais a sugestão da lista e nomenclatura das competências por cargo. O relatório deve ser entregue e apresentado em forma de um *workshop* para os líderes da organização e terá cerca de duas horas de duração.

A seguir, apresentarei como implantar o Plano de Cargos e Salários e de Carreira (PCSC).

6. Plano de Cargos e Salários e de Carreira

O Plano de Cargos e Salários e de Carreira – PCSC é uma ferramenta poderosa para determinar as estruturas de cargos, salários, critérios de promoção horizontal e vertical, critérios de mérito, progressão da carreira e faixas salariais de forma justa para os colaboradores e ao mesmo tempo estratégica e econômica para a organização.

O PCSC tem como objetivo reconhecer a capacitação profissional, o desempenho dos colaboradores, organizar as descrições de cargos, reduzir riscos de passivos trabalhistas e aumentar o nível de comprometimento das pessoas na corporação. Além disso, esse importante instrumento auxilia no maior engajamento dos funcionários e atua na retenção de talentos.

Quando a implantação do **Plano de Cargos e Salários e de Carreira** ocorre de forma intensiva e com método estruturado, os seguintes benefícios tendem a ser obtidos: aumentar a credibilidade para a empresa perante o mercado e investidores; atrair e reter talentos que fazem a diferença para o negócio; reconhecer a capacitação e o desempenho dos profissionais; preparar a organização para sua sustentabilidade num mercado ágil e desafiador; assegurar o enquadramento salarial mais objetivo e transparente; minimizar os riscos de passivos trabalhistas; atuar, de forma justa, em promoções e movimentações internas.

Como elaborar, aprovar e implantar o PCSC

A implantação do Plano de Cargos e Salários e de Carreira exige muita experiência e metodologia específica, por isso, sempre recomendo que seja orquestrada por uma empresa especializada.

O projeto pode durar quatro meses, no caso de pequenas empresas, e no caso de médias e grandes poderá ser necessário o prazo de 6 a 12 meses, tamanha é a complexidade dessa iniciativa. Na Figura 5.13, apresento as quatro etapas necessárias para construção e implantação do PCSC.

Figura 5.13 Etapas necessárias para elaboração e implantação do PCSC.

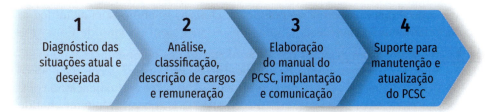

Fonte: Desenvolvida pelo autor.

Etapa 1 – Diagnóstico das situações atual e desejada: a construção de um novo Plano de Cargos e Salários e de Carreira ou revisão de um existente inicia-se com a análise da situação atual de cargos da organização, salários e encarreiramento com o intuito de nortear as próximas etapas do projeto. Essas são as atividades e entregas da etapa 1: análise documental, entrevistas estruturadas com os gestores e entrevistas estruturadas com ocupantes dos cargos-chave; avaliação dos títulos dos cargos, hierarquia das funções e níveis do organograma atual; análise dos cargos existentes e da estrutura salarial aplicada atualmente; levantamento das atividades desenvolvidas em cada cargo e classificação dos cargos; proposição de aglutinação, se necessário, e da mudança de nomenclatura dos cargos.

Etapa 2 – Análise, classificação, descrição de cargos e remuneração: o objetivo da etapa 2 é sugerir a nova estrutura de salários da organização, bem como as políticas de movimentação (promoção, mérito e enquadramento). Já o Plano de Carreira tem como objetivo apresentar a perspectiva de encarreiramento, mediante o cumprimento dos requisitos para movimentação na estrutura de cargos. São essas as atividades da etapa 2: identificação da nomenclatura mais apropriada para cada cargo; descrição das responsabilidades de cada cargo; identificação das competências necessárias e do perfil para cada cargo; sugestão de mudanças de nomenclaturas de cargo e de faixas salariais por meio de uma tabela (de -> para); apresentação de um quadro salarial competitivo, por meio da análise de pesquisa salarial existente no mercado, como por exemplo sindicatos, associações e outros estudos; especificação de políticas para aumentos salariais e promoções por meritocracia; criação de tabela salarial, trazendo o limite inferior, limite superior e ponto médio de remuneração para cada cargo da organização.

Etapa 3 – Elaboração do manual do PCSC, implantação e comunicação: esta fase é dedicada à elaboração final do manual completo, cujo esboço foi aprovado na fase anterior. Além disso, inicia-se a implantação na empresa e a comunicação para os colaboradores. Na etapa 3 ocorrem as seguintes atividades: levantamento do custo projetado proveniente dos ajustes salariais, visando apoiar a empresa em sua decisão com base em dados e fatos; realização de *workshop* com a diretoria para a entrega final e apresentação do PCSC, definindo também prioridades na implementação; realização de *workshop* com cerca de três horas de duração para

CAPÍTULO 5

apresentar o PCSC para os demais líderes e capacitá-los quanto à nova configuração de cargos, salários e da carreira, focando na apresentação da política e no esclarecimento da melhor forma de comunicar o plano às equipes; criação de um plano de comunicação para os colaboradores conhecerem o Plano de Carreira e assim vislumbrarem o crescimento na organização.

Etapa 4 – Suporte para manutenção e atualização do PCSC: após a entrega e aprovação do PCSC, de tempos em tempos será necessário fazer a atualização das informações contidas nele, pois sempre ocorrerem mudanças organizacionais. O que é feito nessa etapa: atualização da tabela salarial, inclusão de novos cargos, ajuste de descrições de cargos e apoio para tirar dúvidas dos colaboradores. Esse suporte poderá ser fornecido presencialmente ou a distância a depender da demanda e, se necessário, o responsável pela atualização poderá solicitar reunião para entender as mudanças necessárias.

A seguir, apresentarei o que é necessário para a construção do manual de procedimentos de Talentos Humanos, um importante modelo para quando a empresa já tem um porte considerável.

7. Manual de procedimentos de Talentos Humanos

O manual de procedimentos é tão importante quanto o código de ética e manual de normas de conduta, pois é instrumento valioso para a diretoria e para área de desenvolvimento organizacional para a administração das pessoas no ambiente de trabalho. Além disso, empresas que implantam o manual de procedimento de TH acabam fazendo uma associação com o manual de ética.

O manual de procedimentos de Talentos Humanos visa detalhar cada diretriz apresentada na Política de Gestão de Pessoas detalhada no início do capítulo, fornecendo assim o passo a passo para que os macroprocessos de pessoas sejam operacionalizados com eficiência e eficácia.

O manual instrumentaliza as responsabilidades e tarefas da área de TH (incluindo o departamento pessoal) e proporciona que os colaboradores da empresa tenham maior segurança na convivência empresarial e, consequentemente, maior engajamento. O manual de TH é um instrumento "vivo" que deve ser desenvolvido e atualizado trimestralmente.

São vários os benefícios para a empresa e para os colaboradores quando o **manual de procedimentos de Talentos Humanos** é implantado com assertividade: aproxima a diretoria dos demais colaboradores, todos seguindo o mesmo manual; fornece exemplos valiosos para os recém-contratados; assegura que a Política de GP seja operacionalizada de forma produtiva; traz o sentimento de justiça e meritocracia entre a equipe; regula de forma muito simples assuntos que antes não eram abordados; promove junto aos líderes maior conhecimento do modelo de Gestão de Pessoas.

Como implantar o manual de procedimentos de Talentos Humanos

O objetivo do manual é sistematizar e modernizar os processos de Gestão de Pessoas, registrar a sequência mais adequada para realização de tarefas internas em TH e assegurar para gestores e colaboradores mais transparência nos procedimentos da empresa, no que tange ao trabalho das pessoas.

Para se implantar o manual de procedimentos de Talentos Humanos são necessárias quatro etapas cadenciadas, como apresento na Figura 5.14.

Figura 5.14 Quatro etapas para implantar o manual de procedimentos de Talentos Humanos.

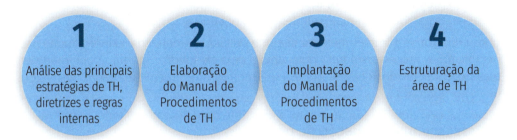

Fonte: Desenvolvida pelo autor.

Etapa 1 – Análise das principais estratégias de TH, diretrizes e regras internas: análise das principais estratégias da empresa para o gerenciamento de pessoas; análise das diretrizes, dos modelos de Gestão de Pessoas e das regras internas que regem o relacionamento e o trabalho; aprovação dos tópicos que integrarão o manual de procedimentos de Talentos Humanos.

Etapa 2 – Elaboração do manual de procedimentos de Talentos Humanos: aprovação dos tópicos do manual com TH e com a diretoria. Os principais processos que fazem parte do manual são recrutamento e seleção, admissão, *onboarding*, treinamento e desenvolvimento, desdobramento de metas, avaliação de desempenho, promoções e transferências.

Etapa 3 – Implantação do manual de procedimentos de TH: a entrega final é um conjunto de fluxogramas dos principais processos, os quais também são chamados de Padrão Gerencial de Processos – PGP, baseado na notação mais aceita mundialmente, o Business Process Model and Notation – BPMN. Em conjunto com o PGP, deve ser descrito o detalhe de cada processo, no que denominamos de Procedimento Operacional – POP; realização de turmas de treinamentos para as equipes que ficarão responsáveis por implantar o projeto com a carga horária recomendada de ao menos quatro horas de treinamento.

Etapa 4 – Estruturação da área de TH e das competências necessárias: em certas ocasiões, a área de Gestão de Pessoas não está preparada com uma estrutura organizacional adequada ou mesmo com todas as competências bem consolidadas para os novos desafios impostos pela criação do manual. Por isso, a estruturação com base nas melhores práticas do mercado visa desenvolver e complementar as competências necessárias para que a área de TH possa exercer um papel mais estratégico, atuando para o sucesso dos objetivos da empresa e realização profissional

CAPÍTULO 5

dos colaboradores. A estruturação da área de TH e das competências necessárias pressupões as seguintes ações: análise dos cargos existentes na área, incluindo sua descrição, responsabilidades, competências e perfil necessário; análise da estrutura organizacional interna de TH e como essa área se reporta na organização; cálculo do dimensionamento correto do número necessário de pessoas para ocupar cada cargo dentro da área de TH; proposição de diferenciação para cada cargo de forma que fique transparente para a organização a atuação de cada profissional de Talentos Humanos; *assessment* com os funcionários internos pretendentes a ocupar os cargos existentes desenhados; treinamento da área de TH nas novas competências necessárias para torná-la mais estratégica na organização.

Uma inciativa de grande importância e que precisa ser realizada rotineiramente nas organizações é o *assessment*, como uma forma de medir o perfil, as preferências e as experiências dos colaboradores para melhor ajustamento ao cargo designado pelas corporações.

8. *Assessment* e avaliação de perfil

O *assessment* é conjunto de técnicas de avaliação que fornece aos gestores informações imprescindíveis sobre a pessoa apreciada, tais como aderência ao cargo e tendências de comportamentos na organização. O *assessment* auxilia a empresa na efetiva gestão do seu capital intelectual e na tomada de decisão quanto à movimentação de pessoas.

Os benefícios gerados para a empresa e para os colaboradores com o **assessment e avaliação de perfil** são: maior consenso entre as características individuais e as necessidades organizacionais; facilitação para um eventual processo de *change management*; auxilia as empresas no estabelecimento de métricas para selecionar, recrutar e avaliar pessoas; proporciona desenvolvimento pessoal; desperta a percepção do colaborador quanto aos pontos fortes e de melhoria; promove subsídios para sessões de *coaching* e *mentoring*; facilita a diminuição dos custos de contratação e de rotatividade; possibilita iniciar o processo de avaliação 360°; o *assessment* fornece bases para os processos de desenvolvimento e de sucessão.

Ferramentas para *assessment*

Podem ser utilizadas diversas ferramentas para *assessment*, como o Dominância, Influência, Estabilidade e Conformidade – DISC, para análise de perfil comportamental visando identificar grau de aderência do colaborador ao cargo, potencialidades e tendências comportamentais, e o *Myers-Briggs Type Indicator* – MBTI, que também possibilita identificar características e preferências pessoais, baseado na teoria de Carl Gustav Jung sobre os tipos psicológicos.

Além do levantamento do perfil, o *assessment* pode levantar questões como aptidão, experiências anteriores, propósitos e valores por meio da entrevista individual em profundidade. Na sequência, aconselha-se a realização de uma reunião devolutiva com a pessoa para apresentar as conclusões do *assessment* e apoiá-la no seu desenvolvimento.

Como aplicar o *assessment*

As etapas, técnicas e ferramentas utilizadas no *assessment* possuem como objetivo gerar um conjunto de informações confiáveis acerca do perfil do colaborador avaliado, permitindo aos gestores a tomada de decisão em relação à carreira dessas pessoas. São exemplos de decisões: definição de competências a serem desenvolvidas, questões ligadas à promoção, manutenção ou não na função, transferência ou plano de sucessão.

Figura 5.15 As três etapas para aplicar o *assessment*.

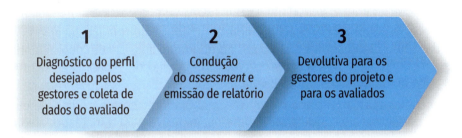

Fonte: Desenvolvida pelo autor.

Etapa 1 – Diagnóstico do perfil desejado pelos gestores e coleta de dados do avaliado: a primeira etapa do projeto é o diagnóstico, que possui como objetivo o levantamento do perfil que os gestores desejam para a função, ou seja, o perfil projetado para o cargo. Na sequência, ocorre a coleta de informações do colaborador avaliado. As principais entregas dessa etapa são: identificação junto ao gestor estratégico e à área de TH do perfil desejado para os cargos avaliados, a fim de se compreender qual a expectativa da organização; análise das descrições existentes de cargos na empresa, observando-se o perfil, escolaridade, responsabilidades e competências esperados para a função; envio para o avaliado de formulário *web* para preenchimento de questões relativas ao seu perfil.

Etapa 2 – Condução do *assessment* e emissão de relatório: a segunda etapa é dedicada à condução do *assessment*, de forma a respeitar a cultura da organização e a pessoa a ser avaliada. Esse é um momento bem delicado no qual um parceiro experiente precisa conduzir o processo com maestria para todos saírem satisfeitos. O que é realizado e as entregas na etapa 2: condução do *assessment* individual, aplicando a metodologia adequada, inclusive acordada previamente com o gestor demandante; entrevista individual para identificação do grau de aderência do colaborador avaliado quanto ao perfil e outros fatores almejados pela organização; emissão do relatório final contendo a análise, por colaborador avaliado, quanto à aderência do que a organização espera do mesmo quanto ao seu perfil, identificação de potencialidades e pontos para desenvolvimento de carreira.

Etapa 3 – Devolutiva para os gestores do projeto e para os avaliados: a etapa final do *assessment* é dedicada à devolutiva individual dos resultados apurados e à construção do PDI. As conclusões do *assessment* poderão ser utilizadas pela organização para promoções, desenvolvimento, transferências, readequações ou plano de sucessão. A etapa de número três apresenta as seguintes entregas: reunião devolutiva com o líder do colaborador avaliado, apresentando o parecer individual do mesmo com o resultado da avaliação; elaboração do PDI, com identificação de *gaps* para serem abordados na reunião devolutiva; devolutiva para o colaborador avaliado, na presença ou não do líder imediato, visando *feedback* do processo, direcionamento de carreira e discussão do PDI; aprazamento das ações de desenvolvimento, visando progressão profissional e adequação às necessidades da organização.

9. Código de ética e manual de normas de conduta

Norma é uma regra. Conduta é um comportamento. A criação do manual de normas de conduta proporciona à empresa organizar num único lugar o que espera dos seus colaboradores quanto aos comportamentos a serem desempenhados internamente e junto aos seus *stakeholders*. O código de ética é um documento integrante do manual de normas e conduta.

Os benefícios para a empresa e para os colaboradores com o código de ética e manual de normas de conduta são inúmeros, inclusive para o mercado: auxilia os gestores a lidarem com questões potencialmente difíceis; regula assuntos emblemáticos na empresa; promove o respeito à diversidade; define responsabilidades e alçadas na companhia; elucida limites e contornos nos assuntos polêmicos para o mercado; colabora para a redução de riscos para o negócio; integra as pessoas com as práticas mais importantes sobre respeito e confiança; eleva o cumprimento de normas de *compliance*.

Como implantar o código de ética e manual de normas de conduta

O objetivo do **código de ética** e do **manual de normas de conduta** que são produzidos em um único documento é realçar e comunicar para os colaboradores e para o mercado os princípios que a empresa possui para lidar com os diversos atores de mercado, como clientes, concorrentes, fornecedores, governo e comunidade, tornando a organização mais transparente e reduzindo os riscos enfrentados por ela.

Figura 5.16 Etapas para implantar o código de ética e manual de normas de conduta.

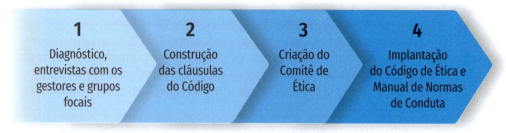

Fonte: Desenvolvida pelo autor.

Modelos e Ferramentas de Gestão de Pessoas e de aprimoramento da Cultura...

Etapa 1 – Diagnóstico, entrevistas com os gestores e grupos focais: a cultura diversificada em nosso país, a precarização do sistema básico de ensino, mudança de estrutura nas famílias e a convivência entre diferentes gerações de trabalhadores são fatores que tornam indiscutível a necessidade de criação de padrões éticos e de conduta elevados nas organizações.

A elaboração do código de ética e do manual de normas de conduta é uma excelente forma de discutir, documentar e disseminar padrões de comportamento produtivos e éticos esperados das pessoas no ambiente de trabalho. A primeira fase do projeto é diagnóstica, na qual são realizados levantamentos por meio de entrevistas e grupos focais dos principais dilemas éticos e condutas indesejáveis, que possam vir a ocorrer na empresa, divididos em 15 categorias:

1. Não discriminação e equidade.
2. Respeito à diversidade.
3. Acesso às informações privilegiadas.
4. Relação com clientes.
5. Relação com fornecedores.
6. Relação com colegas de trabalho.
7. Relação com o governo.
8. Prática anticorrupção.
9. Conflitos de interesse.
10. Atuação dos líderes.
11. Comunicação interna.
12. Controles internos e indicadores.
13. Relações com a concorrência.
14. Utilização de recursos da empresa.
15. Atitudes e comportamentos.

A entrega final da etapa diagnóstica é um relatório que traz a análise das informações levantadas mais um conjunto de dilemas éticos ou de conduta para serem apresentados e discutidos com a diretoria. O documento é entregue e apresentado em forma de *workshop* interativo com os gestores estratégicos e TH a fim de apresentar os resultados do diagnóstico, discutir, sensibilizar sobre mudanças necessárias e pavimentar o início da próxima etapa, que é a construção das cláusulas do código.

Etapa 2 – Construção das cláusulas do código de ética e de conduta: a fundamentação do projeto está na criação das principais cláusulas ligadas a ética e conduta que deverão ser seguidas não apenas por colaboradores, mas também por fornecedores e outros *stakeholders* definidos pela organização. As cláusulas são elaboradas em parágrafos objetivos para que sejam de fácil assimilação na organização.

Logo após a sua construção, devem ser apresentadas para a diretoria com o intuito de servirem de instrumento para dirimir os dilemas éticos da empresa levantados no diagnóstico, bem como reduzir ao máximo as chances de desvios de conduta por parte dos colaboradores e fornecedores.

CAPÍTULO 5

As cláusulas em nível macro aprovadas junto à diretoria darão suporte à próxima fase do projeto, que é de elaboração do texto final. A entrega dessa etapa é um relatório trazendo as cláusulas sugeridas para serem discutidas e aprovadas. Sempre sugiro que o projeto seja entregue e apresentado em forma de um *workshop* interativo com os gestores estratégicos e a área de TH.

Etapa 3 – Criação do comitê de ética: para que as cláusulas sejam bem elaboradas, é necessário que sejam discutidas na organização, por isso, costumo recomendar a criação de um comitê interno de ética na empresa que apoiará a implantação do projeto e, principalmente, que fará a avaliação de situações críticas que possam ocorrer na empresa. O comitê deve ser composto por influenciadores internos, que são reconhecidos como modelo de comportamento na empresa, cuja missão será de fazer o acompanhamento sistemático da implantação do projeto, por meio da identificação dos riscos ou gargalos que possam comprometer a sua aplicação.

Depois do manual implantado, o comitê é capacitado para recebimento e tratamento de casos e denúncias relatados por colaboradores e por clientes. Tais situações podem envolver discussão sobre desvios de conduta, elaboração de pareceres sobre esses casos e encaminhamento para a diretoria ter ciência e decidir. Por isso, é fundamental que seja criado o macroprocesso de trabalho do Comitê e de respectivos limites para o funcionamento deste.

Com a finalidade de desenvolver o comitê de ética para atuar com segurança, haverá um treinamento cujo conteúdo facilitará para esse grupo desempenhar suas funções com energia, frequência e discrição.

Etapa 4 – Implantação do código de ética e manual de normas de conduta: a implantação deve ter como principal fundamento realçar e comunicar para os colaboradores e para o mercado os princípios que a organização possui para lidar com os diversos *stakeholders*, como clientes, concorrentes, fornecedores, governo e comunidade, regulando tais princípios, tornando a organização mais transparente e reduzindo os riscos enfrentados por ela.

Essa etapa é direcionada para o responsável do projeto elaborar o texto final do código, contendo os tópicos priorizados na fase anterior, como, por exemplo, relação com fornecedores, conflitos de interesse, não discriminação, confidencialidade, comunicação com o mercado, utilização de recursos da empresa, relações com colegas, práticas anticorrupção e comunicação interna.

Após a aprovação do texto final, o código entra na fase de *design* que o tornará atraente para leitura e de fácil aprendizado pelos colaboradores. Como uma das ações mais importantes na etapa de implantação, todos os líderes da organização deverão ser treinados para introjetar as novas práticas, multiplicá-las para as equipes e cuidar para o sucesso do código.

10. Revisão da governança corporativa EXGP

Muitas empresas precisam rever como a camada superior de dirigentes (sócios e diretores) está administrando o negócio. Como estão estruturadas as relações de poder?

Modelos e Ferramentas de Gestão de Pessoas e de aprimoramento da Cultura...

Os papéis e responsabilidades de cada sócio ou dos diretores estão muito bem definidos a ponto de evitar conflitos e promover o bom funcionamento do negócio? A comunicação interna coopera para redução de riscos nos processos de trabalho?

Governança corporativa é um tema muito amplo. Contudo, a parte dela, que é objeto do livro que você está lendo, é relativa a aspectos de *Employee Experience*, Gestão de Pessoas e Cultura Organizacional – EX+GP+CO, que atualmente são os mais urgentes a serem revistos.

A finalidade de estruturar ou revisar a **governança corporativa**, no que tange ao gerenciamento de pessoas, é preparar a organização para a adoção das melhores práticas que promovam a perpetuidade e sucesso do negócio, de tal forma a regular como a empresa é dirigida, liderada e controlada.

Rever a governança corporativa é fundamental para definições também de itens emblemáticos, como remuneração dos sócios, pró-labore, comunicação interna, precisão dos indicadores de pessoas, composição do Conselho de Administração e outros. Todos esses norteadores devem ser elaborados, discutidos e aprovados em conjunto com os sócios e/ou a diretoria, conforme a Figura 5.17.

Figura 5.17 Aspectos de governança corporativa mais ligados à EXGP.

Fonte: Desenvolvida pelo autor.

Como tornar a governança corporativa alinhada com o imperativo de criar equipes de alta *performance*?

Para isso, são necessárias várias ações que formam um projeto estruturado com cerca de seis meses de duração na sua fase de definição, podendo durar mais a depender das transformações necessárias. As principais ações para esse projeto estruturante são:

CAPÍTULO 5

» Definição de papéis e responsabilidades dos sócios, diretores e gestores estratégicos no que diz respeito a pactuar entre eles como a organização será dirigida e controlada e o reflexo na liderança de pessoas.

» Proposição dos pilares da governança corporativa EX+GP+CO como conceito guarda-chuva para guiar comportamentos e ações da diretoria perante determinadas situações que influenciam as equipes.

» Especificação das melhores práticas de governança corporativa em relação ao comportamento esperado dos diretores e demais líderes perante situações, como tomada de decisão simples, tomada de decisão complexa, gerenciamento de conflitos com equipes, celeridade nas decisões da organização, processo de escolha de ocupantes para cargos--chave, grau de liderança e poder.

» Especificação de como e quando serão controlados pelos sócios e diretores os indicadores de desempenho da organização.

» Revisão do organograma a partir de *inputs* existentes no planejamento estratégico.

» Revisão e atualização do código de conduta dos sócios.

» Criação de plano de sucessão para suportar as estratégias da empresa para os próximos três anos.

» Definição dos princípios para a criação do conselho de administração, definição de agenda de encontros e participação em reunião mensal como mediador.

» Definição e implantação de uma política de Gestão de Pessoas com a finalidade de assegurar que os dirigentes e colaboradores pratiquem valores como diversidade, equidade, justiça e meritocracia.

» Discussão e pactuação quanto ao processo de remuneração variável.

11. Prevenção e redução de conflitos

Você conhece alguma empresa sem conflitos entre as pessoas? Eu não. O motivo é simples: com o crescimento do acesso à informação e com o convívio cada vez maior de diferentes gerações no ambiente de trabalho, os conflitos surgem e precisam ser tratados, do contrário podem resultar em crises e estas em grandes prejuízos tanto para os colaboradores quanto para toda a companhia.

Os benefícios com a implantação de um projeto de **prevenção e redução de conflitos** são: maior integração da equipe; redução de perda de produtividade; aumento da cooperação; foco no cliente interno; melhoria de liderança; prevenção de novos conflitos; alinhamento da Cultura Organizacional; e redução dos desgastes emocionais.

Além desses benefícios internos, quando implantamos um projeto de prevenção e redução de conflitos temos que ter em mente que deve haver um outro grande beneficiado com essas ações: o cliente externo.

Como implantar a prevenção e redução de conflitos

O objetivo desse projeto não é eliminar os conflitos, até porque eles fazem parte da natureza humana. A meta é minimizá-los ao máximo para que o clima organizacional, a produtividade da empresa e o bem-estar do colaborador estejam em alta.

Figura 5.18 As quatro etapas para implantação da prevenção e redução de conflitos.

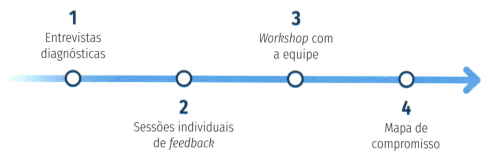

Fonte: Desenvolvida pelo autor.

Etapa 1 – Entrevistas diagnósticas: as entrevistas diagnósticas têm como objetivo levantar, por meio de metodologias específicas, as causas, situações reais, situações desejadas e percepções quanto aos conflitos existentes na equipe; por intermédio desse levantamento individual, com no máximo uma hora de duração, são aferidas a percepção dos colaboradores quanto aos fatores geradores de conflitos; adicionalmente, são realizados grupos focais com os colaboradores para serem entendidos os potenciais motivos que levam a conflitos desnecessários.

Na etapa diagnóstica são mapeadas também as consequências de tais situações que podem estar impactando a equipe, mesmo sem esta perceber. Isso é muito comum. As entrevistas devem ser sigilosas, individuais e conduzidas por pessoas experientes, que devem ser imparciais.

A partir da análise dos dados do diagnóstico, deve ser elaborado um relatório sintético orientando como o assunto deve ser conduzido na empresa. Esse relatório, antes de tudo, deve ser apresentado somente para a área de TH e para gestor principal da equipe diagnosticada, a fim de se discutirem e aprovarem as recomendações.

Etapa 2 – Sessões individuais de *feedback*: após a validação da etapa anterior, deve haver *feedbacks* individuais para os indivíduos mais envolvidos com os conflitos. Essa reunião dever ser conduzida pelo superior imediato, contudo, sendo este preparado previamente por quem realizou o diagnóstico. É possível que este tenha que participar como mediador dessas reuniões, a depender da extensão dos problemas na equipe.

Etapa 3 – *Workshop* com a equipe: o mediador do projeto deve preparar e aplicar uma série de dinâmicas de grupo para que os colaboradores da área afetada

CAPÍTULO 5

sejam grandes defensores da prevenção de conflitos, adquirindo novas atitudes, inclusive técnicas simples para tal prevenção. O sentimento de equipe, de trabalho colaborativo e participativo, com grande engajamento na relação profissional de cliente interno, são foco dessas intervenções. Devemos lembrar que uma das chaves do *Employee Experience* é o destravamento de conflitos entre as pessoas no trabalho.

Etapa 4 – Mapa de compromisso: o mediador deve realizar mais uma sensibilização no grupo, promovendo a assinatura simbólica de um "termo de compromisso" coletivo para que o trabalho da equipe seja produtivo e haja confiança mútua.

Diante da complexidade de planejar e executar projetos estruturantes de *Employee Experience*, Gestão de Pessoas e Cultura Organizacional (EX+GP+CO), como os 11 apresentados neste capítulo, se faz necessária a prevenção contra potenciais falhas que possam ocorrer. Por isso, apresentarei 30 riscos que podem ser evitados nestas inciativas. Trata-se de uma contribuição para o sucesso na implantação dessas frentes de transformação.

30 riscos que podem ser evitados em projetos

Falhas fazem parte do processo de aprendizagem organizacional. Contudo, se elas se repetirem continuamente, representarão grande perda de esforço e de recursos. Além disso, por que não aprender sobre os potenciais riscos antes que a reincidência ocorra?

Em todos esses anos implantando diariamente projetos na área de *management*, pude identificar cerca de 30 riscos que as empresas que recebem essas inciativas podem evitar durante a implantação delas, independentemente do porte ou da quantidade de pessoas envolvidas.

Tais disfunções, com frequência, ocorrem porque os executivos nem sempre tomam decisões para prevenir falhas e gargalos. Vamos conhecer os riscos para evitá-los?

Risco de atrasos no projeto

Prováveis causas
1. Falta de aplicação de metodologias ágeis no projeto.
2. Baixa velocidade das áreas que supostamente deveriam dar suporte ágil.
3. Plano de trabalho com datas muito genéricas ao invés de *milestones* em detalhe.
4. Pouca experiência por parte do condutor do projeto em prever riscos e tarefas interdependentes.
5. Processo complexo de aprovação do projeto, tendo que submetê-lo a muitos decisores.
6. O principal executivo da empresa não consegue alocar tempo para acompanhar.
7. Dificuldade de o gestor responsável em reunir parcerias e mobilizar estruturas internas.
8. Quantidade de pessoas alocadas da empresa aquém da necessidade do projeto.
9. Perfil da equipe do projeto com baixa orientação para resultados.
10. Expectativa incorreta ou em demasia em relação ao escopo do projeto.

Risco de insatisfação com os resultados do projeto

Prováveis causas
1. Erro na definição da equipe interna responsável pelo projeto.
2. Escopo extremamente amplo de projeto, gerando falta de foco.
3. Baixa previsão de riscos e pouca agilidade para contorno de obstáculos.
4. Baixa integração entre as equipes de trabalho.
5. Descuido com o clima de trabalho e com o espírito de equipe.
6. Excesso de otimismo quanto às metas propostas.
7. Por outro lado, pessimismo quanto à conquista de resultados intermediários.
8. Falta de alocação de pessoal operacional para tarefas cotidianas.
9. Gestão executiva do projeto na empresa com estilo demasiadamente autoritário.
10. Gestão do projeto na empresa com estilo passivo e falta de liderança.

Risco de custos do projeto acima do orçado

Prováveis causas
1. Falta de instrumentos para aferição dos indicadores do "estado inicial" do projeto.
2. Demandas em excesso feitas pela área demandante do projeto e aceitas pela equipe.
3. Baixa experiência em gestão de custos do projeto por parte de membros da equipe.
4. Falta de time de *program management* para controlar atividades que geram custos.
5. Não planejamento de compras, minando o poder de negociação.
6. Falta de medição de resultados intermediários do projeto.
7. Dificuldade na alocação de equipe em razão do mercado aquecido.
8. Gastos equivocados em refazer atividades sem planejamento.
9. Adquirir tecnologia antes de mapear jornadas, processos e regras de negócios.
10. Economizar na contratação de consultoria especializada.

Embora estejamos vivendo um *boom* na inovação, planejar e pensar com antecedência prevendo-se cenários prováveis nos projetos é tão importante quanto ser criativo.

Planejar e antever riscos significa prevenir falhas, formular soluções e alcançar melhores resultados. Lembremos que os modelos e ferramentas de Gestão de Pessoas e de aprimoramento da Cultura Organizacional que favorecem o *Employee Experience* são o coração de qualquer empresa. Por isso a necessidade de implantar tais projetos com o correto planejamento, especificação bem feita dos modelos e metodologias ágeis de implantação.

No Capítulo 6, trataremos de um dos projetos mais importantes das organizações que estão revendo seu modelo de *Employee Experience*, Gestão de Pessoas e Cultura Organizacional: como otimizar a Educação Corporativa com Treinamento, Desenvolvimento, *Coaching* e *Mentoring* de seus talentos.

Assista ao vídeo do autor sobre este capítulo

Capítulo 6

Como otimizar a educação corporativa com T&D, *coaching* e *mentoring*, favorecendo o *Student Experience*

> *"A verdadeira educação corporativa ocorre quando a organização estabelece um processo contínuo, vigoroso e planejado de implementação de várias modalidades educacionais fundamentadas em métodos e técnicas de ensino estruturados e motivadores visando o desenvolvimento de competências e a consolidação da Cultura Organizacional".*

Uma das funções mais nobres de qualquer organização é modelar a Cultura Organizacional, preparando seus colaboradores para atingirem a alta *performance*, contudo, respeitando a sua jornada *Employee Experience*. A melhor forma de fazer isso é criar (de maneira estruturada) e aplicar programas de treinamento, *coaching* e *mentoring*, que, juntos, transformam verdadeiramente as competências técnicas, comportamentais e híbridas das pessoas e fornecem uma grande oportunidade para o *board* aprimorar a cultura da empresa.

No entanto, cerca de **60%** das iniciativas das empresas são **inócuas** por tratarem o processo de treinamento de forma rasa e apenas com recursos internos.

Uma empresa que deseja criar diferenciais competitivos e proporcionar experiências gratificantes para os seus colaboradores pode e deve implantar programas de desenvolvimento dentro do modelo de educação corporativa. Um bom ponto de partida é planejar anualmente que ações de desenvolvimento poderão ser aplicadas em forma de trilhas de aprendizagem, juntamente com o oferecimento de *mentoring*.

Lembro que um projeto educacional mal implantado é um grande desperdício financeiro e humano, pois muitas vezes a concepção inicial era viável, atraente e motivadora para a equipe. O que saiu errado? Por que os integrantes do time

CAPÍTULO 6

estavam felizes durante a sua concepção junto a diretoria e depois, na hora de implantar, "tudo deu em água"?

O resultado de um projeto fracassado é devastador não apenas para quem o conduziu como também para a equipe que trabalhou arduamente, e ainda maior para quem financiou. Nos dias atuais, jogar dinheiro fora com projetos educacionais mal implantados é inadmissível.

O poder da educação corporativa de gerar resultados

Costumo separar bem a questão de treinamentos esporádicos que uma empresa realiza para resolver algum problema de curto prazo *versus* a construção de competências que geram resultados e diferenciais competitivos nos médio e longo prazos. Ambos são importantes, entretanto, somente o modelo de educação corporativa é capaz de engajar os colaboradores e conduzir a empresa a multiplicar a quantidade de talentos que lá atuam.

A verdadeira educação corporativa ocorre quando a organização estabelece um processo contínuo, vigoroso e planejado de implementação de várias modalidades educacionais fundamentadas em métodos e técnicas de ensino estruturados e motivadores visando o desenvolvimento de competências e a consolidação da Cultura Organizacional.

Um estudo realizado em mais de 3.100 locais de trabalho nos EUA pelo National Center on the Educational Quality of the Workforce – EQW descobriu que um aumento de 10% no nível de educação da força de trabalho levou a um ganho de **8,6%** na produtividade total. Contudo, um aumento de **10%** no valor dos equipamentos utilizados pelos colaboradores aumentou a produtividade em apenas **3,4%**. Essa é a vantagem de investir na educação corporativa.

Educação corporativa também alavanca as vendas e satisfação dos clientes. Observei que atendentes e vendedores treinados com metodologia de vendas diferenciada podem aumentar as vendas de **12%** a **20%** e a produtividade em mais de **30%**.

Um estudo da American Management Association descobriu que empresas que investem em mais treinamentos após uma mudança relatam um aumento de **63%** na produtividade, **69%** nos lucros e de **74%** na qualidade. Por outro lado, as empresas que não aumentaram a capacitação do seu pessoal após transformações importantes observaram resultados significativamente menores, incluindo aumento de **34%** na produtividade, **40%** nos lucros e de **24%** na qualidade. Ou seja, mudanças podem trazer bons resultados às empresas, mas, se aliadas a um aumento de treinamento e desenvolvimento das equipes, podem alavancar ainda mais.

Uma vez que todas as ações educacionais foram corretamente planejadas, chegou a hora de realizar o treinamento presencial e *on-line* com eficiência e eficácia, resultando em efetividade para colaboradores e organização. Isso significa desenvolver atividades instrucionais com maestria que considero serem honradas e estratégicas. Afinal de contas, educar o ser humano é algo nobre, construtivo e empolgante.

Como otimizar a educação corporativa com T&D, coaching e mentoring, favorecendo...

Para obter resultados no desenvolvimento de pessoas, é importante que os líderes e educadores estejam sempre atualizados quanto ao estímulo certo a ser utilizado no processo ensino-aprendizagem. Apresentarei a seguir o tema metodologias ativas de ensino e como fortalecer o *Student Experience,* ambos indispensáveis para os novos tempos.

Metodologias ativas de ensino favorecem o *Student Experience*

Pratico metodologias ativas de ensino com meus alunos há muitos anos, antes de entrarem na moda. Sou muito grato com os resultados alcançados tanto para ações de desenvolvimento presencial quanto *on-line*. Por isso, gostaria de passar a você essa experiência.

Utilizo **metodologias ativas de ensino** nos treinamentos presenciais e nas formações *on-line* ao vivo, as quais se intensificaram por conta do trabalho remoto. As metodologias ativas apoiam os educadores *on-line* com técnicas e atitudes para ministrarem aulas com excelência, reduzindo o desconforto com a ausência do presencial e captando melhor a atenção dos alunos. É uma forma de aumentar a sensação de **presencialidade**.

A utilização de metodologias ativas de ensino tem como objetivo ampliar os recursos dos educadores quanto ao planejamento e aplicação das aulas, visando o sucesso do processo ensino-aprendizagem. Ou seja, todos ganham: os alunos, o educador e a sociedade.

Além disso, a aplicação desse método fortalece a experiência do aluno, ou, como chamamos, **Student Experience**.

Acredito que todos deveriam conhecer essa forma de ministrar treinamentos. Líderes, educadores e toda equipe de Talentos Humanos precisam constantemente aprimorar suas habilidades no ensino em sala de aula presencial e também *on-line*.

A aplicação deve ser extremamente prática, contando com diversos meios e exercícios vivenciais. As principais metodologias ativas que recomendo para tornarem as aulas presenciais e *on-line* mais dinâmicas e experienciais para os alunos são:

Design thinking – utilização pelo educador como abordagem prática e criativa que objetiva a ideação e resolução de situações complexas pelos alunos e proposição de soluções inovadoras.

Flipped classroom – sala de aula invertida com o intuito de estimular os alunos para a aprendizagem acelerada e experiencial dentro e fora de sala de aula.

Scamper – método para facilitar a ideação e a solução pelo aluno, utilizando o S – *substitute*, C – *combine*, A – *adapt*, M – *modify/magnify*, P – *put it to some other use*, E – *eliminate*, R – *reverse or rearrange*.

Peer instruction – processo de aprendizagem que permite ao aluno aprender também fora de sala de aula. Retira o foco da transferência de informações pelo

CAPÍTULO 6

professor e promove a busca por conhecimento de forma autônoma apoiado em leituras prévias à aula.

***Project based learning* – PBL** – a aprendizagem baseada em projetos proporciona a solução colaborativa de desafios, fazendo com que o aluno desenvolva soluções "mão na massa" em etapas, isto é, em forma de projeto.

Problem based learning – aprendizagem baseada em problemas que foca a solução dos mesmos, levando o aluno a ampliar a sua visão e adquirir novas atitudes diante das situações.

Storytelling – ministrar aulas com uma narrativa envolvente e adequada ao público, contando com recursos de nossos ancestrais, que somente tinham a narrativa de contar histórias como forma de passar experiências para os mais novos.

Estudo de caso – construir casos de situações reais, trazendo o aluno para o papel de construtor da solução ou decisor. Esse é um importante instrumento para tornar o ensino mais ativo.

Seminário – grupos de alunos são formados com uma tarefa específica, e a turma é orientada a fazer questionamentos e avaliações durante as apresentações.

Dramatização – o método de ensino com o uso da dramatização é rico em criar situações como a negociação de algo ou a prática do *feedback* FeedMentor 20 minutos.

Demonstração, ilustração e exemplificação – métodos que levam o aluno a utilizar termos adequados em sua comunicação e a representar melhor suas ideias.

Dinâmica de grupo – desenvolvimento e aplicação de atividades lúdicas que visam tornar a aula mais motivadora e experiencial.

Aula dialogada – o professor como mediador, utilizando métodos como *rapport* e perguntas poderosas visando estimular o aluno a pensar e a questionar o objeto de estudo e não apenas receber passivamente informações do docente.

Metodologias ativas de ensino não devem ser utilizadas para enaltecer o educador, mas para favorecer o *Student Experience*.

A seguir apresentarei um manifesto que criei como um guia para todos nós, educadores, que precisamos não apenas focar no conteúdo mas também na experiência dos alunos, seja numa empresa ou numa instituição de ensino. Se estamos focados no *Customer Experience* e no *Employee Experience*, precisamos também respeitar a jornada de aprendizado dos alunos.

O manifesto Student Experience

Estamos não apenas na era do *Employee Experience*, como também na era do *Student Experience*!

Há algum tempo, tive a ideia de escrever o *Manifesto Student Experience*, porque, além de dar aulas, também as assisto regularmente. Tenho como meta estudar todos os dias, às vezes com mais intensidade, às vezes com menos, porém, diariamente.

Como otimizar a educação corporativa com T&D, *coaching* e *mentoring*, favorecendo...

Nunca parei de estudar!

Esse pensamento crítico como aluno só me ajuda a ser um melhor educador e procurar melhorar a cada aula. Uma reflexão: será todos educadores não deveriam fazer essa mesma reflexão?

Aproveitei o meu novo livro sobre *Employee Experience* e incluí o tema de *Student Experience*, em homenagem aos educadores e alunos de todo país, sejam eles de corporações ou da academia.

Como proporcionar melhores experiências para os alunos, ajudando-os a aprenderem mais e a se sentirem mais gratificados com as aulas? Como ajudar aos educadores a serem ainda mais relevantes para os alunos e assertivos no processo de ensino?

Este capítulo tem essa missão.

Um grande desafio, não?

Uma situação recorrente é os **instrutores empresariais** e **professores acadêmicos** se deparem com adultos pouco interessados e distraídos com o excesso de tecnologia e de reuniões.

Outros alunos, de forma mais explícita, podem desenvolver maior resistência não apenas ao conhecimento como também à figura do educador, o que pode desencadear um silencioso jogo em que o placar será o zero a zero educacional.

Esse comportamento está relacionado também com o fato de a experiência do aluno não estar sendo ativada pelo educador, o que pode gerar mais desinteresse na aula. Uma excelente estratégia é o educador cultivar o *Student Experience*.

Defino o *Student Experience* como:

> **Student Experience** é o conjunto de experiências proporcionadas pelos professores e demais profissionais do ensino acadêmico e empresarial que respeitam os valores dos alunos e consideram as emoções deles em todos os momentos de sua jornada de aprendizagem, desde o momento da inscrição, no planejamento das aulas, durante as aulas e nas atividades pós-ensino. O *Student Experience* deve ser tão valorizado pelos educadores quanto o *Customer Experience* é por marketing e o *Employee Experience* pela área de Talentos Humanos.

Portanto, um professor acadêmico ou um empresarial jamais poderá se orgulhar de que ensinou alguém, se não houver aprendizagem por parte dessa pessoa. Ou seja, vale a lei universal de quem atua na educação: só existe ensino se há aprendizagem!

Assim, recomendo fortemente para os profissionais que atuam em educação corporativa e no ensino acadêmico que não desprezem esses sinais e reflitam sobre o *Manifesto Student Experience*, no qual apresento em 12 tópicos.

CAPÍTULO 6

Figura 6.1 *Manifesto Student Experience* para educadores empresariais e de instituições de ensino – como proporcionar experiências gratificantes para os alunos.

MANIFESTO *STUDENT EXPERIENCE* PARA EDUCACORES EMPRESARIAIS E DE INSTITUIÇÕES DE ENSINO

Como proporcionar experências gratificantes para os alunos

1. O *Student Experience* deve ser tão valorizado pelos educadores quanto o *Customer Experience* é por marketing e o *Employee Experience* por Talentos Humanos.
2. Durante a aula, professores que focam demasiadamente no seu próprio sucesso alimentam o ego ao invés de transformarem os alunos.
3. O método de ensino eficaz, se mal escolhido pelo professor, pode desetimular completamente o aluno, causar grandes estragos na turma e evasão.
4. O ambiente de sala de aula físico ou *on-line* pouco acolhedor é tão ineficaz quanto um péssimo método de ensino.
5. Um educador que não se atualiza em termos de metodologias ativas de ensino e *design* instrucional não contribui para aprendizagem eficaz de seus alunos.
6. A facilidade de aprendizagem do aluno é sempre individual, por isso, os educadores devem prestar atenção às pessoas e não as rotular.
7. Um aluno que demonstra certa dificuldade de aprendizagem não é menos inteligente do que outro.
8. Confundir transtorno de atenção do aluno com desinteresse pela matéria é prerrogativa de professores com dificuldade de desenvolver empatia.
9. Expor alunos com dificuldades, fazendo perguntas em público que possam constrangê-los só piora a situação deles para aprendizagem.
10. Valorizar excessivamente poucos alunos durante a aula em detrimento da turma é uma forma de o educador usar uma bengala emocional.
11. Ministrar aulas longas apenas expondo informação de forma verborrágica é passar um atestado de que prefere a memorização ao invés da transformação do aluno.
12. Três tipos de competência definem os melhores educadores. A competência da matéria que está sendo ministrada, a competência de educar motivadoramente e a competência de acolher as emoções dos alunos.

Fonte: Desenvolvida pelo autor.

A intenção de apresentar o *Manifesto Student Experience* para quem trabalha com educação corporativa e para quem trabalha na academia é servir de reflexão para o aumento do engajamento dos alunos em ações de desenvolvimento *on-line* e *off-line*.

Educação corporativa requer cadência, método e pessoas na organização capazes para essa importante estratégia de *Employee Experience* e Gestão de Pessoas. A seguir, apresentarei a metodologia completa para implementação de T&D.

Metodologia completa para implantar Treinamento e Desenvolvimento presencial e *on-line*

Você já deve ter percebido nos capítulos anteriores que não gosto de tocar numa informação e deixá-la genérica. Tenho o hábito de apresentar para o leitor não apenas "o que" pode ser feito, mas também "como" fazer, pois acredito que esse seja um dos diferenciais do livro perante os demais do segmento. Assim, posso estar mais próximo de contribuir para o dia a dia das pessoas que querem entender *Employee Experience* e praticá-lo.

Posso dizer para você que é muito gratificante encontrar clientes, leitores e alunos praticando aquilo que aprenderam, e não apenas memorizando a informação que receberam. Acho que isso explica a resposta carinhosa dos meus leitores, dos meus outros livros, *Treinamento e Desenvolvimento com Foco em Educação Corporativa* e *Gestão do Relacionamento e Customer Experience*, se tornaram muito bem-sucedidos da categoria.

Voltemos para a questão de "como" implantar treinamentos estruturados de forma a aumentar o **C.H.A.R.** dos profissionais e também proporcionar experiências gratificantes para eles, conforme Figura 6.2.

Figura 6.2 Sequência completa de 12 passos para implementação de T&D presencial e *on-line*.

Fonte: Desenvolvida pelo autor com base em Madruga (2018).

CAPÍTULO 6

Vamos ao detalhamento dos 12 passos:

1. Diagnóstico de necessidades de T&D – DNT

Para capacitar adequadamente as equipes, se faz necessário conhecer quem será treinado, o perfil e os hábitos dessas pessoas. Isso inclui identificar escolaridade, faixa etária, formação, tempo de empresa, necessidades atuais, pontos fortes, pontos fracos, expectativas com o treinamento, processo de trabalho, principais entregas da área em que a pessoa trabalha e qual seu desafio na empresa. Será igualmente importante conhecer a *performance* das pessoas na competência a ser desenvolvida.

Além de informações das equipes a serem capacitadas, no DNT será importante levantar questões ligadas à organização, tais como resultados de negócios, objetivos de mercado, estratégias corporativas e necessidades dos gestores estratégicos, conforme apresentei num capítulo exclusivo dedicado ao Diagnóstico DNT no livro *Treinamento e Desenvolvimento com Foco em Educação Corporativa*.

2. Definição da trilha de desenvolvimento e do conteúdo programático

Etapa de suma importância, pois o diagnóstico apontará um conjunto de competências a serem capacitadas. Será imprescindível que a trilha de desenvolvimento projetada leve em consideração o sequenciamento adequado dos módulos de treinamento presenciais e *on-line*, de forma que o programa seja atrativo, transformador e encorajador.

O conteúdo programático é a abertura necessária dos módulos recomendados, modalidade educacional escolhida e carga horária.

3. Calendarização dos treinamentos presenciais e *on-line*

A correta calendarização deve envolver a disponibilidade não apenas das pessoas como também a dos recursos e local, e plataforma *on-line* de instrução. Deve-se tomar cuidado redobrado para não marcar as capacitações em datas que prejudiquem a empresa, como fechamento do mês e mudanças organizacionais.

Nessa etapa são conversados com a organização alguns dilemas, como, por exemplo: o treinamento deve ser realizado dentro do horário de trabalho dos colaboradores ou em finais de semana? A carga horária do treinamento deve ser consecutiva ou alternada em dias de semana? Essas e outras questões são planejadas nesta etapa.

4. Elaboração do plano de aula

O plano de aula é a espinha dorsal da ação de desenvolvimento, seja ela presencial ou *on-line*, pois muitos instrutores, por mais experientes que sejam, podem "errar a mão", "atropelando" os alunos com excesso de conteúdo, ou, ao contrário, demonstrando incompletude.

Como um bom instrumento de planejamento para os educadores, o plano de aula deve conter as seguintes informações: nome do módulo, conteúdo descrito em forma de *timeline*, recursos instrucionais que serão utilizados e intervalos do treinamento.

5. *Design* instrucional com metodologias ativas de ensino

Uma vez que o nome do módulo, as competências, os objetivos instrucionais e o conteúdo programático foram aprovados com a área demandante, se faz necessário um trabalho especializado de preparação do material didático, incluindo *slides*, cenas de EaD e também as atividades instrucionais.

Já que o plano de aula na etapa anterior citou genericamente os recursos instrucionais, agora será a hora de detalhar como eles serão. Nesse momento aplicam-se as técnicas de *design* instrucional e de **metodologias ativas de ensino**. Por exemplo, se o grupo a ser treinado for composto de executivos, podem-se incluir atividades como resolução de problemas, estudos de caso, sensibilização para mudanças e desafios. A utilização de metodologias ativas faz toda diferença nesse caso.

6. Definição dos professores e tutores

Essa tarefa é mais importante do que imaginamos, pois requer um cuidado especial. A escolha das pessoas que colaborarão para o sucesso dos treinandos deverá considerar não apenas suas competências educacionais, mas também se seu conhecimento e perfil estão adequados ao público.

Não deve haver dissonância, isto é, se o grupo necessita de professores mais técnicos, convém não alocar instrutores puramente relacionais. No caso de EaD, a definição do tutor deverá levar em consideração não somente a competência na disciplina, como também o seu perfil de interação com os alunos. Para **treinamentos *on-line* ao vivo** se faz necessário um cuidado adicional: um professor que já tenha sucesso no ensino nas plataformas ao vivo e tenha um excelente desempenho em motivar os alunos a se concentrarem nas aulas.

7. Preparação dos instrutores e tutores

Os professores não podem iniciar as aulas desavisados quanto à realidade da empresa, dos alunos e do mercado que os cerca. Será necessário muni-los de informações sobre a turma e alunos, características regionais, mercado em que atua a empresa, produtos e serviços, cultura da organização, dicas de apresentação pessoal, postura desejável, abertura e fechamento do treinamento e controles.

É importante também o professor ser objetivamente informado para não fazer marketing pessoal. Além disso, capacitar o instrutor a utilizar com mestria o conteúdo preparado para a aula. Para situações de treinamento *on-line* ao vivo, o professor precisa ser capacitado na plataforma que será utilizada, sabendo manejar tais recursos.

CAPÍTULO 6

8. Infraestrutura de treinamento

Se o treinamento planejado for presencial, será importante preparar a infraestrutura para receber com conforto os alunos e o instrutor. A infraestrutura é formada pelo conjunto de mesas, cadeiras, *flipchart*, projetor, computador, acessórios, formulários, microfone, atividades, *post-its*, temperatura adequada e tudo que for necessário para funcionamento harmônico da sala de aula, proporcionando bem--estar aos participantes.

Providenciar a estrutura correta é o primeiro passo, e o segundo é cuidar da disposição certa dos participantes. A arrumação dos assentos na sala é mais estratégica do que parece. Se for necessário maior interação entre os participantes, dou preferência para que se sentem dispostos em mesas redondas com cinco ou seis alunos.

Se o treinamento for *on-line*, a infraestrutura necessária será o correto funcionamento do *Learning Management System* – LMS, a carga de dados nesse sistema, o desenvolvimento de conteúdo no padrão *on-line* e a ambientação dos participantes com o ensino a distância – EaD.

Se a aula for *on-line* e ao vivo, será necessário cuidar de elementos importantes que precisam estar bem dimensionados, como microfone de alta fidelidade, *webcam* com resolução HD ou superior, iluminação adequada e redundância de internet banda larga.

9. Aplicação do treinamento com metodologias ativas de ensino

Embora esteja resumido aqui, a realização da capacitação é uma tarefa extremamente complexa que exige maestria. Muitas vezes, gastamos semanas com o planejamento, com o *design* instrucional do material didático para a aplicação de um breve treinamento de oito horas de duração. Parece injusto, mas não é, pois o resultado obtido com a instrução terá valido a pena.

Cada vez mais aplico **metodologias ativas de ensino**, e isso tem feito um grande diferencial entre os alunos, que ficam mais entusiasmados com a aprendizagem e retêm melhor o conteúdo.

10. Certificação dos alunos

Após o treinamento, será o momento de confeccionar o certificado para o aluno que realizou a capacitação presencial ou *on-line*. Existem alguns tipos de certificação para o conhecimento dos profissionais de T&D. O primeiro é relativo à participação do aluno na aula, que, para obter o certificado, precisa cursar no mínimo 75% da carga horária.

O segundo tipo de certificado diz respeito ao aprendizado, isto é, a instituição pode ajudar a medir se o aluno reteve o conhecimento ministrado. Podem ser feitos testes de conhecimento ou *quizzes* para apurar o grau de acerto. A certificação de um curso livre poderá ser em relação à proficiência alcançada pelo aluno em termos da prova de conhecimento.

Como otimizar a educação corporativa com T&D, *coaching* e *mentoring*, favorecendo...

11. Ações pós-treinamento

Chamo essa fase também de "sustentação do aprendizado", pois esse é um importante compromisso que o treinando deve assumir consigo mesmo, visando reter o conhecimento e galgar um grau a mais na competência.

Essa tarefa se dá logo após a realização do treinamento, pois se faz necessário apoiar os alunos a aumentarem a retenção do conhecimento adquirido para colocá-lo em prática. Esse é um dos motivos por que acrescentei mais uma letra ao famoso e tradicional C.H.A. (conhecimento, habilidade e atitude), incluindo o "R" de *resultados* para garantir que todo C.H.A.R. seja orientado para o êxito do colaborador e da organização, que juntos irão se unir para colocar em prática a competência desenvolvida. Lembro que competência que não é praticada é uma competência "estacionada"; é, portanto, custo e não investimento.

Alguns exemplos de ações pós-treinamento que aplicamos são testes de conhecimento, "visitas" *on-line* do instrutor, cliente oculto, *miniworkshops* para retenção do aprendizado, desenvolvimento de projetos, *games*, questionários *on-line* e envio de pílulas de conhecimento.

12. Análise e registro dos resultados

Existem dois tipos de registros de resultados que podem integrar o fechamento da ação educacional. O primeiro é rodado durante a própria aula: lista de presença e avaliação de reação do aluno. Dentro da avaliação, recomendo incluir algumas perguntas, conforme o exemplo apresentado na Figura 6.3, incluindo *Net Promoter Score* – NPS do aluno.

Além da satisfação e do engajamento do aluno, são levantadas questões quanto aos diferenciais de quem capacitou e sobre os novos treinamentos desejados.

O segundo tipo de registro de resultados ocorre após a ação educacional, visando basicamente efetuar medições de resultados e tendências para as próximas capacitações. Exemplos de informações que podem fazer parte do relatório:

» Evolução dos indicadores da área.

» Notas da prova de conhecimento.

» Satisfação dos líderes com os resultados do treinamento.

» Conclusões do treinamento.

» Recomendações de novas capacitações.

» Impressões do instrutor quanto ao interesse demonstrado pela turma.

Será importante que o profissional estabeleça quais indicadores serão medidos e que ele efetivamente divulgue os resultados. Também sugiro incluir o tópico *lessons learned*.

CAPÍTULO 6

A seguir, apresentarei a técnica de *design* instrucional que contribui para o *Student Experience*.

O *design* instrucional moldando o *Student Experience*

Para tornar o processo de educação corporativa mais aderente ao *Employee Experience* e ao *Student Experience*, será importante adotar o *design* instrucional – DI. Aliás, metodologia ativa de ensino combina bem com o DI.

Para o ***design* instrucional**, ou mais amplamente *design* educacional, de nada adianta um professor performático sem um conteúdo relevante; de nada serve selecionar instrutores brilhantes se o conteúdo for pobre e não fizer sentido para o aluno; um bom conteúdo sem o devido cuidado com o sequenciamento é igualmente desastroso.

Design instrucional não é projeto, mas uma forma produtiva de educar as pessoas, num mundo tão assoberbado de informação.

Defino ***design* instrucional** como:

> O *design instrucional* é uma metodologia multidisciplinar para ser aplicada em projetos educacionais de qualquer porte, visando garantir a qualidade, o desempenho do ensino e experiências gratificantes para os alunos. O processo do ***design instrucional*** inicia-se na análise de necessidades contidas no Diagnóstico de Necessidades de Treinamento – DNT e vai até a elaboração de conteúdos e atividades instrucionais de impacto para situações presenciais ou *on-line*.

O escopo do *design* instrucional envolve trabalhar a textualidade do conteúdo do treinamento, aplicar a sequência correta desse conteúdo, discutir a melhor técnica de ensino, aplicar o *storytelling* e o *design* gráfico com o objetivo de promover a boa experiência de aprendizagem do aluno. Portanto, forma e conteúdo.

Figura 6.3 O escopo de *design* instrucional.

Fonte: Adaptada pelo autor com base em Madruga (2018).

Apresentarei a seguir alguns modelos de *design* instrucional que podem ser perfeitamente aplicados a projetos de educação corporativa e que trazem bons resultados à experiência dos alunos.

O modelo Dick e Carey

De autoria de Walter Dick e Lou Carey, esse método é um verdadeiro sistema baseado em instruções para a elaboração de treinamentos. Com grande relação entre todos os elementos, como conteúdo, educador e contexto, as fases ocorrem de forma paralela e estão sempre se renovando. O esquema apresentado na Figura 6.4 facilita a visualização dos passos.

Figura 6.4 Modelo de *design* instrucional de Dick e Carey.

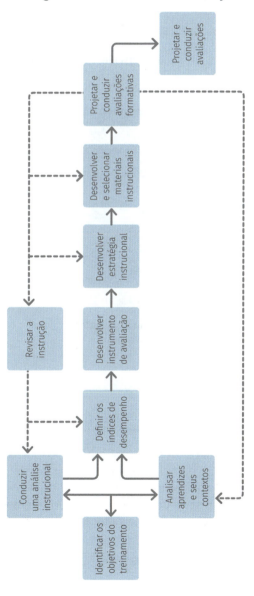

Fonte: Adaptada pelo autor com base em Dick, Carey e Carey (2009).

CAPÍTULO 6

Modelo de *design* instrucional de Kemp

O método proposto por Jerold Kemp é composto por nove atividades centrais, que devem ser constantemente assessoradas pelo planejamento, *design* e desenvolvimento para serem efetivas. Essa natureza confere o formato oval do modelo, obrigando uma expansão do papel do educador para todas as áreas da implementação. A Figura 6.5 apresenta o modelo.

Figura 6.5 Modelo de *design* instrucional de Kemp.

Fonte: Adaptada pelo autor com base em Dick, Carey e Carey (2009).

Modelo de quatro níveis de Kirkpatrick

Reunindo uma série de artigos de sua autoria para periódicos voltados à gerência de treinamentos, Donald Kirkpatrick foi capaz de criar um modelo instrucional próprio após aprofundar seus conhecimentos e ideias já expostos. Seu livro *Evaluating Training Programs* foi responsável por expor ao mundo seu modelo de quatro níveis de avaliação de treinamento, um dos mais utilizados pelos setores de TH e de treinamento em escala mundial.

Trata-se de um modelo piramidal interessante.

Figura 6.6 Modelo de quatro níveis para a avaliação de treinamento de Kirkpatrick.

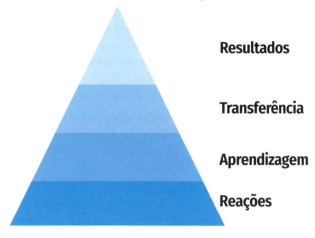

Fonte: Adaptada pelo autor com base em Dick, Carey e Carey (2009).

As fases de Kirkpatrick podem ser facilmente compreendidas pelas suas denominações. Percorrendo-as de forma crescente, medir as reações dos aprendizes em relação ao treinamento é a base do seu sucesso. Em seguida, projetar quais conhecimentos e como serão passados pelo conteúdo do desenvolvimento. A terceira fase, de transferência, é uma verdadeira ponte entre a aprendizagem e os resultados, ao observar como o comportamento do aluno será afetado pelas novas habilidades. Por último, o resultado mensura os impactos no ambiente de trabalho e nos negócios.

No mundo empresarial, muitas vezes o processo de desenvolvimento, por incrível que pareça, não chega ao CEO e aos demais diretores, que não têm tempo para frequentar treinamentos estruturados que ocorrem para suas equipes. Isso é uma pena!

Uma das soluções para esse *gap* é o *coaching* e a mentoria de executivos. Com base nessas sessões que conduzo, preparei o conteúdo a seguir.

Mentoring para CEO e diretores

O processo de mentoria individual para CEOs e diretores é muito diferente do *coaching* que será abordado logo em seguida. Enquanto este objetiva metas específicas de ganho de competências e, por isso, estipula uma quantidade de cerca de dez sessões por habilidade a ser trabalhada, o **mentoring** possui um cunho mais estratégico e aconselhador.

CEOs e diretores, ao chegarem ao topo de suas carreiras, se deparam com situações complexas sobre as quais precisam tomar decisões assertivas, contudo, nem sempre podem compartilhar todas as situações com sua equipe ou mesmo solicitar a contribuição deles para a melhor escolha, até porque a equipe pode ser a parte interessada da solução.

CAPÍTULO 6

Outra diferença entre os dois processos é que frequentemente, nas sessões, o profissional de *coaching* instiga o *coachee* a achar por si mesmo as soluções. Já o mentor assume um papel adicional de conselheiro com grande experiência, apoiando o CEO no discernimento dos melhores caminhos.

Para tanto, o processo de **mentoria** pressupõe forte experiência executiva e acadêmica do mentor quanto ao objeto da mentoria, não apenas instigando seu cliente na busca das soluções.

Muitas vezes, o mentor apoia o mentorando na escolha do melhor caminho e no aumento do seu capital intelectual a partir da sua experiência e conhecimento de métodos. O mentor é, acima de tudo, um parceiro para ajudar o outro a resolver problemas, descobrir oportunidades ou ambos.

Objetivo da mentoria

O objetivo do trabalho de mentoria é apoiar o executivo a galgar níveis mais elevados de *performance* e competência em relação ao tema escolhido. A mentoria é aplicada de forma a apoiar a pessoa que está no topo da organização a ser um profissional ainda mais estruturado, contribuindo para o seu crescimento profissional e pessoal.

Benefícios com a mentoria

Aprofundamento no conhecimento do tema da sessão, maior segurança do executivo para tomada de decisão, inclusive maior assertividade no caminho escolhido. Além disso, talvez um dos maiores ganhos seja de o diretor contar com um parceiro, que está comprometido com o seu sucesso, servindo como uma espécie de companhia para os momentos mais difíceis.

Ingredientes para a mentoria

Os ingredientes utilizados pelo mentor para as sessões serem bem-sucedidas são os seguintes:

- » O relacionamento entre o mentor e o mentorando deverá ser baseado em confiança.
- » Haverá total confidencialidade por parte do mentor quanto às informações tratadas com seu cliente.
- » O mentor deverá utilizar toda sua experiência para apoiar seu cliente na tomada de decisão e na condução de projetos.
- » As sessões precisam durar pelo menos uma hora, de modo a haver tempo para o assunto amadurecer.
- » O sucesso do executivo e da empresa que ele dirige será o foco central das sessões.

O processo de mentoria

As sessões de mentoria podem variar de método a ser aplicado pelo mentor. Dentro de uma sessão, essa é a sequência que apresento na Figura 6.7.

Figura 6.7 Sequência para a aplicação de uma sessão de mentoria.

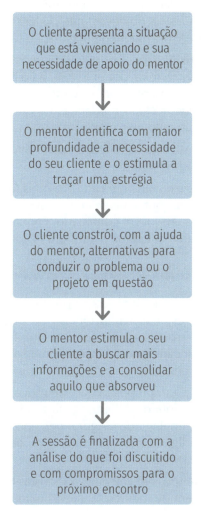

Fonte: Desenvolvida pelo autor.

Outro ponto de vista interessante é que o mentor pode participar mais ativamente dos negócios do cliente e, em certas ocasiões, frequentar as reuniões de *staff* com a finalidade de compreender melhor o cenário da empresa e apoiar ainda mais o mentorando. Nesse caso, essas participações contam, em termos de orçamento, como sessões realizadas.

Mentoria para desenvolvimento e mentoria reversa

O processo de mentoria requer o acompanhamento individual ou em grupo para que as pessoas possam desenvolver seus conhecimentos, habilidades, atitudes e resultados – C.H.A.R. em competências técnicas ou comportamentais.

CAPÍTULO 6

Para que o processo tenha êxito, é importante que a metodologia seja profunda e participativa, auxiliando o colaborador a galgar níveis mais elevados de qualidade e *performance* em relação a seus objetivos, que podem ser: mudança de carreira, aumento de negócios, desenvolvimento de liderança e tomada de decisão.

As sessões de *mentoring* auxiliam pessoas e equipes a crescerem profissionalmente e pessoalmente. No caso da carreira, por exemplo, há o trabalho em conjunto com o executivo para auxiliá-lo a descobrir um novo sentido para seu trabalho atual. O *mentoring* dessa forma pode acelerar mudanças na trajetória da carreira de uma pessoa, mesmo sendo ela um alto executivo.

Contudo, para que o processo seja benéfico, é imprescindível que haja uma grande parceria entre o mentor e o mentorando.

Além de mentoria para alto executivos, é cada vez mais frequente a mentoria reversa, na qual uma dupla se ajuda mutuamente no desenvolvimento. Um diretor poderá ser o mentor da carreira de um jovem contratado, enquanto este poderá auxiliar o executivo a operar com maior facilidade a transformação digital, por exemplo.

Multidisciplinaridade torna o mentor mais preparado

Acredito que um profissional que possui o propósito de transformar pessoas e negócios não pode parar de estudar, tendo inclusive a obrigação de buscar novos conhecimentos. Cada vez mais, surgem inovações na fronteira do *management*, e, por isso, temos que ser incansáveis na busca por absorver métodos e, com isso, atuar na transformação de pessoas.

Transformar pessoas! Esse é um propósito que me move a criar e a escrever, compartilhando com as pessoas aquilo que aprendi na academia e, principalmente, na prática de muitos projetos implantados. Agora, percebo que essa inquietação por novos conhecimentos está ligada à minha vontade de descobrir novas respostas e de ajudar meus alunos e clientes.

Sempre acreditei que no futuro, em vez de especialistas ou generalistas, as empresas e instituições precisariam de multiespecialistas para resolverem questões mais complexas.

Não deu outra: o mundo está cada vez mais complexo. **Multidisciplinaridade** é a bola da vez!

Vejam o que a pandemia fez. Materializou de fato o mundo V.U.C.A., acrônimo que antes era teórico. Agora, a volatilidade, a incerteza, a complexidade e a ambiguidade são o dia a dia das empresas e das pessoas que lá trabalham, deixando os líderes atordoados e a Cultura Organizacional desajustada.

O mercado clama por líderes profissionais que invistam em *Employee Experience*, Gestão de Pessoas e Cultura Organizacional e que estejam mais adaptados para lidar com esse novo cenário. O mundo da incerteza e da complexidade, mas que nos apresenta determinados paradigmas que estão aí para serem entendidos e aproveitados. Um dos maiores é o mundo da *experiência humana*, que reforça a

Como otimizar a educação corporativa com T&D, *coaching* e *mentoring*, favorecendo...

necessidade de nos tornarmos especializados em vários campos de conhecimento complementares.

O *mentoring* é uma competência nobre e transformadora em sintonia com tudo que está ocorrendo à nossa volta. As sessões são realizadas constantemente e na dose certa, fazendo com que o mentor e o cliente trabalhem continuamente, conquistando cada passo dado. É como se fosse uma escalada numa montanha desafiadora, contudo, por uma trilha segura e em boa companhia.

Quem pretende se especializar nessas competências deve ficar atento para a necessidade de formação multidisciplinar em várias áreas de conhecimento. O motivo é simples: os clientes que procuram esse serviço quase sempre apresentam necessidades de mudança que requerem um olhar mais sistêmico, isto é, mais completo de suas vidas e empresas. Daí, aconselho que os profissionais busquem formações e experiências complementares e não se bastem com a certificação inicial.

A multidisciplinaridade é bem-vinda no processo de *mentoring*, e a minha recomendação é que pessoas excessivamente técnicas devem procurar especialidades em Gestão de Pessoas e *Employee Experience* a fim de complementarem sua visão sobre o ser humano. O mesmo deve ocorrer com mentores mais intuitivos, que devem conhecer melhor metodologias e técnicas, não utilizando somente a contemplação.

A mentoria como ferramenta de desenvolvimento

A cada dia que passa, me surpreendo com a capacidade de mudança do ser humano, mesmo aqueles que se dizem com dificuldade para modificar hábitos. O *mentoring* é uma importante metodologia ligada ao processo de educação corporativa que facilita tais mudanças.

Existem muitas ferramentas de desenvolvimento que alavancam verdadeiramente a carreira das pessoas nas empresas, contribuindo para aumento das competências organizacionais. Treinamentos estruturados realizados com instrutores experientes e com metodologia moderna são tão potentes quanto programas de *mentoring* realizados por profissionais externos experientes. A escolha da ferramenta certa deverá ser baseada em:

» Investimento disponível.

» Quantidade de participantes.

» Intensidade da mudança pretendida.

» Necessidade das equipes.

O *mentoring* é uma solução robusta para os casos de desenvolvimento intensivo de indivíduos ou grupos, isto é, quando a empresa e o próprio trabalhador necessitam de mudanças profundas e sustentáveis nos comportamentos e habilidades para que o colaborador desempenhe suas funções com maior competência. Assim, os benefícios não serão apenas para a empresa, mas também para a carreira do profissional.

CAPÍTULO 6

Existem várias formas de apoiar a transformação de pessoas, sendo o *mentoring* muito eficaz por unir três elementos estratégicos: tempo, dedicação e foco.

Esse trinômio, quando exercido pelo mentor, é capaz de trazer à tona questões do cliente que precisam ser trabalhadas, aprofundar a discussão, elaborar alternativas e apoiar a aplicação delas por ele.

A metodologia para o *mentoring* não pode ser rasa, e sim profunda. Deve ser moderna e participativa, auxiliando o cliente a realizar conquistas pessoais e profissionais.

Diferença entre *mentoring* e *coaching*

Mentoring e *coaching* convergem no objetivo: o sucesso do cliente, seja este ganho pessoal ou profissional. Contudo, a diferença entre ambos se dá na estratégia, isto é, o caminho por onde cada metodologia irá alcançar êxito.

Uma diferença importante entre a mentoria e o *coaching* pode ser percebida no seguinte diálogo entre uma cliente e o profissional que a está atendendo. O tema da sessão é liderança.

O cliente pergunta ao profissional: "Seria melhor eu transferir o colaborador fulano para outra área, já que não consigo mais trabalhar com ele?". O *coach* responderia da seguinte forma: "Ao invés de eu te dar a resposta, que tal você preparar para a semana que vem uma lista de alternativas sobre como lidar com essa pessoa?". O mentor teria uma abordagem mais pragmática: "Quais são os prós e contras, os ganhos e perdas dessa decisão?".

Como visto, na mentoria, provavelmente o cliente tomaria a decisão durante a própria sessão, apoiado pelo mentor, que poderia, inclusive, aconselhá-lo sobre o caminho de menor risco.

Minha definição para **mentoria** é:

> **Mentoria** é uma aliança na qual o mentor utiliza sua experiência, competências multidisciplinares e sagacidade com o objetivo de apoiar e aconselhar seu cliente em várias direções, como crescimento profissional, tomada de decisão e ganho de resultados organizacionais. A mentoria pode ser realizada individualmente, em dupla ou em grupos fechados, podendo ser focada na carreira da pessoa, em modelos de gestão, nos negócios ou em inovação.

Os objetivos trabalhados no *mentoring* podem ser, por exemplo, mudança de carreira, aumento de negócios, melhoria de qualidade da tarefa, desenvolvimento de liderança, *Employee Experience*, ganho de produtividade e muitas outras competências estratégicas. Na Figura 6.8 apresento esquematicamente os tipos de mentoria.

Figura 6.8 Tipos de mentoria.

Fonte: Desenvolvida pelo autor.

Um executivo, numa primeira sessão, me indagou se deveria procurar trabalho em outro lugar ou ficar na empresa que o remunerava bem. A sua queixa era sobre a pouca valorização que havia naquele ambiente. O CEO da empresa não fornecia *feedbacks* sobre o seu desempenho, o que o tornava inseguro.

Fizemos várias sessões de **mentoria** desenvolvendo algumas competências, entre elas a inteligência emocional e a liderança.

O cliente consegue superar sua carência de *feedback* do líder imediato, buscando suprir essa necessidade com sua equipe, junto aos clientes e, principalmente, junto a si mesmo.

Qual o resultado?

O executivo foi promovido dentro da empresa na qual atuava e alcançou enorme reconhecimento, inclusive de si próprio. O fato é que até hoje não respondi a sua pergunta! Esse é um exemplo da aplicação do *mentoring*.

CAPÍTULO 6

Há clientes que contratam *coaches* para dirimir dilemas profissionais. Alguém com dúvida se continua na empresa em que trabalha ou se busca nova oportunidade é um exemplo de dilema.

Quanto ao **coaching**, a minha definição é:

> **Coaching** é um processo que possui início, meio e fim que se desenvolve por meio de sessões semanais e ações pós-encontro, ambas com o objetivo de trabalhar em conjunto com o cliente mudanças profissionais ou pessoais. O *coaching* foca o atingimento de metas nas quais o *coach*, um profissional muito experiente e especializado, desempenhará métodos, comportamentos e exemplos para apoiar a elevação de competências e de resultados do *coachee*.

Mentoria e *coaching* não são terapia

Uma discussão importante é não deixar que as sessões de *mentoring* e *coaching* sejam confundidas com terapia.

Há vários profissionais que gostam de falar sobre a semelhança entre esses processos e a terapia. Eu não sou dessa linha. Não considero adequado associar os termos, pois são completamente diferentes em relação aos objetivos e ao foco.

Posso tranquilamente fazer essa recomendação, pois fiz terapia há anos como paciente e também conduzo há anos sessões de mentoria e de *coaching* individual e em equipe. Aliás, aconselho que todo mentor faça terapia como uma forma de crescimento e fortalecimento pessoal, pois muitas vezes nos deparamos com estruturas emocionais complexas dos nossos clientes.

Mentoring, *coaching* e terapia jamais podem ser confundidos. **Terapia** é considerada pelo *Dicionário Michaelis On-line* como "todo método que visa descobrir as causas e os sintomas dos problemas físicos, psíquicos ou psicossomáticos e, por meio de tratamento adequado, restabelecer a saúde e o bem-estar do paciente".

Existem várias linhas de terapia importantes, como psicanálise, psicoterapia cognitivo-comportamental, análise transacional, psicodrama, constelação familiar, terapia sistêmica e terapia corporal. Esses são alguns exemplos de várias ramificações dessa importante área da saúde.

Já o termo **coaching** é descrito no *Dicionário Michaelis On-line* como "consultoria que aborda aspectos profissionais e pessoais da vida de um indivíduo e propõe estratégias e mudanças, partindo de um diagnóstico para entender os pontos fracos e ressaltar os fortes do profissional que busca novos rumos em sua carreira".

Apenas comparando-se essas definições, percebe-se grande distância entre as duas distintas formas de apoiar as pessoas em suas transformações pessoais.

Como otimizar a educação corporativa com T&D, *coaching* e *mentoring*, favorecendo...

São formas válidas para impulsionar mudanças e, para que não haja dúvidas sobre a aplicação de cada uma, resolvi montar o Quadro 6.1, onde apresento as nove diferenças entre mentoria/*coaching* e terapia.

Quadro 6.1 Nove diferenças entre mentoria/*coaching* e terapia.

	Mentoria e *Coaching*	Terapia
1. Foco do processo	O foco é educacional e de resultados, atuando no desenvolvimento de competências, técnicas, comportamentais e híbridas.	Realização do paciente e qualidade de vida.
2. Quem conduz o processo	Os processos de *mentoring* e de *coaching* são conduzidos por uma pessoa muito capacitada e muito experiente.	Terapeuta especializado conforme a linha de trabalho que conduz.
3. Formação do profissional que conduz	Formação recomendável em *mentoring*, *coaching*, consultoria e nas competências que são objeto das sessões, por exemplo, administração, marketing e Gestão de Pessoas.	Inúmeras formações terapêuticas.
4. Prazo de realização de sessões	As sessões são realizadas no médio prazo. Na maioria das vezes, em 4 a 8 sessões por competência a ser trabalhada.	Longo prazo.
5. Tempo de interesse na investigação	*Mentoring* e *coaching* se interessam por levantar questões ligadas ao "aqui e agora" e traçar metas futuras.	Passado e presente.
6. Metas	As metas são estabelecidas nas primeiras sessões logo após o diagnóstico.	Em alguns casos, não existe uma meta objetiva.
7. Diagnóstico da abordagem	O *assessment* é uma ótima forma de realizar o diagnóstico que pode ser acompanhado por testes não psicológicos.	Durante o processo.
8. Ferramentas de trabalho	Trabalho colaborativo que envolve metas, planejamento, estudos de caso, pesquisa de campo e desafios cognitivos.	Interação terapeuta-paciente.
9. Local das sessões	Escritório do mentor, no trabalho do cliente ou em saídas em campo para visitas.	Consultório e centro de terapias.

Fonte: Desenvolvido pelo autor.

CAPÍTULO 6

Como provado, *mentoring*, *coaching* e terapia são diferentes, a começar pelo tratamento de quem recebe as sessões: na mentoria é o mentorando, no *coaching* é o *coachee*; na terapia é o paciente.

Mitos sobre *mentoring* e *coaching*

Na seção anterior, defini com clareza as diferenças e convergências entre mentoria, *coaching* e terapia. Nesta seção, tratarei de discutir os falsos mitos sobre *coaching* e *mentoring*. Vou enumerar 12 falsos mitos.

Mito # 1 – O mentor deve responder a todas as perguntas

Falso. O profissional de *mentoring* e *coaching* não pode confundir seu trabalho com o do professor que busca sanar 100% das dúvidas dos alunos em sala. Uma de suas técnicas é apoiar o cliente a encontrar caminho. A outra utilizada pelo mentor é levantar prós e contras sobre a decisão.

Mito # 2 – Terapia e *coaching* são parecidos

Falso. Repito que são completamente diferentes. Dediquei a seção anterior para mostrar a enorme e distância entre essas duas modalidades de transformação de pessoas. Enquanto a terapia foca a cura do paciente e a qualidade de vida, o foco do *coaching* é o desenvolvimento de competências, técnicas comportamentais e híbridas de forma objetiva e com metas preestabelecidas. Assim, as duas formas são importantes, podem ser feitas em paralelo, contudo, jamais se equivalem.

Mito # 3 – *Coaching* é para quem tem problemas

Falso. Quem não possui um problema a resolver? Todos nós temos questões cotidianas que precisamos solucionar. Assim o *coaching* também trabalha com a resolução de problemas, mas, principalmente, com a abertura do *coachee* para identificar oportunidades em "pontos cegos". Portanto, o processo de *coaching* e o de *mentoring* focam adicionalmente em oportunidades ainda não vislumbradas. É comum um cliente iniciar sessões com um problema e terminá-las com oportunidades a abraçar.

Mito # 4 – Qualquer um pode ser *coach* e mentor

Falso. Definitivamente, esse ponto é muito crítico. Hoje em dia, todo mundo se sente *coach* ou mentor depois de fazer um curso na área. Não é apenas a formação que prepara um profissional. Antes de qualquer coisa, precisará adquirir inúmeras experiências profissionais e pessoais ao longo da vida para apoiar seu cliente. Além disso, as qualidades exigidas e especializações do mentor são inúmeras. É preciso se desenvolver profundamente para esses métodos.

Mito # 5 – *Coaching* é rápido

Falso. O processo não pode ser rápido. Pode até ser até ágil, mas jamais poderá atropelar seu ativo mais valioso: o prazo para consolidar o trabalho realizado du-

Como otimizar a educação corporativa com T&D, *coaching* e *mentoring*, favorecendo...

rante as sessões. Para a realização de um bom trabalho, são necessárias ao menos oito sessões, além de atividades pós-encontro. A depender da quantidade de competências, a quantidade será maior. Tudo dependerá do objetivo traçado. Tanto o mentor quanto o *coachee* devem utilizar o tempo a seu favor, consolidando as aprendizagens e mudanças conquistadas.

Mito # 6 – O profissional deve ser psicólogo

Falso. Fico imaginando que esse mito deve ter partido de pessoas que admiram a psicologia. Sou uma dessas pessoas. Possuo amigos e parentes especializados nessa ciência e procuro estudar seus preceitos. Contudo, não sou psicólogo e afirmo que o mentor não precisa ser formado em psicologia. O profissional precisa, sim, é ter uma formação multidisciplinar para conseguir entender seus clientes e contextos. Se possível, deve obter várias especializações, inclusive na área de humanas.

Mito # 7 – Não precisa ter formação acadêmica para ser mentor ou *coach*

Falso. A minha opinião é muito direta: quanto mais formações, pós-graduações e cursos de extensão o profissional obtiver, mais o cliente sairá ganhando. As sessões poderão ser enriquecidas com a soma do conhecimento científico, intuição e experiência prática, e não apenas com uma dessas formas.

Mito # 8 – Mentoria e *coaching* são algo novo

Falso. Ambos são tão antigos quanto o desenvolvimento da educação no mundo, pois são praticados há séculos por pessoas mais experientes e dotadas de saber. O que é inovador em sua formulação é o adensamento de técnicas com o propósito de desenvolver e transformar pessoas. Também salta aos olhos o marketing feito com seus conceitos.

Mito # 9 – Receber mentoria ou *coaching* é promoção garantida

Falso. Realizar sessões não garante promoção interna na empresa nem recolocação no mercado. Quem afirmar o contrário provavelmente possui bola de cristal ou está mentindo para o seu cliente. Quem pode dar essa garantia? A começar, a promoção de alguém é completamente dependente das condições favoráveis de mercado e da política de Talentos Humanos da empresa, inclusive da abertura da vaga. O profissional que pratica aconselhamento deve trabalhar para que o cliente tenha êxito em seus objetivos, logo, não poderá prometer algo que dependerá mais do cliente do que dele.

Mito # 10 – Mentoria e *coaching* são somente para líderes

Falso. Quem pensa assim provavelmente perderá a oportunidade de desenvolver talentos. Atualmente, um dos grandes problemas das empresas que atuam no mercado competitivo é a promoção de pessoas para cargos de liderança sem uma pre-

CAPÍTULO 6

paração prévia, podendo "queimar" o pretendente. Lembremos que na legislação brasileira não é possível a pessoa retornar para o salário que recebia antes da promoção, caso essa não dê certo. Por esses fatores, as organizações devem investir nestes processos não apenas para gestores, mas também para demais cargos que são potenciais.

Mito # 11 – O trabalho de *coaching* é comportamental

Falso. Até hoje não conheci um caso sequer em que a necessidade fosse apenas mudanças comportamentais. Lembro que um dos princípios da técnica é o desenvolvimento de competências e aprimoramento da tomada de decisão. Essas são formadas pelo C.H.A.R., apresentado no Capítulo 2 do livro, que significa conhecimentos, habilidades, atitudes e resultados. Portanto, o processo de mentoria e de *coaching* não deve focar apenas em atitudes, mas no C.H.AR. completo.

Mito # 12 – Não ter tempo para as sessões

Falso. Essa é a mesma desculpa para quem não consegue reservar a agenda para cuidar de si mesmo, frequentar uma academia, fazer dieta, estudar etc. Quem não consegue tempo para adquirir aprendizado, no fundo no fundo, já está enviando um sinal para si mesmo de que não está atento para o seu desenvolvimento. Quando a pessoa reconhece que necessita da ajuda de um profissional experiente, deve colocar em prática o seu desejo e, assim, evitar a procrastinação. Por outro lado, se a empresa não pode dispor de tempo para o seu profissional frequentar sessões, certamente não apresenta a cultura de desenvolver pessoas.

Áreas de atuação do *mentoring*

Existem várias áreas de interesse a depender de alguns fatores como: grau de transformação desejado, objetivo e foco. Para certas áreas do conhecimento, recomenda-se que as sessões sejam conduzidas por um profissional qualificado externo à organização. Para outras, é recomendável que sejam realizadas por alguém da própria empresa.

Mentoring de Gestão de Pessoas e liderança

Embora bem-intencionadas, frequentemente as equipes assumem comportamentos e processos que nem sempre conduzem a resultados. O *mentoring* de Gestão de Pessoas atua na elevação do desempenho, colaboração profissional e alta *performance* das equipes. Essa extensão também é necessária para acelerar o ganho de competência de líderes.

Mentoring de negócios

Essa solução atua no desenvolvimento de métodos, comportamentos e competências para elevar os resultados da organização. É um marco na ampliação das

Como otimizar a educação corporativa com T&D, *coaching* e *mentoring*, favorecendo...

potencialidades de *Customer Experience*, marketing, vendas, modelos de gestão, gerência de produtos e estratégias de inovação.

Mentoring de carreira

Trabalho feito em conjunto com o cliente para auxiliá-lo a descobrir um novo sentido para suas tarefas atuais. A técnica pode acelerar mudanças na trajetória da carreira de uma pessoa que almeja ser promovida, mudar de função, procurar nova oportunidade ou virar empreendedor.

Mentoring de estratégia e gestão

As empresas e os empreendedores precisam do acompanhamento de um mentor experiente que irá apoiá-los no aprimoramento e decisões importantes quanto às estratégias, governança corporativa e modelo de gestão do negócio. Decisões importantes para o negócio podem ser tomadas com o apoio de um profissional experiente estrategista.

Mentoring educacional

São duas vertentes. Uma é pautada na preparação do aluno para que consiga acompanhar o curso que está realizando. A outra forma de *mentoring* educacional é atender professores, tutores e diretores acadêmicos, desenvolvendo-os em novas competências, *management*, metodologias de ensino, recursos didáticos e *design* instrucional. Em ambos os casos, o profissional convidado para a tarefa deve ser muito experiente e externo à instituição.

Mentoring de tarefa

No dia a dia das organizações, funcionários mais operacionais, pessoas com o primeiro emprego e estagiários devem receber *mentoring* constante de superiores, desde que estes estejam capacitados para isso. O objetivo desse trabalho é não abandonar o colaborador à própria sorte e conduzi-lo no processo de capacitação *on the job* com acompanhamento constante.

Mentoria em dupla

Um líder experiente pode ajudar um novato a se desenvolver, assim como este pode cooperar para o gestor conquistar um novo conhecimento. Um bom exemplo é a possibilidade de parceria com um colaborador da nova geração ao ensinar para um sênior como ser um influenciador digital.

A seguir, apresentarei como conduzir o *coaching*.

CAPÍTULO 6

O processo do *coaching* em dez passos

Aqueles que querem se lançar como *coaches* devem atentar que esse processo somente surte efeito se for praticado com cadência e ritmo.

Sei quem existem diversas metodologias de *coaching*. Vou apresentar para o leitor o processo em dez passos que pode ser aplicado independentemente do número de sessões contratadas.

A primeira providência é a realização da **reunião inicial** com o cliente de maneira estruturada. Se o pedido de *coaching* vier da empresa e não da pessoa física, será importante receber o *briefing* de TH ou do líder imediato da pessoa e não apenas do *coachee*. Tudo deve ser anotado nessa reunião, que serve também para o *coach* contratado apresentar para seu cliente os dez passos e também comentar sobre os contornos da metodologia. Jamais se deve prometer o que não pode ser cumprido.

Ao contrário do que alguns livros pregam, o trabalho inicial de qualquer profissional que irá atender esse cliente não deve ser de definir um objetivo na primeira hora da sessão, e sim de investigar melhor o que está ocorrendo. Chamamos esse primeiro encontro de **diagnóstico**, no qual o *coach* e o *coachee* deverão conversar muito para se chegar à conclusão das principais causas dos problemas.

Após realizada a reunião inicial, o *coach* inicia o diagnóstico das situações recorrentes que são o foco do processo. Poderá ser um *gap* comportamental, um *gap* técnico ou, na maioria das vezes, ambos simultaneamente.

Ao final do diagnóstico, o *coach* deve apresentar suas conclusões para o *coachee* e juntos identificarem qual a verdadeira **meta** a ser conquistada, que é o terceiro passo. Nessa etapa, o profissional de *coaching* poderá utilizar ferramentas de *assessment*, testes, questionários e observações *in loco* para aprofundar o diagnóstico, caso a meta não esteja ainda clara para ambos. Um ponto indiscutível é que as metas traçadas em conjunto podem ser do tipo *SMART,* em que S = específico (*specific* em Inglês); M = mensurável; A = atingível; R = relevante; e T= temporal.

Uma vez traçadas as metas realistas, o próximo passo será a **sensibilização** do *coachee* para reconhecer seus próprios *gaps* que o impedem de alcançar tais metas. Em minha experiência, mais da metade das pessoas não têm consciência do que precisam melhorar em si próprias para alcançar novos patamares de qualidade e de desempenho. Essa é uma etapa na qual o *coach,* com muita habilidade e sensibilidade, deve proporcionar que o *coachee* pense em alternativas para superar as barreiras.

Como otimizar a educação corporativa com T&D, *coaching* e *mentoring*, favorecendo...

O quinto passo é vocacionado a apresentar para o *coachee* **técnicas** para conseguir alcançar o objetivo traçado. Muitas vezes, o cliente possui determinação para empreender mudanças, mas lhe faltam métodos para chegar lá. Nesse sentido, o trabalho do *coach* será de apresentar e despertar no cliente condições para conseguir implantar seus objetivos e ideias. Vivemos numa era em que, sem *know-how*, dificilmente alguém sai do lugar.

O sexto passo é dedicado ao **encorajamento**. Isso não quer dizer que o *coachee* não tenha coragem. O profissional de *coaching* deve apoiar seu cliente para resolver os problemas ou abraçar oportunidades para que atinja o objetivo pretendido. Esse passo é dado não apenas com a oratória do *coach*, mas com exemplos concretos de superação, ideias e inovação.

Chamamos o próximo passo de **experimentação**, que é relativo a quanto o cliente se sente encorajado para praticar aquilo que aprendeu. Isto é, ele deverá colocar em prática na vida real os exercícios que acordar na sessão. Por exemplo, se o tema for sobre como mais bem apresentar projetos, um "dever de casa" importante será aplicar técnicas de *rapport* na próxima reunião que o *coachee* participar na empresa. Praticar e obter experiências para serem compartilhadas será o foco dessa etapa, mesmo que haja acertos e erros.

Ainda no exemplo da reunião, na próxima sessão o *coachee* deverá relatar para o *coach* a experiência que obteve na etapa, a qual chamo de **relato**. Será importante nessa sessão o cliente ser incentivado a contar suas experiências sobre a reunião na qual aplicou as técnicas de comunicação.

Havendo relato de sucesso ou não, o *coach* deverá nessa sessão parabenizar o cliente não exatamente pelo resultado, mas pelo ato de colocar em prática aquilo que aprendeu mesmo havendo arestas a aparar. Esse é um gesto do passo da **conquista**. Conquistar e reconhecer em seguida é algo importante no processo do *coaching*.

Ao final do processo de *coaching*, independentemente do número de sessões, deverá haver uma **comunicação** formal entre as partes sobre a finalização do trabalho. Poderá nesse caso ser elaborado um relatório sintético fazendo novas recomendações para o *coachee* e, caso o investimento tenha sido feito pela empresa, o relatório também deverá ser entregue à mesma. Recomendo, inclusive, que a reunião final seja com a presença do superior do *coachee*, solicitando ao próprio que apresente sua evolução e considerações.

Na Figura 6.9, apresento em forma de diagrama os dez passos para a realização de *coaching*, que pode ser aplicado independentemente do número de sessões com o cliente.

Figura 6.9 Os dez passos para a realização de *coaching* que podem ser aplicados independentemente do número de sessões com o cliente.

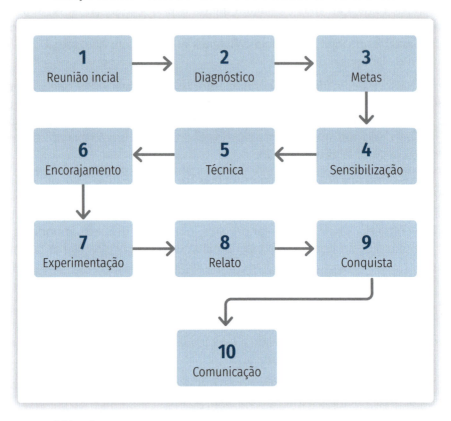

Fonte: Desenvolvida pelo autor.

Como visto, o processo de *coaching* não é para amadores. Aliás, é uma ótima ferramentas para apoiar a gestão de carreiras.

A importância do diagnóstico estruturado

Cerca de 50% dos **autodiagnósticos**, isto é, quando o próprio cliente já tem ideia dos *gaps*, não batem com a realidade depois que o mentor realiza um diagnóstico mais aprofundado da situação. Essa é uma situação que ocorre também em muitas outras áreas do conhecimento, como gestão empresarial, saúde e engenharia.

É por isso que o profissional, ao ouvir atentamente seu mentorado na sessão, deverá explorar melhor as causas dos problemas relatados, utilizando ferramentas para isso e não apenas os relatos.

Há casos em que as pessoas, quando iniciam o processo de mentoria, apresentam uma visão distorcida a respeito do próprio desempenho, colocando para si

Como otimizar a educação corporativa com T&D, *coaching* e *mentoring*, favorecendo...

"objetivos fantasmas", como, por exemplo, conseguir a aceitação de sua equipe, transferindo a responsabilidade da mudança para os funcionários. Então, ao invés de trabalharmos a sua aceitação pela equipe, que tal traçamos um novo objetivo para o executivo?

Um dos caminhos é apoiá-lo a aceitar *feedbacks* negativos do seu pessoal ao invés de ficar desarticulado com "*bad news*" que chegam eventualmente a seus ouvidos. Um outro ponto é auxiliá-lo a reconhecer e ser grato pelo ensinamento proporcionado ao receber críticas e, assim, providenciar reflexão e mudanças na sua forma de trabalhar. Simples assim, contudo, nada fácil de conduzir.

O trabalho poderá consumir semanas, mas haverá êxito. Qual a grande "sacada"? Traçar um objetivo realista sempre em conjunto com a pessoa e ajudá-la a descobrir dentro de si os recursos necessários para o êxito. Jamais colocar objetivos para quem está fora da sessão, como, por exemplo, para a equipe desta pessoa ou sua chefia imediata.

O profissional habilitado para exercer esse papel sabe que o cliente é capaz e já possui "de fábrica" vários recursos internos para a solução de problemas. O processo de transformação então, passa por despertar a sabedoria que já existe dentro do próprio mentorado e auxiliá-lo na jornada da mudança do ponto "a" para o ponto "b".

Outro foco de atenção ocorre quando a empresa realiza um diagnóstico superficial de necessidades de desenvolvimento do seu quadro de colaboradores. Por isso, para que o modelo de *Employee Experience*, Gestão de Pessoas e Cultura Organizacional seja bem-sucedido, recomendo que seja aplicada a técnica DNT, apresentada no início deste capítulo.

O processo de aprendizagem dos colaboradores nas empresas muitas vezes é desperdiçado, pois as ações educacionais nem sempre são adequadas aos objetivos de negócio e às necessidades individuais.

Já presenciei cenas nas quais funcionários recém-promovidos de especialistas para coordenadores foram enviados para um raso treinamento de liderança. Outros sequer tiveram essa oportunidade.

O primeiro ponto para se avaliar é o grau de transformação requerido para a função que o recém-promovido terá que trilhar. No caso, a mudança da carreira técnica para a de gestão implicará um esforço de aprendizagem pelo colaborador e também da empresa em proporcionar parte dos recursos necessários para essa mudança.

Mentoria e *coaching* por valores

Alinhar valores pessoais dos colaboradores com os valores da empresa é um dos grandes desafios da atualidade para a organização que pretende praticar o *Employee Experience*. Esse é mais um ponto de oportunidade para atuação do processo de mentoria.

Valores guiam as intenções e direcionam os indivíduos para seus objetivos, ainda que de forma inconsciente. Porém, tanto na vida pessoal quanto na profissional, tais ideias relacionam-se com tarefas e situações, momentos esses que permitem que os valores atuem através de nós mesmos. Isso ocorre porque os valores traduzem nossos pensamentos através de ações, refletindo nossa base de comportamentos e princípios, ou seja, nossa personalidade.

Há uma forte imagem de que a liderança dentro da companhia deve ser responsável por alinhar os colaboradores aos valores da empresa. Líderes e mentores compreendem cada vez mais que criar uma base de princípios pautada nos valores individuais das pessoas facilita a comunicação e a cooperação.

Portanto, sendo um importante aspecto para o engajamento e motivação dos colaboradores, a **orientação de valor** vem ganhando espaço nos estudos referentes à liderança. A Figura 6.10 expõe como esse elemento se relaciona com outros, técnicos ou não, dentro da Cultura Organizacional.

Figura 6.10 Níveis de orientação da intenção podem ser utilizados nas sessões de mentoria por valores.

Fonte: Adaptada pelo autor com base em Stelter (2016).

Posicionados de maneira oposta ao objetivo e ao propósito, os valores são vistos de forma mais pessoal do que profissional. A seta pontilhada que conecta *valor* e *significado* demonstra quão árdua é a tarefa do mentor em relacionar esses conceitos, sendo o primeiro individual e o segundo um fator externo, inerente a um projeto, por exemplo.

É interessante que o profissional saiba prestar atenção às ações dos indivíduos, pois são elas que expressam suas intenções. Assim, ele poderá ajudá-los a entender suas motivações e ambições, além de reconhecer possíveis lacunas na empresa referentes às suas exigências. Essa compreensão traz também um forte contexto para gerar um conteúdo personalizado, podendo guiar melhor conversas, narrativas e práticas com o educando em questão.

Como otimizar a educação corporativa com T&D, *coaching* e *mentoring*, favorecendo...

A terceira geração do *coaching*

Estamos na terceira geração do *coaching*, você sabia?

Reinhard Stelter, da Universidade de Copenhague, mapeou as diversas fases que a área enfrentou desde sua criação. Em um primeiro momento, as ações de *coaching* convergiam para resolver problemas, levando o *coachee* para o objetivo esperado.

Essa estratégia era encarada como um remédio para as "doenças" corporativas. A segunda geração, porém, começou a apresentar possíveis soluções e novos caminhos para trilhar rumo à mudança desejada. Foi o primeiro momento de prevenção para o *coaching*.

A **terceira geração do *coaching***, contudo, alinha-se com a identificação de valores e é muito mais voltada para o colaborador. Ela cria um espaço reflexivo para o *coachee* por meio de práticas colaborativas. O momento do processo de *coaching* torna-se, então, um narrativa-colaborativa, um diálogo efetivo entre o educador e o colaborador num ambiente de igualdade. Por isso, a terceira geração do *coaching* favorece melhor o *Employee Experience*.

Acima de tudo, para Stelter, o foco da terceira geração do *coaching* é seu maior diferencial, bem como os elementos que servem de pilares para obtenção dele.

Outro ponto que faz parte da terceira geração do *coaching* é que este é um processo constante, e não apenas esporádico. Para tarefas cotidianas de funcionários em início de carreira, os gestores da organização podem realizar a mentoria sempre que possível, desde que capacitados para isso.

Um bom exemplo de *coaching* combinado com a supervisão *on the job* foi o estudo chamado *Effects of Coaching Supervision, Mentoring Supervision and Abusive Supervision on Talent Development Among Trainee Doctors in Public Hospitals*.

O estudo publicado explorou os métodos de desenvolvimento de pessoas em hospitais na Malásia, comparando a supervisão por *coaching* com a supervisão abusiva, demonstrando como a relação entre os médicos *trainees* e seus supervisores podem interferir no desenvolvimento do pleno potencial dos clínicos.

De acordo com a análise, as interações positivas e não ostensivas são a chave para o crescimento dos novos médicos. Isso porque elas permeiam o cotidiano desses profissionais. O contato que mais gera conhecimento é o que é feito com o paciente, responsável por uma experiência prática imprescindível. Porém, as ligações com os gestores e supervisores também têm alto valor para a gestão da carreira médica.

O estudo, ao comparar os métodos propostos, observou que o desenvolvimento dos médicos *trainees* depende muito da eficiência de seus superiores em executar certas atividades, e que a comunicação agressiva é o pior cenário.

Essas inferências feitas na área médica podem ser facilmente transportadas para outras áreas do conhecimento. Buscando desenvolver seus colaboradores ao máximo,

CAPÍTULO 6

os supervisores devem fornecer estrutura e uma mentoria constante, além de um ambiente acolhedor.

Na terceira geração do *coaching*, a mentoria *on the job* é bem-vinda, desde que recheada de exemplos das melhores práticas e, preferencialmente, centrada em dois polos: na qualidade e no desempenho da tarefa, sempre respeitando-se os valores das pessoas.

Realizar planos é chave para a mentoria

Melhorar. Seja na vida pessoal ou profissional, esse costuma ser o norte de todo indivíduo. Estar mais adaptado, disposto e preparado para enfrentar com excelência os possíveis desafios cotidianos são foco para a satisfação pessoal.

Infelizmente, imaginar cenários positivos onde os objetivos foram cumpridos nos parece tão fácil quanto desistir de empreender os esforços para mudar. Como, então, manter-se no caminho certo e atingir os resultados esperados?

Existem muitos fatores que interferem na mudança de hábitos, e um grande erro é enxergar todos eles da mesma forma. Normalmente, ao falharmos em atividades que dependem apenas de nós, culpamos a força de vontade. É, também, uma característica que julgamos nos outros. Observar somente esse aspecto é simplificar ao máximo a questão das mudanças pessoais.

Marina Krakovsky, em *A Ciência Ajuda Você a Realizar Seus Planos*, comenta sobre um estudo realizado por David T. Neal e outros publicado em *Personality and Social Psychology Bulletin* demonstrando que o contexto é muito mais responsável pelos nossos hábitos, sejam eles bons ou ruins.

No exemplo fornecido, ao estar no cinema, é muito mais provável que alguém coma pipoca, mesmo que essa esteja murcha, do que alguém que está assistindo a um *show*. Pipoca murcha? Isso mesmo. A questão toda é a facilidade de acesso.

O contexto e suas disposições são grandes influenciadores de nossas atividades, pois são eles que disparam sinais que fazem suscitar comportamentos automáticos. Para comprometer-se com os seus objetivos, é importante que o indivíduo entenda isso e modifique seu ambiente e rotina para entrar em contato com chamadas que efetivem os hábitos desejados e evitar os prejudiciais.

Não percorrer um caminho que passe em frente a uma rede de *fast-food* é uma ótima forma de evitar sinais que levem a uma vontade de frequentá-lo.

Essa tática pode e deve ser utilizada numa sessão. Por exemplo, quando o mentor se depara com uma situação na qual seu cliente repete cotidianamente hábitos não positivos. Uma das recomendações é reduzir tais hábitos paulatinamente, no ritmo certo. Nem sempre as mudanças abruptas produzem efeito.

Para mudar hábitos, é de grande importância entender que o processo é, sim, difícil e, a um primeiro momento, contra nossa própria natureza. Abandonar comportamentos já estabelecidos em prol de novos requer um ritmo correto. Seja para fazer

Como otimizar a educação corporativa com T&D, *coaching* e *mentoring*, favorecendo...

uma dieta, começar a se exercitar ou aprender um novo idioma, jamais esperar um desempenho excelente e duradouro em um primeiro instante, portanto, não é aconselhável tomar medidas extremas. A adaptação deve ser gradual.

O estudo de David T. Neal aponta que alinhar as expectativas com a realidade e desmembrar o objetivo final em metas de curto prazo é uma ótima forma de começar. Em vez de ter uma única tarefa sólida e longínqua, dividir em atividades.

Sabe por quê? Buscar motivadores internos, por mais que a necessidade de mudança pareça vir de uma forma externa, é crucial para focar sua mente no que é necessário.

Além de fasear o objetivo principal em pequenas conquistas, uma estratégia que auxilia na mudança dos executivos é realizar tarefas pós-sessão que tenham curta duração. É o que veremos a seguir.

A importância do momento pós-sessão

As pessoas que recebem sessões operam mais as próprias mudanças dentro ou fora delas?

O sucesso do trabalho de *mentoring* ocorre tanto dentro quanto fora dos encontros. Não há uma medida segura para se saber o quanto isso ocorre em cada local, pois a mudança dependerá de cada pessoa.

Pela experiência de realizar sessões com os mais variados perfis de clientes, arrisco-me a dizer que o mito de que o sucesso do processo de mentorar se dá unicamente nas sessões é falso.

Existem cinco momentos que definem quão eficaz será o trabalho:

1. Durante as sessões com trocas sinérgicas entre as pessoas e o uso de diálogos, exemplos e recursos instrucionais.

2. Tarefas práticas passadas para serem realizadas pós-sessão; podem ser leituras, experiências e projetos.

3. Autoinstrução e educação formal sugeridas pelo mentor.

4. Novos hábitos profissionais experimentados no dia a dia pelo aprendiz ao ser estimulado pelo mentor.

5. Hábitos observados nas pessoas que poderão espelhar pessoas admiráveis e bons exemplos.

A efetividade do trabalho cooperativo é engrandecida quando o mentorado é desafiado para exercitar-se na competência que está sendo desenvolvida, daí a importância do trabalho pós-sessão.

O gráfico apresentado na Figura 6.11 visa demonstrar que existem cinco momentos que definem quão eficaz será o desenvolvimento e que todos são igualmente importantes, tanto dentro quanto fora da sessão.

CAPÍTULO 6

Figura 6.11 Os cinco momentos que definem quão eficaz será o trabalho de mentoria dentro e fora da sessão.

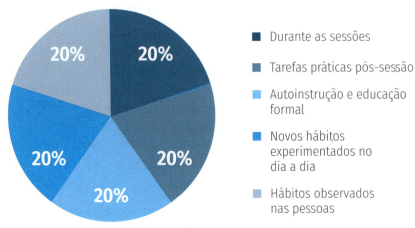

- Durante as sessões
- Tarefas práticas pós-sessão
- Autoinstrução e educação formal
- Novos hábitos experimentados no dia a dia
- Hábitos observados nas pessoas

Fonte: Desenvolvida pelo autor.

O sucesso do trabalho ocorre não apenas durante o horário da sessão. Para isso, devem ser aplicadas técnicas para despertar a pessoa a empreender mudanças dentro e fora desse espaço.

Assim, o profissional deverá despertar o cliente a iniciar mudanças dentro e fora da sessão, como, por exemplo, criar desafios para superação, sugestão para experimentar mudança de hábitos, estimular a observação das melhores práticas, recomendar leituras aderentes às sessões, sugerir estudos dirigidos, recomendar pesquisas de campo, recomendar a realização de cursos formais e autoinstrução, modificar a autodisciplina para empreender mudanças, modificar paulatinamente hábitos e experimentar na vida real técnicas e comportamentos vivenciados nas sessões.

Saber estudar é estratégico – a autoinstrução

Há anos tenho a meta de estudar diariamente e procuro cumpri-la. Há dias que só consigo 30 minutinhos. Há outros que consigo oito horas.

Uma das melhores formas de operar mudanças em nossa vida é estudar. Não será possível subir degraus nas competências pretendidas sem "suar a camisa" e dedicar-se aos estudos.

Um ponto de atenção para quem estuda é: estou tirando o melhor proveito desse investimento?

A realidade é que dedicar horas de estudo é um investimento, pois, em tese, a pessoa poderia utilizar esse tempo para produzir mais, ganhar dinheiro ou mesmo para descansar e estar com a família. A diferença é que, diferentemente do investimento em bens comuns, o capital intelectual é duradouro e incremental.

Concentrar-se no estudo é uma forma de fazer valer o tempo investido e coletar frutos ao longo da vida. Ser efetivo no ato de estudar é tão valioso quanto ser efetivo em trabalhar. É por isso que esse tema é apropriado ao capítulo.

Como otimizar a educação corporativa com T&D, coaching e mentoring, favorecendo...

A efetividade de quem estuda depende da soma de diversos elementos. É importante observar que as razões para eficiência em apreender algo perpassam a vontade e a disciplina, que são os fatores internos, passando ainda pelo ambiente ao nosso redor e mesmo por algumas atitudes que tomamos de forma inconsciente.

O fato é que somos fortemente influenciados por aspectos internos (disciplina e disponibilidade de tempo) e externos (ambiente e métodos de ensino).

Christopher Jan Benitez, em *7 Factors That Prevent You From Studying Better*, alerta para os riscos que podem colocar a perder todo esforço de quem estuda, mostrando que é essencial construir e manter um método de aprender que preze pelo foco e maximização da absorção do conteúdo.

Quadro 6.2 Os sete riscos que atrapalham os estudos.

Fator	Solução
Procrastinação	Eliminar acesso às fontes que distraem, como celulares, TV, jogos e mesmo a geladeira.
Lugares barulhentos	Procurar um ambiente calmo em vez de um lugar movimentado se você não conseguir se concentrar com barulhos.
Postura errada	Sentar-se em um lugar confortável e direcionado para o estudo, em vez de tentar aprender em camas, filas ou no chão.
Má iluminação	Encontrar ambientes bem iluminados para evitar a fadiga excessiva da visão ou a confusão do relógio interno.
Sono ruim	Dormir com qualidade e pelo tempo correto, pois o sono tem grande importância para memória.
Maus acompanhantes	Evitar pessoas que sejam desordeiras ou pouco focadas em situações de estudo em grupo.
Cômodo bagunçado	Arrumar a desordem, que pode causar distração e confusão quando você precisar guardar ou localizar algo.

Fonte: Adaptado pelo autor com base em Benitez (2016).

A pessoa que está recebendo sessões de *coaching* deve perceber que estudar é uma forma de acelerar o ganho de competências, por isso, deve evitar os riscos apresentados.

Adicionalmente, ao contrário do que muitas pessoas pensam, estudar não é uma tortura, é algo prazeroso na medida em que conecta o nosso cérebro com sensações de descoberta, autoestima e segurança. Estudar é um dos caminhos do bem-estar, além de aumentar o capital intelectual das empresas e chances de sucesso das pessoas.

Life coaching e os cinco caminhos para o bem-estar

O bem-estar é uma das principais metas que o *life coaching* ambiciona. O bem-estar não é alcançado apenas por coisas grandiosas, e sim por conquistas simples e frequentes presentes em nossos atos.

CAPÍTULO 6

Os atos trazem recompensas próprias, como agradecimento por um presente, a alegria de atingir um objetivo ao aprender algo novo e a interação com novas pessoas agradáveis através de conexões sociais. Essas gratificações criam uma disposição cíclica, numa trajetória para que haja uma iteração da experiência. Assim, os indivíduos repetem os atos, solidificando um comportamento positivo tanto para eles quanto para os que os cercam.

O estudo realizado por Jody Akede e outros autores intitulado *Five Ways To Wellbeing*, publicado pela New Economics Foundation, apresenta que a subjetividade de cada atitude permite a incorporação nas diferentes camadas da vida, seja no âmbito social ou profissional.

Os estudiosos apresentam um modelo de cinco ações dentro dos círculos responsáveis por aumentar a sensação de funcionalidade e sentimento de ser prestativo ao satisfazerem necessidades como relacionamentos e autonomia, além de melhorarem as noções de segurança e competência, conforme podemos observar na Figura 6.12.

Figura 6.12 Modelo de cinco ações que atuam na melhoria do bem-estar pelo reforço do capital mental.

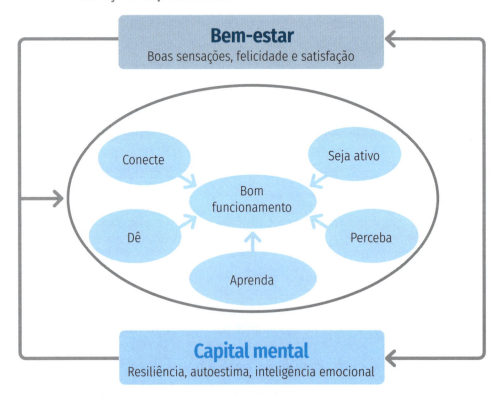

Fonte: Adaptada pelo autor com base em Akede *et al.* (2008).

Como otimizar a educação corporativa com T&D, *coaching* e *mentoring*, favorecendo...

A pesquisa demonstrou que cada tema de ação (conectar-se, ser ativo, aprender, doar, perceber) atua positivamente no bem-estar pessoal, pelo reforço de seu capital mental. Conforme as evidências, elas desempenham um papel essencial na satisfação de necessidades para relações positivas e autonomia.

Identificando que comportamentos padronizados não devem ser incutidos nas pessoas a fim de alcançar um objetivo, mas sim funcionando como espécie de modelo referencial para mudanças, as dicas para o bem-estar podem ser divididas em diferentes temas.

Se cada tema contém uma série de ações específicas, com recompensas próprias e atuando em diferentes grupos, a pesquisa aponta para a necessidade de individualizar cada transformação. Assim, o Quadro 6.3 funciona como um guia para observar quais temas podem ser priorizados dependendo das necessidades de cada indivíduo e também exemplifica situações em que as cinco ações apresentadas no diagrama anterior enviam mensagens diretas ou indiretas para alcançar o bem-estar.

Quadro 6.3 Como as ações afetam o bem-estar das pessoas.

Tema	Grupo-alvo	Nível	Evita doença mental	Realça o bem-estar	Mensagem direta	Mensagem indireta
Relações sociais	Universal	Individual	•	•	Conectar	-
Atividades físicas	Universal	Individual	•	•	Ser ativo	-
Atenção	Universal	Individual	-	•	Perceber	-
Aprendizagem	Universal	Individual	•	•	Continuar o aprendizado	-
Altruísmo	Universal	Individual	-	•	Dar	-
Trabalho	População empregada	Organizacional Social	•	•	-	Conectar Continuar o aprendizado
Natureza	Universal	Individual	•	•	-	Ser ativo Perceber
Nutrição	Universal	Individual	•	-	-	-

Fonte: Adaptado pelo autor com base em Akede *et al.* (2008).

CAPÍTULO 6

Para finalizar o capítulo, trago o tema ética para a reflexão de quem pratica *coaching* e *mentoring*, pois é um compromisso nobre, jamais uma atividade "caça-níquel".

Ética, respeito e *confiança* são três palavras inseparáveis para quem realiza *coaching* e *mentoring*.

Código de ética para *coaches*

Recomendo a leitura do Código de Ética Internacional elaborado Association for *Coaching* / European *Mentoring* and *Coaching* Council: *Global Code Of Ethics For Coaches & Mentors*. Apresentarei alguns exemplos de tópicos que selecionei, os quais considero altamente relevantes para os profissionais da área.

O documento expressa que o *coach* deve manter-se íntegro, principalmente em relação à sua formação, certificações e qualificações, identificando toda fonte e autoria dos materiais utilizados.

Ao trabalhar com os clientes, o profissional deve entender seus objetivos para melhor atendê-los. Ademais, antes mesmo de um contrato, explicitar os processos logísticos e financeiros, bem como todos os detalhes e saber informar sobre o método escolhido para a ação.

A questão da integridade mistura-se com a confidencialidade, que é de suma importância na área. Manter todos os detalhes em sigilo, menos em casos que sejam requeridos por lei ou tragam riscos para o profissional, é dever do *coach*, assim como a explicação ao cliente sobre tais situações.

O educador também precisa atentar para sua relação direta com o cliente. Observar comportamentos culturalmente adequados para se relacionar é essencial. Não buscar vantagens ou interesses escusos na relação, bem como respeitar seu direito de encerrar o contrato a qualquer momento e saber administrar os conflitos, são propriedades de um bom profissional.

Sobre a conduta profissional, é necessário manter a reputação do *coaching* sendo positivo e respeitando as individualidades, métodos e experiências de outros profissionais. Também é de suma importância reconhecer e respeitar a variedade e diversidade, promovendo a igualdade, sendo respeitoso e inclusivo na maneira de agir e no linguajar.

O profissional deve compreender que qualquer lacuna que apresente em seu comportamento trará uma imagem negativa para si e para a área. O primeiro passo é respeitar as leis e obrigações ditadas pelo seu país. Além de trabalhar sua conduta profissional, deve preservá-la evitando que materiais pejorativos ou constatações falsas sobre si sejam disseminados.

O especialista deve certificar-se de que possui a formação pretendida, além de estar em estado de saúde adequado. Em caso negativo, deverá encaminhá-lo para outro *coach*. Constantemente, deve buscar se atualizar e continuar seus estudos, analisando periodicamente suas práticas com ajuda de supervisores. Outra fonte poderosa para isso são *feedbacks* fornecidos pelos clientes.

Neste capítulo, apresentei como otimizar a educação corporativa com Treinamento, Desenvolvimento, *coaching* e *mentoring,* aumentando o *Employee Experience* e o *Student Experience.*

No último capítulo do livro, apresentarei o poder da A Gestão do Conhecimento conectada à Gestão de Pessoas e à Economia da Experiência favorecendo o gerenciamento de talentos. Lembrando que muitos erros cometidos pelos colaboradores e que se repetem incessantemente estão relacionados à falta de estruturação do conhecimento nas organizações. Vamos reduzir esse risco?

Assista ao vídeo do autor sobre este capítulo

Capítulo 7

A Gestão do Conhecimento conectada à Gestão de Pessoas e à Economia da Experiência

"Estamos na era da Economia da Experiência, na qual a transformação digital está modificando profundamente as empresas ao redor do planeta; contudo, quanto mais tecnologia adicionada, maior a necessidade de a Gestão do Conhecimento estar integrada à Gestão de Pessoas e à Gestão da Inteligência Competitiva."

Na atualidade, nenhuma empresa que está competindo no mercado sobrevive sem ter sob controle a sua Cultura Organizacional. Quais os valores dessa organização? Como ela os potencializa junto aos colaboradores? Como nesses novos tempos podemos fortalecer as relações de confiança? Grande parte da resposta a essas perguntas está em se compreender como conectar três grandes paradigmas: Gestão do Conhecimento, Gestão de Pessoas e Economia da Experiência.

O termo **Economia da Experiência** foi usado pela primeira vez por B. Joseph Pine II e James H. Gilmore. Os pesquisadores fizeram um *timeline* demonstrando a evolução da economia agrária para produtos, serviços e, finalmente, para a Economia da Experiência. Nesse novo *mindset* empresarial, as organizações devem proporcionar eventos memoráveis para seus clientes. Empresas com experiência avançada podem cobrar mais pelo valor da "transformação" que uma experiência oferece, sendo dessa forma uma importante fonte de vantagem competitiva.

Na Figura 7.1 percebe-se a evolução.

CAPÍTULO 7

Figura 7.1 A evolução da economia baseada em produtos e serviços para a Economia da Experiência.

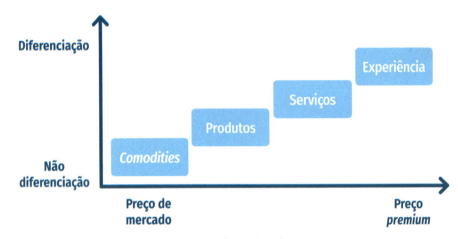

Fonte: adaptada pelo autor com base em Pine e Gilmore (1998).

A Economia da Experiência aplicada ao *Employee Experience*

Esse movimento da experiência para "fora" da companhia, isto é, na direção de beneficiar os clientes, pode perfeitamente ser adaptado para "dentro", isto é, levando empresas a proporcionarem experiências memoráveis também para seus colaboradores.

Vivemos na era da Economia da Experiência, na qual as soluções de Recursos Humanos do passado baseadas no poder e autoridade do "chefe" estão sendo drasticamente convertidas em novas formas de liderança e de Gestão de Pessoas e na criação **experiências memoráveis** para o colaborador durante a sua jornada de carreira. Não é à toa que, no Capítulo 2, faço uma provocação quanto à necessidade do *rebranding* do RH.

Pesquisas mais recentes apontam que a ruptura para a Economia da Experiência está apenas se iniciando, fato que exigirá dos gestores inovação na construção do conhecimento, incluindo sua melhor organização, sistematização, compartilhamento e disseminação. A própria pandemia acelerou esse processo, quando as empresas se viram pressionadas a aumentar as interações virtuais com clientes e colaboradores.

É chegada a hora de os líderes repensarem em como conduzir a suas equipes para lidarem com a transformação digital por meio da Gestão do Conhecimento aplicada à Economia da Experiência. Por isso, resolvi incluir no livro um capítulo sobre como conduzir a Gestão do Conhecimento e a obtenção de capital intelectual no modelo de *Employee Experience* e Gestão de Pessoas.

Lembro que as ações de Gestão de Pessoas não podem se prestar apenas a resolver problemas de curto prazo, "aliviando" a culpa dos gestores que teimam em não

A Gestão do Conhecimento conectada à Gestão de Pessoas e à Economia da Experiência

desenvolver continuamente o seu pessoal. Embora um treinamento emergencial, por exemplo, sobre um novo procedimento seja vital para a operação da organização, capacitar seus funcionários em competências *soft skills* será imprescindível para o sucesso deles e da empresa.

Percebam que, com a exponencialização do uso de tecnologia nas corporações, a área de Talentos Humanos – TH está sendo dramaticamente cobrada para ajudar na construção de novos conhecimentos. Entretanto, as formas de aprender e de ensinar precisam ser revistas, como comentei no capítulo anterior.

Estamos na era da Economia da Experiência, na qual a transformação digital está modificando profundamente as empresas ao redor do planeta; contudo, quanto mais tecnologia adicionada, maior a necessidade de a Gestão do Conhecimento estar integrada à Gestão de Pessoas e à Gestão da Inteligência Competitiva.

A Economia da Experiência está abalando a aprendizagem das pessoas

A Economia da Experiência Industrial, embora extremamente digital, não resolveu uma questão central que vive atormentando os executivos: o acesso proativo à informação de maneira equitativa na organização. Numa situação ideal, mesmo que uma empresa conseguisse distribuir a informação de forma equitativa, haveria aqueles que obteriam mais do que os outros. Por isso, a Gestão do Conhecimento deve estar ligada à experiência dos colaboradores.

Por isso, sugeri, no Capítulo 6, o *Manifesto Student Experience*, que é um guia orientativo para que as empresas não foquem apenas na produção desenfreada de conteúdo, sem perceber os *gaps* individuais e as emoções das pessoas.

Não é fácil ser um colaborador com tantas mudanças ocorrendo nas empresas, principalmente se a pessoa não estiver conectada com a transformação digital, o acesso às informações e se não souber operar as ferramentas de conhecimento.

Não basta que as empresas atuem apenas na disseminação de informação para entrarem num outro patamar de conhecimento. Será necessário aplicar ao menos três estratégias:

1. Apoiar as pessoas no rápido acesso à informação disponível na empresa.
2. Capacitar seus colaboradores para que possam compreender tais informações dentro dos novos contextos de transformação da empresa.
3. Ajudar as pessoas a reaprenderem e a utilizarem novas ferramentas e métodos para criar experiências para os clientes e internamente.

Isso é tão importante que a área de TH está entrando de cabeça na aquisição de novas tecnologias, que para muitos são sinônimos de *softwares* e aplicativos. Contudo, a tecnologia precisa, mais do que nunca, ser traduzida como ferramentas de solução de problemas, processos, procedimento, técnicas, métodos de resolução, *softwares*, *hardwares* e nível de conhecimento.

CAPÍTULO 7

Não estaríamos, nos dias de hoje, surfando em infinitas possibilidades tecnológicas se não fossem grandes marcos na evolução técnica. Ressalto, no Quadro 7.1, alguns acontecimentos que mudaram paradigmas importantes.

Quadro 7.1   A evolução da tecnologia até os dias atuais.

2000 a.C.	O Ábaco é criado na China para servir de calculadora manual para facilitar as operações matemáticas básicas.
1450	Gutenberg, pai da tipografia moderna, produz, durante cinco anos, o primeiro livro na Europa com ajuda de caracteres móveis.
1830	Em 1835, Samuel Morse cria um sistema simplificado de transmissão de mensagens por um fio, o que veio a ser consagrado como o telégrafo.
1876	Alexander Graham Bell cria o primeiro sistema de comunicação de voz a distância, marcando profundamente a maneira de as pessoas se falarem.
1960/1970	Demanda por maior processamento de dados e primeiros relatórios gerados automaticamente por computador.
1970/1980	Em 1973, a Motorola cria o primeiro telefone celular, fato que trouxe grande portabilidade para o hábito de comunicação entre pessoa física e jurídica.
1980/1990	Diminuição do tamanho dos computadores pessoais, início de licenciamento de *software* e privatização da telefonia no Brasil.
1990/2000	Navegação por hipertexto, modificando radicalmente a forma de se buscar informações na *web*. Início do EaD no Brasil.
2000/2020	Aceleração da mobilidade e crescimento das opções de arquivos de sons e imagens facilitando enormemente a utilização de modalidades educacionais a distância.
2020/2030	Inteligência artificial, predição de informação e internet das coisas modificando a forma de a sociedade comunicar e aprender.

Fonte: Desenvolvida pelo autor.

A inteligência artificial tem sido uma grande discussão na área de Gestão de Pessoas, que a utiliza em vários projetos. É o que será visto nas próximas seções.

RH e a inteligência artificial para criar engajamento

A importância do engajamento dos colaboradores é inegável. As empresas que contam com profissionais motivados e engajados possuem indivíduos dispostos a melhorar o volume e a qualidade das suas entregas e, também, a esforçarem-se no sucesso dos clientes.

A Gestão do Conhecimento conectada à Gestão de Pessoas e à Economia da Experiência

Ashutosh Garg, CEO da Eightfold, chama a atenção para práticas de inteligência artificial que vêm sendo adotadas nas áreas de TH e que apresentam ótimos frutos.

Mas o que esse aliado tecnológico promete? Atuando desde a fase de recrutamento de novos talentos, a **inteligência artificial** libera tempo para que TH foque em questões mais profundas relativas aos colaboradores, melhor entendendo-os com reconhecimento de *performance* e auxílio de problemas que possam estar enfrentando. Essa atenção é fundamental para o *Employee Experience* eficiente.

Claro que essa tarefa não é fácil. Garg lembra que um ambiente de trabalho pode ter de três a quatro gerações diferentes, cada qual com suas individualidades e requerendo um tratamento personalizado e único. Com a ajuda da inteligência artificial, o *Employee Experience* pode ser viabilizado de maneira mais prática. Há quatro casos que exemplificam os seus benefícios:

1. A impressão que o colaborador tem em sua entrevista de emprego será aquela que ele levará durante toda sua estadia na empresa. Portanto, utilizar a inteligência artificial, como em programas de rastreio de candidatos, ajuda a poupar tempo das duas partes.

2. As gerações mais novas necessitam de formas interativas de treinamento para se sentirem engajadas. Algumas plataformas de inteligência artificial voltadas ao aprendizado trazem práticas mais ligadas ao cotidiano de seus alunos.

3. Com algoritmos que estão trabalhando constantemente, a inteligência artificial fornece um perfil dos colaboradores e ajuda a empresa a entender melhor e montar um plano de carreira e estratégias de Gestão de Pessoas para cada indivíduo da organização.

4. Tão importante quanto um ambiente confortável é um sentimento de pertencimento. A adoção da inteligência artificial facilita o *Employee Experience* e causa um sentimento cíclico positivo em relação à marca entre os colaboradores.

As possibilidades oferecidas pela inteligência artificial foram demonstradas, aqui, de forma simplificada, e ainda assim é possível notar que essa prática só tende a se diversificar e a fazer-se presente nos processos de Gestão de Pessoas.

Um ponto para reflexão: tecnologia não é o mais importante, mas sim os benefícios por ela gerados. Tecnologia se adquire, conhecimento se constrói.

Nos novos tempos, o conhecimento é mais valioso

A produção em massa sempre foi premissa para fabricação da maior quantidade possível de produtos similares, visando o ganho de escala.

Com o passar do tempo, os mercados consumidores tornaram-se mais disputados, já que as empresas concorrentes tiveram acesso aos mesmos meios de fabricação. Como então buscar ser diferente para os consumidores, num mundo tão

CAPÍTULO 7

padronizado? Como causar experiências memoráveis para os clientes, praticando o *Customer Experience*? Esses são os pressupostos da era da Economia da Experiência que favorece os clientes e que pode perfeitamente ser extrapolados para os colaboradores das empresas.

O conhecimento se tornou mais valioso do que produtos fabricados, por permitir as empresas alcançarem novas competências que não as fabris. Esse movimento se tornou extremamente necessário, já que a competição entre as organizações se intensificou, o que levou os seus gestores a definirem estratégias de inovação.

Com a revolução tecnológica, as organizações perceberam que o ativo mais valioso não era necessariamente a máquina que transformava chapas de aço em para--lamas de automóveis. As montadoras estão cada vez mais desenvolvendo serviços para os seus clientes como agregação de valor.

O modelo de negócio de automóveis está sendo questionado. Veja a popularização dos veículos elétricos e em algum tempo dos carros autônomos! Veja o *e-mobility* e os serviços de locação de carros inteligentes. Há uma tendência no compartilhamento de veículos, ou seja, a possibilidade de substituir a venda de produtos por serviços personalizados. Quanta mudança!

Para dar suporte a essa revolução, entra em cena a aprendizagem organizacional como alavancadora da inovação, induzindo à melhores chances de competição. Portanto, o conhecimento aplicado e transformado em **serviços de valor** se tornou o grande diferencial, não somente para as empresas, como também para a carreira das pessoas.

Temos que reconhecer que a quantidade de informação circulante é cada vez maior e descartável, o que gera por parte dos colaboradores dificuldade de acompanhamento das novas tecnologias. Mais uma razão para que estes, juntamente com seus líderes e com a área de TH, busquem o desenvolvimento intensivo e a aplicação de modelos modernos de Gestão de Pessoas, do contrário a sobrevivência organizacional estará em risco.

É bom lembrar que uma das metas mais difíceis nesses tempos de transformação digital é acelerar a obtenção de capital intelectual pelas pessoas diariamente, não deixando que as informações simplesmente "explodam" nos *e-mails*.

O *iceberg* invertido do capital intelectual nas empresas inovadoras

Fazendo-se uma analogia à figura de um *iceberg*, investido, o capital intelectual possui uma parte que pode ser facilmente vista, contudo, grande parte é invisível aos nossos olhos, pois está situada na mente das pessoas que trabalham no processo em questão. Um dos grandes desafios atualmente é fazer com que esse manancial de informação não fique retido nas profundezas do *iceberg*.

A parte mais visível do **iceberg invertido do capital intelectual** é percebida por meio do registro de ideias e de informações, como, por exemplo, metodologias, sistemas, tecnologias, banco de dados, projetos, processos, procedimentos, manuais e políticas internas. De outra forma, a parte invisível está relacionada com o potencial intelectual das pessoas, traduzido no Conhecimentos, Habilidades, Atitudes e Resultados. Lembra do C.H.A.R. apresentado no Capítulo 2?

Na Figura 7.2, é possível perceber que as organizações mais inovadoras estão fazendo esforços para que o conhecimento "submerso" do *iceberg* invertido venha à tona e seja mais bem dominado por todos.

Figura 7.2 *Iceberg* **invertido do capital intelectual de uma organização tradicional × organização inovadora.**

Fonte: Desenvolvida pelo autor.

O potencial de organizações inovadoras que trabalham para a valorização do capital intelectual é ilimitado e, por isso, precisa ser valorizado e orquestrado pelos gestores. Daí a urgência em realizar a gestão dos novos conhecimentos, organizando-os e sistematizando-os, evitando que se tornem exclusivamente pessoais (presente apenas na mente dos colaboradores), transformando-o em conhecimentos organizacionais e visíveis. Assim, a instituição poderá conhecer o ambiente interno e externo, suas variáveis e, assim, tomar melhores decisões.

O capital intelectual, portanto, pode ser visível ou invisível na organização; assume a propriedade de ser um bem intangível e que, se bem gerido, poderá acompanhar a transformação digital, criando vantagens competitivas.

Como é formado o capital intelectual

Os estrategistas conversam com muita facilidade sobre o capital financeiro e seus resultados, contudo, com maior dificuldade sobre o capital intelectual.

Você sabia que nos dois grandes paradigmas de mercado atuis, a Economia da Experiência e a **Economia do Compartilhamento** o capital intelectual supera em muito o capital financeiro? Uma simples ideia, se for transformada em inovação,

CAPÍTULO 7

poderá afetar significativamente os negócios. Veja o caso da Uber. É um verdadeiro exemplo na economia do compartilhamento e o que essa empresa possui? Toneladas de informação e zero quilo de automóveis!

É por isso que estamos vivendo a valorização do capital intelectual. Existem algumas formas de entender essa peça-chave numa organização. No Quadro 7.2, apresento exemplos de como é formado o capital intelectual nas organizações.

Quadro 7.2 **Como é formado o capital intelectual nas organizações.**

	Como é formado	Exemplos
1. Competência dos colaboradores	Composto pelo conjunto de Conhecimentos, Habilidades, Atitudes e Resultados – C.H.A.R. das pessoas.	Competências que são a bola da vez: *Customer Experience, Customer Success, Employee Experience*, inovação, capacidade para resolver problemas, tomar decisões e dirimir conflitos, negociação, liderança, comunicação, trabalho em equipe, inteligência emocional e transformação digital.
2. Estrutura interna	É definida pelos ativos intangíveis que sustentam e viabilizam a estrutura interna da empresa e o seu bom funcionamento.	Marcas, patentes, metodologias, sistemas, tecnologias, banco de dados, projetos, processos, procedimentos, normas, roteiros, manuais e políticas internas.
3. Estrutura externa	São os ativos intangíveis da empresa que atuam para o sucesso de situações externas vivenciadas cotidianamente no mercado.	Retenção da informação pelo cliente, imagem da marca, reputação no mercado, confiança, credibilidade, relacionamento com clientes e relações com demais *stakeholders*.

Fonte: Adaptado pelo autor com base em Sveiby (1998).

A capacidade dos colaboradores demonstrada pelo conjunto de Conhecimentos, Habilidades, Atitudes e Resultados – C.H.A.R. desenvolvidos ao longo dos anos é a primeira maneira apresentada na tabela de formar o capital intelectual e assim criar diferenciais competitivos nas organizações.

Outra fonte preciosa de **capital intelectual** é composta pelo trabalho que as pessoas produzem como por exemplo, marcas, patentes, metodologias, sistemas, tecnologias, banco de dados, projetos, processos, procedimentos, normas, roteiros, manuais e políticas internas.

Já a estrutura externa é a terceira forma apresentada e igualmente importante. A mesma garantirá a valorização do negócio, como é o caso da imagem da marca, reputação no mercado, confiança, credibilidade e relacionamento com clientes.

Conhecimento organizacional × aprendizagem organizacional

Às vezes, passa despercebida a diferença entre conhecimento organizacional e aprendizagem organizacional. São expressões próximas, contudo, precisam de uma atenção especial junto aos educadores, pois cada termo possui compromissos diferentes.

Enquanto o **conhecimento organizacional** está mais pautado na função que exerce o colaborador, a **aprendizagem organizacional** é algo mais fluido, contínuo e abrangente. Fachinelli, Eckert e Mello, em *Transferência de Conhecimento Organizacional a Partir de Uma Internacionalização da Empresa*, apresentam bem as diferenças:

Conhecimento organizacional

- » Interno, individual e descentralizado na empresa.
- » É de uso do colaborador, e não da companhia, portanto, pode fluir mais facilmente para seu exterior do que efetivamente ser incorporado a ela.
- » Consiste nas expectativas relacionadas à função do colaborador, aos comportamentos aprendidos em socializações anteriores e conhecimento específico relativo ao local e momento.

Aprendizagem organizacional

- » Menos ligada às descrições dos cargos em si, apresentando práticas mais abrangentes e diversas do que as inicialmente pretendidas.
- » Consiste na aquisição do conhecimento, disseminação de informação, interpretação da mesma e memória organizacional.

A aprendizagem organizacional, portanto, não é aquilo que as pessoas aprenderam, mas certamente a cultura da empresa sendo modelada para aprendizagem constante.

Do que adianta TH investir maciçamente em treinamentos se, por exemplo, a diretoria não institui marcos de inovação e ruptura, valorizando a aprendizagem organizacional?

Por exemplo, uma ação de desenvolvimento sempre contribui para o enriquecimento do conhecimento organizacional, contudo, o efeito terá maior sustentação se houver esforços para a empresa incentivar que o colaborador coloque em prática aquilo que aprendeu.

Imagine você ser treinado num programa de liderança na empresa em que trabalha e não ser incentivado a ser um líder proativo. Triste!

Assim será importante que a prática seja incentivada, pois somente por meio do exercício diário sobre aquilo que se aprendeu que o ser humano desenvolve seu talento. Lembremos que talento contribui para o sucesso da jornada do próprio colaborador.

CAPÍTULO 7

O que as empresas inovadoras estão criando

Empresas nos moldes de *startups*? Empresas tradicionais? O que é certo, o que é errado na nova economia?

As mudanças de uma economia centrada na produção para a economia de serviços vêm transformando a forma de pensar e agir nas empresas em todo mundo, sejam elas companhias tradicionais, sejam *startups,* sejam *scale-ups*. Até porque toda *startup* bem-sucedida pode se tornar uma *scale-up*.

De fato, a transformação digital demonstrou ser o grande paradigma para as empresas tradicionais, que se agarraram com unhas e dentes na sua forma quase mecânica de gerenciar pessoas. Por outro lado, as empresas *startups* não estão seguras de como preparar seus talentos.

No velho cenário, as habilidades requeridas para o trabalho eram menos complexas e centradas em uma única parte do processo de produção, o que de fato exigia do funcionário algumas poucas competências. Ser especialista e ter recursos materiais para o desempenho da tarefa era sinônimo de sucesso na velha sociedade industrial.

Contudo, a valorização da experiência por clientes e colaboradores se apresenta com outras características e necessidades que as empresas estão correndo para suprir. Para marcar a nítida diferença entre os dois paradigmas, apresento no Quadro 7.3 uma comparação entre a velha cultura industrial e a Economia da Experiência.

Quadro 7.3 Comparação entre a velha cultura industrial e a Economia da Experiência.

	Velha cultura industrial	Economia da Experiência
Foco de Gestão de Pessoas	Determinar tarefas para os funcionários	Engajamento e *Employee Experience*
Competição entre empresas	Grande competição	Hipercompetição
Quantidade de cenários e variáveis	Muitos	Infinitos
Valorização dos ativos	Ativos tangíveis	Capital intelectual
Utilização da informação	Coleta, processamento e análise	Ampla transformação digital
Características dos funcionários	Especialistas	Multiespecialistas
Foco dos gestores	Chefiar e controlar as pessoas	Liderar, desenvolver as pessoas e proporcionar experiencias para elas
Forma de trabalhar	Relacionamento hierárquico	Trabalho em rede com baixa hierarquia

Fonte: Desenvolvida pelo autor.

250

A Gestão do Conhecimento conectada à Gestão de Pessoas e à Economia da Experiência

A Gestão do Conhecimento é uma das principais prioridades de qualquer instituição que almeje ingressar nessa nova era. Karl Erick Sveiby, autor de um dos clássicos livros sobre Gestão do Conhecimento, *A Nova Riqueza das Organizações*, é sucinto ao concluir que "o capital se deprecia com o uso, mas o conhecimento se valoriza". Uma grande verdade, quando percebemos o quanto um *hardware* se desvaloriza com o passar dos anos, contudo, cada vez mais o profissional que gera e transforma o conhecimento está em evidência.

Como se tornar uma organização inserida na Economia da Experiência, independentemente do porte? Nesse exato momento que estamos aqui no livro, empresas do mundo inteiro estão se digladiando para fazer o melhor gerenciamento de pessoas do que os concorrentes. Ora, isso não era visto antes, pois o objetivo de concorrer era com produtos e serviços. Agora, o objeto de desejo é talentos.

Em verdade, toda e qualquer organização que deseje prosperar na Economia da Experiência deverá se reinventar, libertando-se da velha cultura industrial, a qual valoriza mais máquinas, ferramentas e objetos do que competências.

Nas organizações vistas pelo paradigma do conhecimento, tempo e conhecimento são valorizados, assim como as estruturas intangíveis, como metodologias, conceitos e tecnologia, os quais se desenvolvem numa velocidade espantosa!

Convergência como chave na aprendizagem

Convergência é um termo utilizado para designar algo que se dirige ou flui para algum lugar. Há uma enorme convergência entre teorias de aprendizagem e educação corporativa para desenvolvimento dos colaboradores e melhoria substancial do *Customer Experience* e do *Employee Experience*.

No entanto, muitas organizações estão implantando treinamentos sem relação com os demais processos de Gestão de Pessoas. A proposta nesta seção é que tudo pode fluir para a aprendizagem dos colaboradores, contanto que haja convergência de ideias e projetos.

As teorias de aprendizagem foram desenvolvidas nas últimas décadas com a finalidade de explicar como as pessoas aprendem quando crianças e na vida adulta, sendo esta última o centro das atenções da educação corporativa.

Por sua vez, as teorias de aprendizagem construídas à luz de grandes teóricos educadores inspiraram o surgimento de técnicas de ensino, dentre as quais a aplicação de metodologias ativas de ensino.

Atribui-se grande parte do sucesso causado nas organizações às metodologias ativas de ensino, por se tratarem de técnicas de ensino que reúnem aspectos lúdicos e que despertam diversos instintos humanos, como, por exemplo, a competição. Portanto, as metodologias ativas de ensino vêm causando grande interesse não apenas entre os educadores, como também entre os educandos, que se sentem estimulados durante o processo de ensino. Experiências memoráveis de ensino são engrandecedoras.

As teorias de aprendizagem deságuam na educação corporativa, que por sua vez é um dos afluentes da aprendizagem organizacional, formando assim o capital intelectual e as experiências proporcionadas para os clientes e colaboradores.

CAPÍTULO 7

O mercado percebe com mais ênfase o que está na ponta do *iceberg*, pois as experiências proporcionadas para os clientes e colaboradores se tornam diferenciais competitivos das empresas que os praticam.

Na Figura 7.3, apresento a porção que é percebida pelo mercado (capital intelectual e experiências), a parte externa de um grande *iceberg*.

Figura 7.3 *Iceberg da convergência* entre teorias de aprendizagem e educação corporativa para o desenvolvimento das experiências dos clientes e colaboradores

Fonte: Desenvolvida pelo autor.

Teorias de aprendizagem e educação corporativa convergem para o desenvolvimento de experiências para os clientes e colaboradores nas empresas, e que o tipo de convergência se dá na forma de *iceberg*, cujas camadas essenciais são a base.

A parte do *iceberg* emergente é aquela que pode ser percebida pelos "olhos" do mercado, isto é, concorrentes, clientes e demais *stakeholders*.

Por ser a porção visível desse grande sistema organizacional, a retenção do capital intelectual e a criação de experiências passaram a ser dois dos principais objetivos das organizações inovadoras que visam a criação e sustentação de vantagens competitivas para se manterem e prosperarem no mercado cada vez mais voraz.

A onda da inovação e a competição

A onda de inovação é consequência de descobertas na área de tecnologia e também do *management*. Esta impulsionou ainda mais a necessidade mundial de domínio do conhecimento, reduzindo distâncias e aumentando o ambiente de competição entre as empresas.

A Gestão do Conhecimento conectada à Gestão de Pessoas e à Economia da Experiência

Veja o exemplo da guinada para o trabalho remoto exigido pela chegada repentina da pandemia. As empresas mais preparadas para essa migração conseguiram respostas mais rápidas dos seus colaboradores e clientes.

As novas tecnologias trouxeram o impulso necessário para desbancar o predomínio da competição pela fabricação de produtos, para ceder lugar à economia da experiência. Exatamente por isso, embora a tecnologia venha tomando o espaço das manchetes, as pessoas "portadoras" do capital intelectual definitivamente passaram a ser o centro de atenção das empresas. Nunca o conhecimento foi tão valorizado.

Não estou falando aqui do tipo de conhecimento guardado a sete chaves, mas daquele explicitado que pode ser transformador para os clientes e para os colaboradores.

A transição para **empresas inovadoras** definitivamente afetou e está afetando todos, tornando o ambiente organizacional ainda mais competitivo, tanto internamente como em relação aos concorrentes, comprometendo o ambiente competitivo de várias formas diferentes. Apresento ao menos dez:

1. Aceleração da hipercompetição entre as empresas.
2. Surgimento de novos competidores a todo instante.
3. Modificação das relações de trabalho, em que estabilidade deixou de ser o maior ativo.
4. Surgimento de serviços inovadores com maior facilidade.
5. Aumento de porte de competidores mundiais.
6. Novos segmentos de mercado surgindo.
7. Os fluxos financeiros tornaram-se mais rápidos.
8. Profunda modificação das exigências de qualificação de pessoas.
9. Grande oportunidade para se focar na experiência dos clientes e dos colaboradores.
10. Maior necessidade de aprimoramento do processo de Gestão de Pessoas.

Se a competição é inevitável, é necessário rever as vantagens competitivas, que passaram a ser as pessoas e experiências.

Vantagens competitivas mais breves

Vantagem competitiva é o resultado de vários esforços organizacionais para obter custos mais interessantes do que os concorrentes e, por outro lado, gerar na mente de seus consumidores valores diferenciados. Quando há a combinação desses dois fatores, a chance de liderança de mercado é alta.

CAPÍTULO 7

As **vantagens competitivas** de uma empresa não duram para sempre. Elas são cada vez mais breves e voláteis, principalmente se conquistadas por meio da introdução de novas tecnologias. A tecnologia, portanto, apresenta-se como paradoxo nas organizações, pois ao mesmo tempo que oferece a chance para criação de prerrogativas, estas tornam-se facilmente copiadas ou aprimoradas pelos concorrentes.

Já percebeu como na atualidade a concorrência consegue criar serviços parecidos entre si num piscar de olhos?

Por que, então, as vantagens competitivas originadas pelo emprego de alta tecnologia são cada vez mais breves? Há pelo menos três motivos:

> » Fronteiras econômicas não muito definidas, tornando possível uma empresa do outro lado do mundo adquirir tecnologia e competir com igualdade de condições com outros países.

> » Um fato que se complementa a este é que grande parte da indústria de tecnologia comercializa seus componentes para vários concorrentes diferentes simultaneamente.

> » Blocos econômicos, como a União Europeia, trataram da padronização de vários produtos, para permitir a circulação de mercadorias nos mercados comuns.

Foresight, inteligência competitiva e Gestão do Conhecimento

A gestão da inovação é de suma importância para as empresas que buscam estar preparadas para os desafios futuros. Porém, para entender esse processo, é preciso compreender primeiro as três abordagens que convergem para construção do processo de inovar.

A inteligência competitiva é responsável pelas ferramentas de incorporação do conhecimento externo ao ambiente interno da empresa. Assim que ocorre essa movimentação, a Gestão do Conhecimento cuida de levá-lo para todos os indivíduos inseridos na rede, promovendo um *networking* de inovação. Já o *foresight*, terceira abordagem, presume uma coleta e análise de dados para posterior tomada de decisão. Esse passo é importante, pois traduz a coletividade que a inversão do modelo *top-down* traz, ao mesmo tempo em que aponta para identificação de talentos e competências na corporação. O Quadro 7.4 expõe as diferenças cada abordagem

Observando-se o Quadro 7.4, fica evidente que todas as abordagens pressupõem uma obtenção e produção do conhecimento, por meio de meios por elas desenvolvidos, para posterior tomada de decisão. Um verdadeiro mapa completo que segue o conceito proposto por Canongia *et al.* (2004), no qual "o conhecimento, que precisa ser promovido, envolve desde a capacidade de resolver problemas localmente até a percepção das tendências tecnológicas e sociais relevantes à empresa".

A Gestão do Conhecimento conectada à Gestão de Pessoas e à Economia da Experiência

Independentemente de como será chamado, praticar *foresight*, inteligência competitiva e Gestão do Conhecimento são competências importantes para a gestão da inovação. Se são competências, automaticamente precisam fazer parte das prioridades de treinamento e desenvolvimento. Além disso, sabemos que a transformação digital vem acelerando a necessidade de capacitar continuamente as pessoas, e não apenas fazer treinamentos esporádicos.

Essa regra é simples e bem-vinda: toda vez que houver necessidade de criação de competências, sejam competências essenciais, competências distintivas ou competências técnicas, comportamentais ou híbridas, o processo de desenvolvimento e engajamento das pessoas deverá ser acionado para que essa necessidade seja apoiada por ações educacionais planejadas e bem implementadas.

De nada adianta a ferrenha competição no mercado se os talentos são forem capacitados e incentivados.

Quadro 7.4 As três abordagens que convergem para construção e prática da Gestão da Inovação.

Abordagem	Foresight	Inteligência competitiva	Gestão do Conhecimento
Objetivos	Integrar o planejamento estratégico, os estudos de futuro e as estruturas organizacionais, gerar sinergia nos processos de inovação.	Manter ou criar vantagens competitivas a partir da obtenção e uso de informações estratégicas.	Promover inovação a partir do estímulo ao potencial presente na organização e da circulação do conhecimento.
Principais resultados	Governança dos processos de inovação e decisões coordenadas.	Decisões estratégicas informadas.	Desenvolvimento da capacidade de inovar da organização.
Importância na gestão da inovação	Ações em rede para subsidiar o planejamento levando em conta visões de futuro e o papel de diferentes organizações nessas visões.	Ações em rede voltadas para a identificação das competências externas e para mudanças no ambiente de atuação da empresa.	Ações em rede voltadas para a melhoria do potencial interno de produção e codificação de conhecimento da empresa.

Fonte: adaptado pelo autor com base em Canongia *et al.* (2004).

CAPÍTULO 7

Da vantagem competitiva ao valor e ao resultado

Agregar valor às experiências pode trazer vantagens competitivas que são cada vez mais breves nas organizações. Por isso, precisam ser decididas mais rapidamente.

As principais formas de obter tais vantagens são a conquista de *performance* superior ocasionada por questões internas da empresa, como ampliação do *Employee Experience*, educação corporativa estruturada; criação, aprimoramento ou utilização de novas tecnologias de forma mais precoce que os concorrentes; agilidade na tomada de decisão como decorrência de desequilíbrios de mercado, como por exemplo falta de matéria-prima nos concorrentes.

A agregação de conhecimento pode ser preponderante para a obtenção das quatro formas de criar **vantagens competitivas**, já que todas podem resultar na agregação de valor para produtos e serviços e, consequentemente para ampliar a experiência dos clientes. Contudo, devemos lembrar que, para que o conhecimento gere lucro, deve ser realizado anteriormente um esforço para criar e comunicá-lo para o cliente, que precisará perceber e reconhecer tal valor.

Figura 7.4 Quatro formas de obtenção de vantagens competitivas, que agregam valor e, se percebidas pelos clientes, podem gerar resultados.

Fonte: Desenvolvida pelo autor.

A Gestão do Conhecimento conectada à Gestão de Pessoas e à Economia da Experiência

Agregar conhecimento na organização se reflete na adição de valor aos serviços, na medida em que tais conhecimentos estejam em linha com a inovação e que esta seja percebida pelo cliente como algo útil e constante. Se o cliente não perceber como agregação de valor, todo o esforço será desperdiçado. Somente com a experiência do cliente bem conduzida, o mercado poderá perceber os diferenciais da empresa.

É por isso que agregar valor apresenta uma enorme relação em atrair, desenvolver e reter talentos. Estamos na era da valorização dos processos e dos modelos de Gestão de Pessoas.

Na proporção em que essas ações mercadológicas reflitam em resultados tanto para clientes quanto para empresas, podemos concluir que o valor foi adicionado e entregue. Do contrário, tentativas de criar vantagens competitivas podem se transformar em agregação de custos ao invés de valor.

A fórmula da transformação = GC + GP + GE

O que buscam as organizações que resolvem desfrutar do mercado? Pessoas qualificadas? Incentivos ficais? Mercados em ascensão?

Obviamente esses são atrativos importantes para a decisão de implantar seus produtos e serviços, contudo, quando o mercado no qual se instalaram amadurece, inicia-se a competição com os rivais, tendendo à hipercompetição.

A transformação das empresas cada vez mais impulsionada pela transformação digital ditada em parte pela mudança de hábitos dos consumidores vem favorecendo o surgimento de novos negócios e, consequentemente, novos competidores num ritmo inimaginável.

Como as organizações podem lidar com tantas mudanças imprevisíveis e aceleradas que ocorrem no seu mercado? Uma boa alternativa é reunir esforços de Gestão do Conhecimento, Gestão de Pessoas e Gestão da Experiência, que são áreas de conhecimento complementares e que permitem as empresas reverem suas estratégias com maior velocidade.

Figura 7.5 Transformação de uma organização pela Gestão do Conhecimento (GC), Gestão de Pessoas (GP) e Gestão da Experiência (GE).

TRANSFORMAÇÃO = GC + GP + GE

Gestão do Conhecimento (GC), Gestão de Pessoas (GP) e Gestão da Experiência (GE)

Fonte: Desenvolvida pelo autor.

CAPÍTULO 7

Sei que parece uma fórmula matemática, mas me ocorreu fazer essa associação a fim de registrar que, nos dias atuais, a transformação de uma organização é fortemente dependente de GC, desde que esse processo se adicione a iniciativas estruturadas de GP e GE dos colaboradores e clientes.

Especialmente em relação ao desenvolvimento de talentos, percebo que o processo de experiência do colaborador, que no passado controlava apenas fatores ligados a treinamento está cada vez mais associado com a identificação de projetos que possam desenvolver o capital humano, gerando diferenciais para a empresa que serão difíceis de serem imitados no curto prazo pela concorrência.

Portanto, Gestão do Conhecimento, Gestão de Pessoas e Gestão da Experiência caminham juntos. Para essa integração, será necessário transformar dados em inteligência organizacional.

Dados, conhecimento e experiências

Existe conhecimento sem informação? A reposta é negativa. Contudo, a informação pode existir sem que haja geração de conhecimento. A informação é algo que para gerar valor precisa ser transformada em conhecimento.

Contudo, algumas empresas sequer chegaram ao estágio de **dados organizados**. Há um grande caos quando precisam recuperar a informação para ser novamente utilizada. Por incrível que pareça, muitas empresas investem milhões em tecnologia da informação, contudo, o processo de Gestão do Conhecimento não recebe um centavo.

Posso fornecer um exemplo cotidiano, no qual um programador sênior decide sair da empresa por receber uma oferta de trabalho mais convidativa. Aliás, o mercado de tecnologia tem sido campeão de movimentação de pessoas. Ao entrevistarmos gestores de TI que perderam recentemente membros da equipe, sabe qual é uma das maiores queixas? Recuperar as informações desenvolvidas pelo colaborador que deixou repentinamente a empresa.

Por isso, é um imperativo exercitar diariamente a organização de dados, transformá-los em informação para criar conhecimento. Gestores de projetos que fazem reuniões diárias com suas equipes, que compartilham informações preciosas sobre o andamento das atividades têm mais chances de cumprir o prazo de entrega do que aqueles que se reúnem semanalmente com o time. Que estratégia é essa, senão transformar dados desagregados sobre as frentes do projeto em conhecimento compartilhado?

Contudo, por causa da avalanche de metas, projetos e urgências organizacionais proporcionados pela onda de inovação, serão necessários dois novos passos.

A Gestão do Conhecimento conectada à Gestão de Pessoas e à Economia da Experiência

Dependendo do esforço, do foco e do investimento, o estágio de excelência pode ser alcançado: **criação de experiências memoráveis** para a organização.

Figura 7.6 Dados podem ser transformados em informação, conhecimento e inteligência.

Fonte: Desenvolvida pelo autor.

Selecionando e alocando profissionais do conhecimento

Muitas empresas no Brasil estão contratando soluções tecnológicas motivadas por inteligência artificial, mas não estão ainda conscientes da estratégia de gerar transferência de inteligência entre as pessoas, que é o um dos principais ingredientes para geração de diferenciais competitivos.

Uma das soluções é refinar o processo seletivo e contratar profissionais do conhecimento para atuar na transformação de pessoas em toda organização. A premissa das empresas que criam conhecimento é que este não deve ser confinado a um único departamento ou à uma única pessoa. Não deve também ser exclusivo da cúpula, pois do contrário não haverá assimilação pelos demais colaboradores. Outra premissa é que a área de TH, ao invés de concentrar todas as informações ligadas à gestão de pessoal, deve ser o departamento irradiador da transferência diária de conhecimento para os times.

Para tanto, deve-se incentivar que pessoas comuns nas empresas "levem a bandeira" de **profissional do conhecimento**, aquele que investe parte significativa do seu tempo transformando dados em conhecimento e este em experiências para as pessoas facilitando a tomada de decisão pela organização e também contribuindo para que esta se diferencie no mercado.

CAPÍTULO 7

Todas as áreas da empresa podem ter esses profissionais, pois não se trata de um cargo, mas de uma abordagem. Especificamente alguns departamentos, como marketing, logística, TI e *Customer Experience*, são mais propensos a gerar conhecimentos ligados à inteligência competitiva.

Não é uma tarefa fácil identificarmos o conjunto de competências que o profissional de conhecimento precisa ter, pois não são exclusivos de um departamento. Uma grande característica é a sua transversalidade, e não a verticalidade nas relações.

Nonaka e Takeuchi, em seu clássico livro *Criação de Conhecimento na Empresa: Como as Empresas Japonesas Geram a Dinâmica da Inovação*, sugerem quais qualificações os profissionais do conhecimento devem idealmente possuir:

- » Elevados padrões intelectuais.
- » Forte comprometimento para recriar o mundo, segundo sua própria perspectiva.
- » Ampla variedade de experiências dentro quanto fora da empresa.
- » Qualificação na condução de diálogo com clientes e colegas de trabalho.
- » Abertos para conduzir discussões francas e debates com outras pessoas.

Na atualidade, vários processos seletivos para cargos de gestão estão priorizando **soft skills**, reforçando a visão de Nonaka e Takeuchi. Contudo, ainda está longe do radar de algumas empresas a principal competência para a criação de inteligência organizacional: tais candidatos precisam possuir paixão em transmitir conhecimento para as pessoas e habilidade para transformá-lo.

Infelizmente, conheço alguns gestores que ainda têm receio de compartilhar o que aprenderam para suas equipes. Grande engano!

Uma das alternativas é aproveitar **profissionais sêniores** nas empresas. Vejo um potencial grande para as pessoas com mais idade se tornarem profissionais do conhecimento, contanto que se desenvolvam para isso.

É importante frisar que essa mudança de *mindset* somente será possível se a Cultura Organizacional for propícia. Não basta desenvolver apenas um setor dentro da empresa. Devem-se oferecer bases necessárias para que os avanços ocorram. A presença de boas lideranças é essencial para que a implementação de uma cultura preparada para o futuro ocorra com eficácia. Novamente fica nítida a estreita relação entre Cultura Organizacional e a necessidade de desenvolver talentos.

Lacombe, em seu célebre livro *Recursos Humanos: Princípios e Tendências*, destaca que o desenvolvimento organizacional é um conjunto complexo de medidas para mudar a cultura empresarial, atingindo atitudes, estruturas e valores. Essa implementação ocorre por meio do agente de mudanças, profissional interno ou externo.

A Gestão do Conhecimento conectada à Gestão de Pessoas e à Economia da Experiência

O papel do agente de mudanças será completo somente se ele construir um ambiente receptivo e favorável para as soluções, bem como com um nível saudável de concorrência; aperfeiçoar os métodos e a agilidade de resposta a problemas; aumentar a autonomia e o autocontrole dos colaboradores.

O novo papel do *business partner*

Não vejo como qualquer empresa se orgulhar de desenvolver sua universidade corporativa, mesmo que seja parcialmente, sem modificar profundamente a forma de atuação das pessoas que trabalham na área de Talentos Humanos.

Segundo um estudo feito pela consultoria internacional CEB, companhias que dedicam um colaborador para o cargo de **business partner** possuem um aumento médio de 10% nas receitas e no lucro. Porém, a função desse profissional ainda causa confusão em grande parte das corporações em diversos quesitos, como definição de metas, responsabilidades e perfil adequado.

A compreensão é abalada porque o papel do *business partner* possui um escopo muito amplo. Suas ações devem englobar as extremidades da empresa sob uma ótica que alinhe as estratégias, lidando sempre com situações correntes, assim como com um público externo e interno. Ele deve cooperar na criação de ações que aumentem a ideia de valor do negócio, melhorando o clima organizacional e a imagem externa.

Para o mentor Dave Ulrich, o papel deve voltar-se, basicamente, a aproximar o departamento de TH das áreas de negócios. Essa função de conciliador e gerador de confiança requer que o *business partner* tenha uma visão 360°, mas que atenda primeiro os líderes internos e, só então, aos clientes.

A abrangência do *business partner* também faz com que dúvidas sobre o seu perfil surjam. Cada empresa trata o cargo de forma diferente, com experiências diversas e personalidades divergentes. Mas, de forma geral, esse profissional deve estar naturalizado com o uso da empatia, colaboração e ser aberto à experimentação e inovação.

Ainda de acordo com a CEB, os *business partners* devem se empenhar em quatro funções principais: ser um parceiro estratégico, um gerente de operações, responder às emergências e mediar as necessidades de funcionários. Ou seja, além de desenvolver e avaliar as melhores estratégias de negócios, ele deve reportar ao TH os dados e interesses dos colaboradores para aprimorar a *performance* empresarial como um todo.

A serem selecionados para atuar na área de TH, os novos colaboradores precisam se conscientizar que seu principal cliente interno não é a diretoria de TH, e sim os colaboradores da área fim à qual eles foram destinados. Tanto os líderes dessas áreas quanto os liderados são seus principais clientes internos que precisam receber serviços de Gestão de Pessoas de qualidade, afetando positivamente a experiência deles, o *Employee Experience*.

CAPÍTULO 7

Formas de criar conhecimento

Existem muitas formas de criar e gerenciar o conhecimento numa organização. Um forte desafio na atualidade é que grande parte do conhecimento gerado é desperdiçada por falta de alguém que incentive essas iniciativas. A experiência do colaborador pode ser seriamente afetada caso a empresa não crie formas de transformar o conhecimento tácito, aquele que está apenas na mente dele, em conhecimento estruturado que possa ser consultado, disseminado e aprendido por outras pessoas.

Para Davenport e Prusak, em *Conhecimento Empresarial: Como as Empresas Gerenciam o Seu Capital Intelectual*, o conhecimento é gerado por meio do que as instituições extraem do ambiente. Essas situações experienciais podem ser divididas em cinco padrões principais:

- » **Aquisição:** é a compra, contratação ou aluguel de uma fonte de conhecimento, seja uma empresa, funcionário ou parceiro. Assim, parte do saber é retida. Um bom exemplo ocorre quando a área de TH encomenda um projeto de *assessment* para empresas externas.

- » **Recursos dirigidos:** são unidades ou equipes direcionadas a produção de novos métodos e conhecimentos. O uso de recursos como bibliotecas digitais também são exemplos. Podemos exemplificar também as plataformas de *Learning Management System* – LMS para gerenciar a educação a distância.

- » **Fusão:** ocorre quando uma equipe formada por diferentes pessoas é desafiada para resolver problemas ou para criar inovações, fazendo com que a fusão do conhecimento gere soluções diferenciadas. Com frequência, realizo *workshop* nas empresas mesclando diferente equipes para se mapear a jornada do cliente e a jornada dos funcionários. Ocorre aí uma grande fusão de conhecimento.

- » **Adaptação:** muitas vezes as organizações encontram-se numa situação de luta pela sobrevivência e, por isso, precisam desesperadamente se adaptar. A adaptação surge em momentos negativos pontuais, como em crises, e costumam ser a única alternativa ao fim de uma organização. A pandemia demonstrou claramente a necessidade de adaptação.

- » **Redes do conhecimento (comunidades de prática):** ocorre quando pessoas partilham conhecimento de forma cooperativa, seja presencialmente ou remotamente, visando resolver situações em conjunto. Essa é uma das formas de gerar novos conhecimentos. As redes de conhecimento, informais, mas organizadas, reúnem pessoas para cooperar e edificar novos saberes. Posso fornecer um exemplo sobre rodadas de inovação, nas quais são introduzidos desafios para as equipes desenvolverem e praticarem.

O Japão sempre foi uma referência, e continua sendo, em inovação, e um dos segredos é que os líderes são intensos em criar conhecimento estruturado para que as pessoas possam consultar e utilizar para fins de alta *performance* e de qualidade.

Nonaka e Takeuchi, em sua reconhecida obra *Criação de Conhecimento na Empresa: Como as Empresas Japonesas Geram a Dinâmica da Inovação*, defendem que o conhecimento tácito e o explícito só podem existir em sincronia. Os autores consolidaram quatro desses movimentos, conforme a Figura 7.7.

Figura 7.7 Movimentos para a criação de conhecimento segundo Nonaka e Takeuchi.

Fonte: adaptada pelo autor com base em Nonaka e Takeuchi (1997).

Enquanto o conhecimento tácito está ligado à experiência, o explícito identifica-se como aquele responsável por documentar e externar as ideias para que possam ser consultadas e disseminadas com excelência pelas equipes.

Assim, a socialização compartilha experiências, a externalização transforma dados desagregados e informação estruturada, a combinação se presta a um sistema de trocas e a internalização converte o conhecimento.

Marco Silveira, em *Educação para Inovações nas Organizações,* reforça que a geração de conhecimento ocorre em função de dois tipos.

1. **Explícito**: conhecimento formalizado e sistemático por meio de manuais, procedimentos, normas, políticas, processos e outros documentos.
2. **Tácito:** chamado também de implícito, é obtido por meio da interação direta entre as pessoas, pela experiência.

Acredita-se que o conhecimento tácito é a centelha para inovação, já que as pessoas que lidam com as situações cotidianas apresentam um enorme manancial de informações sobre produtos, serviços e clientes.

Fazendo-se um paralelo com o mapeamento da jornada dos colaboradores e dos clientes, torna-se evidente que em muitos casos as ideias geradas a partir do

CAPÍTULO 7

conhecimento tácito são extremamente valiosas e estavam ali "gravadas na memória" há muito tempo, prontas para serem descobertas pela organização.

O conhecimento tácito, portanto, é uma importante forma de criação de vantagens competitivas para as empresas. Para tornar isso possível, será importante que os gestores apliquem métodos para capturar esses *insights* e transformá-los. Do contrário, essas valiosas informações ficam para sempre internalizadas nas pessoas, portanto, desperdiçadas pela organização.

Como incentivar a interação entre conhecimento tácito e explícito para gerar diferenciais competitivos e inovação? Uma das melhores formas é promover um processo de excelência quanto à Gestão de Pessoas, priorizando o desenvolvimento delas para alcançarem a alta *performance*.

Modelo de cinco fases da criação do conhecimento

Um dos maiores desafios da atualidade não é o acúmulo de bilhões de informações e dados pela empresa, mas sim a transformação disso tudo em conhecimento organizacional, que elevará os padrões de produtos e serviços, proporcionando a criação de valor para os clientes e funcionários. Lembremos sempre do compromisso de otimizar a experiência dos colaboradores por meio do *Employee Experience*. Sem informação estruturada, essa robusta estratégia é inviável.

Um colaborador que almeja entregar um projeto quase sempre pergunta para outra pessoa como fazer a tarefa. Nem sempre essa é uma boa solução. Quanto tempo desperdiçado!

Numa empresa de varejo em certo momento verifiquei que, quando a impressora falhava, o gerente da área era acionado para dar um jeito nela, pois era o único que conhecia o equipamento e assim sempre quebrava galhos das pessoas.

Essa é uma estratégia que conferia grande popularidade para o gestor. Contudo, analisando o tempo dedicado para a impressora e outras intervenções desnecessárias, ficou evidente uma grande perda mensal de tempo desse gestor. Pergunto: por que o estagiário do departamento não solucionava a impressora? Por que não fazer um microtreinamento *on-line* para os colaboradores saberem resolver situações simples no equipamento?

O principal motivo era que o gerente jamais havia pensado nessa possibilidade.

Esse é um exemplo simples, mas não simplório, de como as pessoas se esquecem de criar conhecimento nas empresas. O grande problema é que o conhecimento deve ser uma alavanca para *empowerment*, ganho de produtividade e valorização das pessoas.

As empresas precisam criar **conhecimento sobre como criar conhecimento**. Isso não é uma frase pegadinha. É uma das conclusões da pesquisa de Nonaka e Takeuchi, que desenvolveram uma forma dinâmica de apresentar as condições capacitadoras que promovem o conhecimento organizacional: (1) compartilhamento de conhecimento tácito; (2) criação de conceitos; (3) justificação dos conceitos; (4) construção de um arquétipo; e (5) difusão interativa do conhecimento, conforme Figura 7.8.

Figura 7.8 Condições capacitadoras que promovem o conhecimento organizacional.

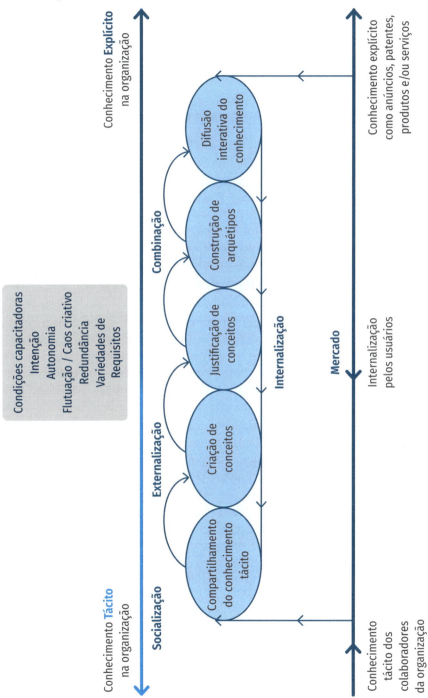

Fonte: adaptada pelo autor com base em Nonaka e Takeuchi (1997).

CAPÍTULO 7

Para criar conhecimento e inovação na organização, é premissa de sucesso desenvolver as pessoas, respeitando-se o *mindset* delas e evitando desperdiçar tempo com tarefas que roubam produtividade. Uma das formas mais simples de se pensar e agir sobre essa adaptação é conhecer os tipos de inteligência dos colaboradores e então ministrar a estratégia mais adequada para engajá-los. O modelo de inteligências múltiplas, desenvolvido por Howard Gardner, ajuda a explicar como "acessar" as pessoas, um dos princípios do *Employee Experience*.

As inteligências múltiplas de Howard Gardner

Métodos de aprendizagem geralmente são criticados por serem vistos como uma forma impositiva e simplificadora das individualidades humanas.

A verdade é que, se não forem encarados como uma ferramenta complementar, os métodos podem sim serem limitadores. Porém, ao utilizá-los corretamente, relacionando-os com uma interpretação de cada situação, os diferentes meios de transmissão do conhecimento trazem ótimos resultados para o *Employee Experience*.

Howard Gardner mudou o paradigma da tipificação do que é inteligência ao propor, em seu livro, a teoria das múltiplas inteligências dos seres humanos. Com esse modelo, foi possível pensar as melhores práticas para desenvolvimento, favorecendo a criação do capital intelectual nas organizações.

Antes de entender cada inteligência de forma detalhada, é necessário compreender que, como seres altamente complexos, temos uma tendência a sermos uma fusão de várias dessas inteligências: linguística, lógica, motora, espacial, musical, interpessoal e intrapessoal. Não se trata de encaixar-se em uma definição, mas de uma ferramenta para identificar o misto de forças e fraquezas que compõe nossas personalidades.

Foi com as particularidades de cada forma de aprendermos que Howard Gardner desenvolveu seu método das inteligências múltiplas. O psicólogo buscou identificar nas pessoas as diferentes inteligências que poderiam facilitar o sucesso naquilo que fazem. Em um primeiro momento, foram identificadas sete, como apresento no Quadro 7.5.

É notável que cada grupo de inteligência possui atividades típicas e um método de aprendizagem mais proveitoso. Essa análise é fruto dos princípios que Gardner tomou para seu método, que procura entender como percebemos as coisas. Identificar como as pessoas preferem aprender deve ocorrer por meio de um levantamento de seus pontos fortes, que servem como canais de aprendizagem.

Howard Gardner ainda atenta para a transformação dessa teoria em prática. Não basta saber como cada pessoa comporta-se, é necessário adaptar o ensinamento para que ela se sinta confortável e relaxada. Um aprendiz nervoso pela possibilidade de errar, desconfortável por ter que agir de maneira que não lhe é natural, reterá pouco conhecimento que lhe for transmitido.

O idealizador do método das inteligências múltiplas se aprofundou num importante ideal voltado ao julgamento da inteligência. O teórico educacional alimentou a ideia de que a inteligência só pode ser julgada se posta em relação a algo – como

A Gestão do Conhecimento conectada à Gestão de Pessoas e à Economia da Experiência

um trabalho ou uma atividade. Gardner abandonou a avaliação da inteligência puramente, ou seja, nega os testes de Q.I. e classificações de pessoas como inteligentes ou não.

Quadro 7.5 As inteligências múltiplas de Howard Gardner

Tipo de inteligência	Capacidades e percepções	Funções típicas	Atividades relacionadas	Aprendizado
Linguística	Escrita, fala, interpretação	Escritores, oradores, jornalistas, poetas	Escrever, editar textos, narrar	Palavras e linguagem
Lógico--matemática	Deduzir, detectar padrões, calcular	Engenheiros, cientistas, analistas	Calcular, analisar, criar estratégias	Números e lógica
Musical	Reconhecimento tonal, uso de ritmos	Músicos, cantores, DJs, produtores	Cantar, tocar um instrumento	Música, sons e ritmos
Cinestésica	Destreza, agilidade, equilíbrio	Atores, dançarinos, chefes de cozinha	Gesticular, tocar, exercitar-se	Tato, experiência física e movimentos
Espaço-visual	Imaginação visual e espacial	Artistas, *designers*, arquitetos	Fazer *layouts*, interpretar quadros	Imagens, formas, sólidos
Interpessoal	Relacionar-se e interpretar os outros	Líderes, conselheiros, negociadores	Analisar expressões, influenciar emoções	Cooperação, comunicação
Intrapessoal	Entender-se, autoconhecimento	Pessoas que buscam se atualizar	Identificar quais ações precisa tomar	Autoentendimento, reflexão
Naturalista	Capaz de perceber o ambiente natural	Ecologistas, defensores da preservação	Cuidar do ambiente, sustentabilidade	Por meio de exemplos ligados à natureza
Existencial/ Espiritual	Religião e autoridade	Professores de *mindfulness*	Meditação, redução de estresse	Convivência com pessoas que tem os mesmos ideais

Fonte: adaptado pelo autor com base em Chapman (2011).

CAPÍTULO 7

Muitas são as instituições que ainda trabalham com esses preceitos. Esse posicionamento, que não se baseia na teoria de Gardner, dificulta a obtenção de conhecimento pelas pessoas.

Esse desafio não se limita às instituições educacionais ou momentos de seleção, análise de desempenho e mesmo planejamento de carreira dentro de uma corporação, pois é inerente a qualquer cargo que trabalhe com Gestão de Pessoas. Os bons líderes conseguem identificar os melhores métodos de aprendizagem para cada indivíduo e utilizam meios mais apropriados para que o conhecimento seja mais fluido. Uma das técnicas é o *feedback*.

O *feedback* é um processo tão importante para ajustes do desempenho das pessoas, que apresentei no Capítulo 1 o método **FeedMentor 20 Minutos** como uma forma de desenvolver os colaboradores, servindo para substituir o desgastado processo de *feedback* tradicional. Se o FeedMentor for realizado, respeitando-se as formas de aprender de cada indivíduo, demonstradas pelas inteligências múltiplas, a possibilidade de mudar padrões indesejáveis quanto à Gestão do Conhecimento é multiplicada.

Uma técnica benéfica para facilitar o fluxo de informações na empresa, o estabelecimento de *rapport* e a "leitura do outro", isto é, observar, conhecer e empatizar com uma outra pessoa, respeitando-se as preferências dela em relação ao uso da inteligência, é a programação neurolinguística.

Programação neurolinguística como facilitadora

A programação neurolinguística, ou PNL, surgiu na década de 1970 a partir de estudos realizados por Richard Bandler, um matemático da Universidade da Califórnia, em Santa Cruz, e John Grinder, professor de Linguística. Ambos estudaram pessoas que obtinham sucesso, observando como elas praticavam a excelência naquilo que desempenhavam.

Eles foram a campo buscar respostas a certas perguntas: quais estratégias essas pessoas geniais utilizam? O que essas pessoas de excelência fazem para serem tão diferenciadas? O que está por trás da comunicação verbal e não verbal desses indivíduos? Que padrões de pensamento levam esses profissionais a serem fora da curva?

Os resultados desses experimentos criaram os alicerces da **programação neurolinguística – PNL**, que atualmente é uma excelente opção como ferramenta de mudanças pessoais e profissionais. A PNL pode ser utilizada para apoiar a capacitação dos colaboradores no desenvolvimento da competência de gerenciamento do conhecimento, por exemplo.

Para se aplicar a PNL em prol do sucesso das pessoas, é importante buscar uma formação específica para que as recomendações sejam consistentes. Aprendemos dezenas de técnicas na formação, mas costumo dizer que as melhores são as mais simples, isto é, aquelas que as pessoas comuns podem fazer para melhorar as suas vidas.

Fazendo-se um *link* com a inovação e como aprendizagem das pessoas, a PNL é uma excelente forma de acelerar a obtenção do conhecimento por investir grande parte de suas técnicas em identificar como as pessoas "funcionam", como aprendem e como se comunicam com eficácia. Essa estratégia proporcionou que a PNL se tornasse um método campeão de empatia, proporcionando que milhares de especialistas de Talentos Humanos ao redor do mundo repensassem a forma de abordar e de compreender as necessidades dos colaboradores das empresas.

Um educador, por exemplo, pode contar com recursos da PNL a fim de identificar o perfil dos alunos e, assim, estimular sua progressão ao respeitar como aprendem individualmente em sala de aula presencial ou *on-line*. Alguns aprendizes são mais sensíveis ao estímulo visual, então o educador proporciona mais imagens e vídeos; outros ao tato, utilizando *handouts* em papel e peças de jogos; outros alunos privilegiam o sentido auditivo, por isso dão preferência à argumentação muito bem-feita pelo professor. Esse é bom exemplo do respeito ao *Student Experience* durante treinamentos nas empresas.

Como visto, a Gestão do Conhecimento não pode ser vista como uma competência organizacional isolada ou como uma iniciativa apenas de organização de informações e inteligência competitiva. A Gestão do Conhecimento deve focar o aumento do capital intelectual nas organizações, favorecendo o ganho de vantagens competitivas; contudo, deve estar perfeitamente acoplada às estratégias e aos modelos de *Employee Experience*, Gestão de Pessoas e Cultura Organizacional, promovendo o desenvolvimento dos colaboradores.

Bom, chegamos ao final!

Agradeço a você pelo seu tempo e dedicação na jornada de leitura deste livro. Aproveito para dizer que podemos trocar ideias. Escreva para mim, terei prazer em responder.

Outros livros de minha autoria talvez possam ajudar em sua jornada: *Gestão do Relacionamento* e *Customer Experience* e *Treinamento e Desenvolvimento com Educação Corporativa*. Escreva para mim contando o seu *feedback* do livro. Será um prazer recebê-lo.

Um grande abraço,

Roberto Madruga

roberto.madruga@conquist.com.br

Referências

A SELEÇÃO por competências como método de avaliar talentos. Disponível em: https://psicologado.com/atuacao/psicologia-organizacional/a-selecao-por-competencias-como-metodo-de-avaliar-talentos. Acesso em: 11 ago. 2020.

ABDALLAH, A. Aprenda a receber feedback. *Época Negócios*, São Paulo: Abril, ed. 86, 2014.

AKEDE, J. *et al.* Five Ways To Wellbeing. *New Economics Foundation*. Disponível em: https://neweconomics.org/2008/10/five-ways-to-wellbeing. Acesso em:

ALBERONI, F.; VECA, S. *O altruísmo e a moral*. Rio de Janeiro: Rocco, 1990.

ALVES FILHO, A.; SALM, J. F. A formação da estratégia pela aprendizagem organizacional. *Revista de Ciências da Administração*, Florianópolis, ano 2, n. 3, abr. 2000. Disponível em: https://periodicos.ufsc.br/index.php/adm/article/viewFile/8032/7414. Acesso em: 11 ago. 2020.

ALVES, E. F. *Programas e ações em qualidade de vida no trabalho*. Disponível em: http://www3.sp.senac.br/hotsites/blogs/InterfacEHS/wp-content/uploads/2013/08/4_ARTIGO_vol6n1.pdf. Acesso em: 14 fev. 2018.

ARAUJO, L. C. G.; GARCIA, A. A. *Gestão de pessoas, estratégias e integração organizacional*. São Paulo: Atlas, 2014.

ARAUJO, L. C. *Organização, sistemas e métodos e as modernas ferramentas de gestão organizacional*. São Paulo: Atlas, 2000.

AS TECNOLOGIAS DE INFORMAÇÃO E COMUNICAÇÃO (TICS) NO CONTEXTO ESCOLAR. Disponível em: http://monografias.brasilescola.uol.com.br/educacao/as-tecnologias-informacao-comunicacao-tics-no-contexto-escolar.htm. Acesso em: 11 ago. 2020.

BANDLER, R.; GRINDER, J. *A estrutura da magia*. Rio de Janeiro: LTC, 1997.

BARRETT VALUES CENTRE. *The Barret Model: The Seven Levels Model describes the evolutionary development of human consciousness*. Disponível em: https://www.valuescentre.com/mapping-values/barrett-model. Acesso em: 11 ago. 2020.

BARRETT, J. *Connecting Employee Experience and Customer Experience*. Sept. 2018. Disponível em: https://www.customerexperienceupdate.com/employee-experience/measurement/metrics/?open-article-id=8864350&article-title=connecting-employee-experience-and-customer-experience&blog-domain=getfeedback.com&blog-title=getfeedback. Acesso em: 11 fev. 2020.

BASSO, Cristiane. *As 10 escolas da Administração Estratégica*. Disponível em: http://www.administradores.com.br/artigos/cotidiano/as-dez-escolas-da-administracao-estrategica/58015/. Acesso em: 11 ago. 2020.

BEBER, B.; SILVA, E.; BONFIGLIO, S. U. Metacognição como processo da aprendizagem. *Revista Psicopedagogia*, São Paulo, v. 31, n. 95, p. 144-151, 2014. Disponível em: http://pepsic.bvsalud.org/scielo.php?script=sci_arttext&pid=S0103-84862014000200007&lng=pt&nrm=iso. Acesso em: 11 ago. 2020.

BENITEZ, C. J. 7 Factors That Prevent You From Studying Better. *Elearning Industry*. Disponível em: https://elearningindustry.com/7-factors-prevent-studying-better. Acesso em: 9 set. 2021.

BERNI, L. E. V. Descortinando o coaching pelo self-empowerment. *Boog Consultoria*. Disponível em: http://www.boog.com.br/artigos/descortinando-o-coaching-pelo-self-empowerment/. Acesso em: 11 ago. 2020.

BIRKBECK UNIVERSITY OF LONDON. *Recruitment procedure*. Disponível em: http://www.bbk.ac.uk/hr/policies_services/policies_az/recruitment_guide/#4.1. Acesso em: 11 ago. 2020.

BOHLANDER, G.; SNELL, S. *Administração de recursos humanos*. São Paulo: Cengage Learning, 2009.

BRASÍLIA. *Lei nº 13.429, de 31 de março de 2017*. Altera dispositivos da Lei nº 6.019, de 3 de janeiro de 1974, que dispõe sobre o trabalho temporário nas empresas urbanas e dá outras providências; e dispõe sobre as relações de trabalho na empresa de prestação de serviços a terceiros. Brasília: Congresso Nacional, [2017]. Disponível em: http://www.planalto.gov.br/ccivil_03/_ato2015-2018/2017/lei/L13429.htm. Acesso em: 11 ago. 2020.

BRETT MINCHINGTON. Disponível em: https://www.brettminchington.com. Acesso em: 11 ago. 2020.

BUENO, M. As teorias de motivação humana e sua contribuição para a empresa humanizada: um tributo a Abraham Maslow. *Revista do Centro de Ensino Superior Catalão*, Catalão – Goiás, Ano 4, n. 6, 1º semestre 2002.

CALVAZARA, B. *Um benefício inesperado de ter um bom relacionamento com seus colegas*. Disponível em: http://hypescience.com/bom-relacionamento-com-colegas-de-trabalho-aumenta-expectativa-de-vida/. Acesso em: 11 ago. 2020.

CALZAVARA, B. *Como criar o espaço de trabalho perfeito*. Disponível em: http://hypescience.com/como-criar-o-espaco-de-trabalho-perfeito-segundo-a-ciencia/. Acesso em: 11 ago. 2020.

CAMARGO, M. História da informática e da tecnologia da informação. *TIC – Tecnologia da Informação e Comunicação*. Disponível em: http://pt.slideshare.net/Marcelo/histria-da-informtica-e-da-tecnologia-da-informao?next_slideshow=1. Acesso em: 11 ago. 2020.

CAMPOS, F. P. *et al. A influência da cultura organizacional para o desempenho das organizações*. Janus, Lorena, n. 14, p. 21- 31, jun./dez. 2011.

CANONGIA *et al.* Foresight, inteligência competitiva e gestão do conhecimento: instrumentos para a gestão da inovação. *Gestão & Produção*, v. 11, n. 2, p. 231-238, maio/ago. 2004.

CAPOBIANCO, L.; CURY, L. Princípios da história das tecnologias da informação e comunicação grandes invenções. *In*: VIII Encontro Nacional de História da Mídia, Guarapuava: UNICENTRO, 2011. Disponível em: http://www3.eca.usp.br/sites/default/files/form/cpedagogica/Capobianco-Princpios_da_Histria_das_Tecnologias_da_Informao_e_Comunicao__Grandes_Histrias_Principles_of_ICT_History.pdf. Acesso em: 11 ago. 2020.

CASTRO, N. J. DE.; BRUNO, M.; ROSENTAL, R. Tecnologias da informação e comunicação, formação profissional e educação a distância: tendências e perspectivas. *In*: XXV Congresso Brasileiro de Ciências da Comunicação, Salvador: INTERCOM – Sociedade

Referências

Brasileira de Estudos Interdisciplinares da Comunicação, 2002 Disponível em: http://www.intercom.org.br/papers/nacionais/2002/congresso2002_anais/2002_NP8castro.pdf . Acesso em: 11 ago. 2020.

CATALÃO, J. A.; PENIM, A. T. *Ferramentas de coaching*. Lisboa: Lidel, 2009.

CHAPMAN, A. Herzberg diagram. *Business Balls*, 2003. Disponível em: http://www.businessballs.com/herzbergdiagram.pdf. Acesso em: 3 nov. 2016.

CHAPMAN, A. *Howard Gardner's multiple intelligences*. Disponível em: http://www.businessballs.com/howardgardnermultipleintelligences.htm. Acesso em: 18 nov. 2020.

CHAPMAN, A. *Training process diagram: the process of training and developing others – typical model*. Disponível em: http://www.businessballs.com/trainingprocessdiagram.pdf. Acesso em: 15 dez. 2016.

CHIAVENATO, I. *Gestão de pessoas*: o novo papel dos recursos humanos nas organizações. 5. ed. São Paulo: Atlas, 2020.

CITRIN, J. As cinco virtudes dos executivos extraordinários. *HSM Management*, 2004. p. 203.

CLEAR, J. *Core values list*. Disponível em: https://jamesclear.com/core-values. Acesso em: 11 ago. 2020.

COENE, S. *how design thinking and employee experience go hand in hand*. [S. I.]: HR Trend Institute, 3 set. 2018. Disponível em: https://hrtrendinstitute.com/2018/09/03/design-thinking-employee-experience/. Acesso em: 11 ago. 2020.

CONCEIÇÃO, M. da C. V. da. *A jornada de trabalho e o ordenamento jurídico brasileiro*. Propostas para um novo modelo de normatização. Disponível em: https://jus.com.br/artigos/7277/a-jornada-de-trabalho-e-o-ordenamento-juridico-brasileiro. Acesso em: 11 ago. 2020.

CONQUIST. *Programas de coaching, mentoring e counseling*. Disponível em: https://conquist.com.br/educacao-corporativa/programas-coaching-mentoring-counseling. Acesso em: 11 ago. 2020.

COSTA, K. da S.; FARIA, G. G. *EaD – sua origem histórica, evolução e atualidade brasileira face ao paradigma da educação presencial*. Disponível em: http://www.abed.org.br/congresso2008/tc/552008104927am.pdf. Acesso em: 11 ago. 2020.

CRUZ, T. A.; SANTANA, L. C. Recursos Humanos: presente nas organizações, mas desconhecido. *Revista de Iniciação Científica – RIC*, Cairu, v. 2, n. 1, p. 33-56, 2015.

DAVENPORT, T. H.; PRUSAK, L. *Conhecimento empresarial*: como as empresas gerenciam o seu capital intelectual. Rio de Janeiro: Campus, 1998.

DICK, W.; CAREY, L.; CAREY, J. O. *Systematic design of instructional*. 7. ed. Boston: Pearson. p. 164-165, 2009.

DOS SANTOS, F. F. Entenda o que são as Normas Regulamentadoras do TEM. *Jusbrasil*. Disponível em: http://ffsfred.jusbrasil.com.br/noticias/184518209/entenda-o-que-sao-as-normas-regulamentadoras-do-mte. Acesso em: 11 ago. 2020.

DRUCKER, P. O futuro já começou. *Exame*, São Paulo, 22 mar. 2000.

DUTRA, J. S.; FLEURY, M. T. L.; RUAS, R. *Competências*: conceitos, métodos e experiências. São Paulo: Atlas, 2010.

ENGAGE FOR SUCCESS. *Ways employee engagement adds value to business development*. Disponível em: https://engageforsuccess.org/business-development. Acesso em: 14 mar. 2020.

Engajamento do funcionário. Pesquisa Hay Group Insight de funcionários. Disponível em: http://www.haygroup.com/br/services/index.aspx?id=7998. Acesso em: 20 fev. 2018.

ENTERPRISE DESIGN THINKING. *How a small design team made a big impact on Employee Experience*. Disponível em: https://medium.com/enterprise-design-thinking/employee-experience-design-a623a751f2ee. Acesso em: 2 fev. 2020.

ÉPOCA NEGÓCIOS. *Os gerentes são responsáveis por boa parte do engajamento de suas equipes*. Disponível em: https://epocanegocios.globo.com/Inspiracao/Carreira/noticia/2015/05/os-gerentes-sao-responsaveis-por-boa-parte-do-engajamento-de-suas-equipes.html. Acesso em: 11 ago. 2020.

EVANS, P.; RAUCH, J. Burocracia e crescimento: uma análise internacional dos efeitos das estruturas do Estado "weberiano" sobre o crescimento econômico. *Revista do Serviço Público*, v. 65, n. 4, p. 407-437, 2014.

FADEL, L. M; *et al.. Gamificação na educação*. São Paulo: Pimenta Cultural, 2014.

FERNANDES, B. R. *Gestão estratégica de pessoas com foco em competências*. Rio de Janeiro: Campus, 2013.

FERNANDES, S. C. de A. *As tecnologias de informação e comunicação no ensino e aprendizagem de história*: possibilidades no ensino fundamental e médio. 2012. Dissertação (Mestrado em Educação) – Universidade Católica Dom Bosco, Campo Grande, Mato Grosso do Sul, 2012. Disponível em: http://site.ucdb.br/public/md-dissertacoes/8236-as-tecnologias-de-informacao-e-comunicacao-no-ensino-e-aprendizagem-de-historia-possibilidades-no-ensino-fundamental-e-medio.pdf. Acesso em: 11 ago. 2020.

FERREIRA, M. Emojis do Whatsapp ganham novo design para Android. *GKPB*. Disponível em: https://geekpublicitario.com.br/23305/novos-emojis-whatsapp/. Acesso em: 25 fev. 2020.

FIGUEIRA, A. P. C. Metacognição e seus contornos. *Revista Iberoamericana de Educación*, 1994, p. 21. Disponível em: http://www.rieoei.org/deloslectores/446Couceiro.pdf.

FISHER, J. Fisher Transition Curve. *Business Balls*. Disponível em: http://www.businessballs.com/freepdfmaterials/fisher-transition-curve-2012bb.pdf. Acesso em: 11 ago. 2020.

FISHER, J. *John Fisher's Personal Transition Curve Anxiety*. Disponível em: https://pt.scribd.com/document/34696244/Employee-Motivation. Acesso em: 11 ago. 2020.

FLAVELL, J. H.; MILLER, P. H.; MILLER, S. A. *Desenvolvimento Cognitivo*. São Paulo: Artmed, 1999.

GALLUP. Design an employee experience that improves business performance. *Gallup*. Disponível em: https://www.gallup.com/workplace/242252/employee-experience.aspx. Acesso em: 3 fev. 2020.

GARG, A. Artificial intelligence meets HR: igniting employee engagement and experience. *DQINDIA Online*, 28 nov. 2019. Disponível em: https://www.dqindia.com/artificial-intelligence-meets-hr-igniting-employee-engagement-experience/. Acesso em: 11 ago. 2020.

Referências

GLASSDOOR. 7 *Amazing employer brand videos on glassdoor.* Disponível em: https://www.glassdoor.com/employers/blog/7-amazing-employer-brand-videos-glassdoor/. Acesso em: 11 ago. 2020.

Global Human Capital Trends 2016. The new organization: different by design. Deloitte University. Disponível em: https://www2.deloitte.com/us/en/pages/human-capital/articles/introduction-human-capital-trends.html. Acesso em: 10 fev. 2018.

GOMES, C. Revolução Industrial. *InfoEscola.* Disponível em: http://www.infoescola.com/historia/revolucao-industrial. Acesso em: 11 ago. 2020.

GOMES, L. M.; MORAES, M. M.; FREITAS, L. C. O. Elaboração e avaliação do modelo de Gestão de Pessoas orientado por competências. *Perspectiva em Gestão & Conhecimento,* v. 1, n. 1, p. 180-193, 2011.

GOVERNMENT OF CANADA. *Job bank.* Disponível em: www.jobbank.gc.ca. Acesso em: 11 mar. 2020.

GUTIERREZ, K. Facts and stats that reveal the power of eLearning. *Shift Disruptive Elearning.* Disponível em: https://www.shiftelearning.com/blog/bid/301248/15-facts-and-stats-that-reveal-the-power-of-elearning. Acesso em: 11 ago. 2020.

GUTIERREZ, K. How to fix productivity with people management. *Shift Disruptive Elearning.* Disponível em: https://www.shiftelearning.com/blog/bid/301248/15-facts-and-stats-that-reveal-the-power-of-elearning. Acesso em: 11 ago. 2020.

HALLORAN, A. Popular change management theories. *Practical Management Skills.* Disponível em: http://www.practical-management-skills.com/change-management-theories.html. Acesso em: 11 ago. 2020.

HEATHFIELD, S. A checklist for success in hiring employees. *The Balance Careers.* Disponível em: https://www.thebalancecareers.com/a-checklist-for-success-in-hiring-employees-1916814. Acesso em: 11 ago. 2020.

HEATHFIELD, S. Interview questions to ask applicants for human resources jobs. *The Balance Careers.* Disponível em: http://humanresources.about.com/od/interviewquestions/a/interview-questions-to-ask-applicants-for-human-resources-jobs.htm. Acesso em: 11 ago. 2020.

HEATHFIELD, S. Recruiting planning that ensures a superior hire. *The Balance Careers.* Disponível em: http://humanresources.about.com/od/recruiting/a/recruiting_plan.htm. Acesso em: 11 ago. 2020.

HILSDORF, C. O que é inteligência competitiva?. *Administradores.com* Disponível em: http://www.administradores.com.br/artigos/negocios/o-que-e-inteligencia-competitiva/44824/. Acesso em: 11 ago. 2020.

HOCHSTEIN, B.; RANGARAJAN, D.; MEHTA, N.; KOCHER, D. An industry/academic perspective on customer success management. *Journal of Service Research,* v. 23, n. 1, p. 3-7, 2020. Disponível em: https://doi.org/10.1177/1094670519896422. Acesso em: 14 set. 2021.

HOCHSTEIN, B.; CHAKER, N. N.; RANGARAJAN, D.; NAGEL, D.; HARTMANN, N. N. Proactive value co-creation via structural ambidexterity: customer success management and the modularization of frontline roles. *Journal of Service Research,* March 2021. Disponível em: https://doi.org/10.1177/1094670521997565. Acesso em: 14 set. 2021.

HR CLOUD. *Rebranding human resources*. Let's get real. Disponível em: https://www.hrcloud.com/blog/rebranding-human-resources-lets-get-real/. Acesso em: 11 mar. 2020.

http://icbrasil.org.br/. Acesso em: 11 ago. 2020.

http://periodicos.uesb.br/index.php/cadernosdeciencias/article/viewFile/884/891. Acesso em: 14 nov. 2016.

http://www.bib.unesc.net/biblioteca/sumario/000038/000038B8.pdf. Acesso em: 4 mar. 2016.

HUECK, K; QUICK, R. Como contar uma história. *Revista Superinteressante*, São Paulo: Abril, ed. 325, 2013.

HUMAN RESOURCE MANAGEMENT. *Reasons of failure and success of people*. Disponível em: http://www.hrwale.com/reasons-of-failure-and-success-of-people/. Acesso em: 11 ago. 2020.

HUMAN_RESOURCES. *Human Resource Management: Function 2: recruitment and selection of employees*, 2015. Disponível em: http://www.accel-team.com/human_resources/hrm_02.html. Acesso em: 16 fev. 2016.

IBM. *The Value of Training*. Disponível em: https://www.ibm.com/services/learning/pdfs/IBMTraining-TheValueofTraining.pdf. Acesso em: 14 mar. 2020.

INSTRUCTIONAL DESIGN CENTRAL. *Instructional design models*. Disponível em: http://www.instructionaldesigncentral.com/instructionaldesignmodels. Acesso em: 11 ago. 2020.

ITAM, U.; GHOSH, N. Employee experience management. *International Journal of Human Capital and Information Technology Professionals*, v. 11, n. 2, p. 39-49, 2020.

JOB ANALYSIS. *HR guide to the internet job analysis overview*. Disponível em: http://www.job-analysis.net/G000.htm. Acesso em: 11 ago. 2020.

KIRKPATRICK, D. L.; KIRKPATRICK, J. D. *Evaluating training programs*. California: Berrett-Koehler Publishers, 2009.

KONING, Guido M. J. de. *Evaluating employee performance (Part 1):* the limitations of subjective manager evaluations and multisource feedback. *Gallup Business Journal*. Disponível em: http://www.gallup.com/businessjournal/13891/evaluating-employee-performance-part.aspx. Acesso em: 11 ago. 2020.

LACOMBE, F. J. M. *Recursos humanos:* princípios e tendências. São Paulo: Saraiva, 2006.

LAZARSKI, M. Company culture is more important than a fancy office space. *Dev*. Disponível em: https://dev.to/lampewebdev/company-culture-is-more-important-than-a-fancy-office-space-4265. Acesso em: 11 fev. 2020.

LEAL, F. Driblando a crise: como funcionários engajados multiplicam o lucro das empresas. *SEGS*. Disponível em: https://www.segs.com.br/seguros/17088-driblando-a-crise-como-funcionarios-engajados-multiplicam-o-lucro-das-empresas. Acesso em: 11 ago. 2020.

LEITE, R. Garantindo as pessoas certas dentro do ônibus – o método STAR de entrevistas por competências. *Mundo do Marketing*. Disponível em: https://www.mundodomarketing.com.br/reportagens/mercado/32765/5-prioridades-para-pequenas-e-medias-empresas-em-2015.html. Acesso em: 11 ago. 2020.

Referências

LINKEDIN. *2017 Workplace learning report how modern L&D pros are tackling top challenges*. Disponível em: https://learning.linkedin.com/content/dam/me/learning/en-us/pdfs/lil-workplace-learning-report.pdf . Acesso em: 11 ago. 2020.

LINKEDIN. *A Cultura Organizacional é definida pelos valores, costumes e forma de agir das pessoas. Como a pandemia afetou a cultura na sua empresa?* Disponível em: https://www.linkedin.com/posts/robertomadruga_prezados-estou-fazendo-uma-pesquisa-sobre-activity-6689343506353389568-yqLe. Acesso em: 23 ago. 2020.

LINKEDIN. *Liderar equipes remotamente é mais fácil ou mais difícil que liderar presencialmente?* Disponível em: https://www.linkedin.com/posts/robertomadruga_amigos-a-pandemia-trouxe-reflexos-para-liderar-ugcPost-6702743838831775744-8Vre. Acesso em: 23 ago. 2020.

LINKEDIN. *Qual o principal problema da antiga modalidade de feedback sanduíche?* Dados extraídos em 23/08/2020. Disponível em: https://www.linkedin.com/posts/robertomadruga_essa-%C3%A9-uma-pesquisa-sobre-o-feedback-feito-activity-6703339747860910080-c6Q4. Acesso em: 23 ago. 2020.

LLOYD, T. HR and Marketing: building your employer brand together. *Emotive Brand*. Disponível em: https://www.emotivebrand.com/hr-and-marketing/. Acesso em: 11 ago. 2020.

LUND, N. F.; HOLST-BECK, P.; PINE, B. J.; LEASK, A. Hamlet Live: the 7 I's experiential strategy framework for heritage visitor attractions. *Journal of Heritage Tourism*, p. 1-17, 2021. Disponível em: https://doi.org/10.1080/1743873X.2021.1951277. Acesso em: 14 set. 2021.

MADRUGA, R. *Gestão do relacionamento e customer experience*: a revolução na experiência do cliente. São Paulo: Atlas, 2021.

MADRUGA, R. *Treinamento e desenvolvimento com foco em educação corporativa.* São Paulo: Saraiva, 2018.

MADRUGA, R. *Triunfo da liderança*, 2. ed. São Paulo: Atlas, 2015.

MAES, J. *O segredo para trabalhar bem em equipe*. Disponível em: http://hypescience.com/o-segredo-para-trabalhar-em-equipe/. Acesso em: 11 ago. 2020.

MARCH, J. *Teoria da organizações*. 5. ed. Rio de Janeiro: Editora Fundação Getulio Vargas, 1981.

MARRAS, J. P. *Administração de recursos humanos:* do operacional ao estratégico. 14. ed. São Paulo: Saraiva, 2011.

MEDEXPRESS. *Employee Handbook*. Disponível em: http://www.medexpress.net/uploads/MEASIhandbookrevisedmarch62008.pdf. Acesso em: 13 fev. 2018.

MEISTER, J. *Educação corporativa*: a gestão do capital intelectual através das universidades corporativas. São Paulo: Makron Books, 1999.

MENDES, R. Técnicas para entrevista comportamental. *Gestão por Competências*. Disponível em: http://www.gestaoporcompetencias.com.br/artigo-recursos-humanos/tecnicas-para-a-entrevista-comportamental. Acesso em: 11 ago. 2020.

MILKOVICH, G. T.; BOUDREAU, J. W. *Administração de recursos humanos*. São Paulo: Atlas, 2000.

MINCHINGTON, B. Chairman/CEO, Employer Brand International. *Employer Brand International.* Disponível em: https://www.employerbrandinternational.com/brett-minchington. Acesso em: 11 ago. 2020.

MINCHINGTON, Brett. *Key elements of strategic employer branding.* Disponível em: https://www.youtube.com/watch?v=ALkSowme3T4. Acesso em: 11 ago. 2020.

MIND TOOLS. *Forming, storming, norming, and performing – understanding the stages of team formation.* Disponível em: https://www.mindtools.com/pages/article/newLDR_86.htm. Acesso em: 11 ago. 2020.

MIND TOOLS. *Understanding workplace values, how to find people who fit your organization's culture.* Disponível em: https://www.mindtools.com/pages/article/understanding-workplace-values.htm. Acesso em: 11 ago. 2020.

MINISTÉRIO DO TRABALHO. *Classificação Brasileira de Ocupação (CBO).* 2002. Disponível em: http://www.mtecbo.gov.br/cbosite/pages/informacoesGerais.jsf. Acesso em: 11 ago. 2020.

MINTZBERG, H.; AHLSTRAND, B.; LAMPEL, J. *Safári de estratégia:* um roteiro pela selva do planejamento estratégico. 2. ed. São Paulo: Bookman, 2010.

MORENTE, M. G. *Fundamentos de filosofia.* São Paulo: Mestre Jou, 1930.

MUZZIO, H. Indivíduo, liderança e cultura: evidências de uma gestão da criatividade. *Revista de Administração Contemporânea,* v. 21, n. 1, p. 107-124, 2017.

NASCIMENTO, M. Entre o discurso e a prática. *Revista Melhor,* São Paulo, ABRH, abr. 2014.

NESTLÉ. *Política de Recursos Humanos da Nestlé.* Disponível em: https://empresa.nestle.pt/sites/g/files/pydnoa491/files/conhecaanestle/documents/politica%20de%20recursos%20humanos%20da%20nestle.pdf. Acesso em: 28 fev. 2020.

NET PROMOTER SYSTEM. *The Employee Net Promoter System.* Disponível em: http://www.netpromotersystem.com/about/employee-engagement.aspx. Acesso em: 8 ago. 2020.

Noites em claro: os desafios que têm tirado o sono dos profissionais de RH de todo o mundo *melhor: Gestão de Pessoas,* São Paulo, v. 323, n. 18, p. 58-59, ago. 2014.

NONAKA, I.; TAKEUCHI, H. *Criação do conhecimento na empresa.* Rio de Janeiro: Campus, 1997.

NUNES, M. P. An analysis of the organizational structure and the process to adopt global sourcing. *Revista de Administração FACES Journal,* v. 15, n. 1, p. 64-81, 2016.

O'REILLY III, C. A.; CHATMAN, D. F. C. Jennifer. People and organizational culture, a profile comparisons approach to assessing person-organization fit. *Academy of Management Journal,* v. 34, n. 3, p. 487-516, 1991.

O'CONNOR, J.; SEYMOUR, J. *Introdução à programação neurolinguística.* São Paulo: Summus, 1995.

OLIVEIRA, D. P. R. *Manual de consultoria empresarial.* 2. ed. São Paulo: Atlas, 1999.

OLIVEIRA, R. *A história das revoluções:* dez maiores revoluções do mundo e os grandes pensadores. São Paulo: Discovery Publicações, 2013.

Referências

PACIEVITCH, T. História do telefone. *InfoEscola*. Disponível em: http://www.infoescola.com/curiosidades/historia-do-telefone/. Acesso em: 11 ago. 2020.

PAIVA, P. O que considerar na agregação de valor?. *Administradores.com*. Disponível em: http://www.administradores.com.br/artigos/negocios/o-que-considerar-na-agregacao-de-valor/13361/. Acesso em: 11 ago. 2020.

PATI, C. Currículo tradicional vai sumir. Veja modelo que será mais usado. *Exame.com*. Disponível em: https://exame.abril.com.br/carreira/curriculo-tradicional-vai-sumir-veja-modelo-que-sera-mais-usado/. Acesso em: 13 fev. 2018.

PEOPLE INSIGHT. *Employee experience* vs. *employee engagement: What's the difference?* Disponível em: https://peopleinsight.co.uk/employee-experience-vs-engagement/. Acesso em: 14 mar. 2020.

PEOPLE MANAGEMENT: solving the UK productivity problem? Investors in People UK. Disponível em: https://www.investorsinpeople.com/resources/ideas-and-inspiration/people-management-solving-uk-productivity-problem. Acesso em: 20 fev. 2018.

PERIARD, G. Avaliação de desempenho: veja os principais erros na hora de avaliar. *Sobre Administração*. Disponível em: http://www.sobreadministracao.com/avaliacao-de-desempenho-veja-os-principais-erros-na-hora-de-avaliar. Acesso em: 11 ago. 2020.

PESQUISAS DE EFETIVIDADE DE FUNCIONÁRIOS. *Pesquisa Hay Group Insight de funcionários*. Disponível em: http://www.haygroup.com/br/services/index.aspx?id=29514. Acesso em: 20 fev. 2018.

PINE, B. J. How B2B companies create economic value by designing experiences and transformations for their customers. *Strategy & Leadership*, v. 43, n. 3, p. 2-6, 2015. Disponível em: https://doi.org/10.1108/SL-03-2015-0018. Acesso em: 14 set. 2021.

PINE, B. J. Designing employee experiences to create customer experience value. *Strategy & Leadership*, v. 48, n. 6, p. 21-26, 2020. Disponível em: https://doi.org/10.1108/SL-08-2020-0114. Acesso em: 14 set. 2020.

PINE, B. J.; GILMORE, J. H. Welcome to the experience economy. *Harvard Business Review*, July 1, 1998. Disponível em: https://hbr.org/1998/07/welcome-to-the-experience-economy. Acesso em: 14 set. 2021.

PINE, B. J.; GILMORE, J. H. A leader's guide to innovation in the experience economy. *Strategy & Leadership*, v. 42, n. 1, p. 24-29, 2014. Disponível em: https://doi.org/10.1108/SL-09-2013-0073. Acesso em: 14 set. 2021.

PIO, D. Avaliação do desempenho por competências. *Administradores.com*. Disponível em http://www.administradores.com.br/artigos/carreira/avaliacao-do-desempenho-por-competencias/23428. Acesso em: 11 ago. 2020.

PORTER, M. E. *Vantagem competitiva das nações*. Rio de Janeiro: Campus, 1993.

PORTO, J. B.; FERREIRA, M. C. Uma escala de valores organizacionais com base na teoria de valores culturais de Schwartz. *Psicologia: Teoria e Pesquisa*. v 32, p. 2. Disponível em: http://www.scielo.br/pdf/ptp/v32nspe/1806-3446-ptp-32-spe-e32ne222.pdf. Acesso em: 11 ago. 2020.

PROENÇA; *et al. Gestão da inovação e competitividade no Brasil:* da teoria para a prática. Porto Alegre: Bookman, 2015.

REICHHELD, F. *A pergunta definitiva 2.0*. São Paulo: Campus, 2011.

RESCHKE, C. Escolhidos a dedo. *Exame*, São Paulo: Abril, Ed. 181, 2013.

RETTNER, R. *Friendly co-workers may increase your lifespan. Live Science.* Disponível em: http://www.livescience.com/14123-coworkers-social-support-mortality.html?utm_source=feedburner&utm_medium=feed&utm_campaign=Feed%3A+Livesciencecom+%28LiveScience.com+Science+Headline+Feed%29&utm_content=Google+Reader. Acesso em: 11 ago. 2020.

RIBEIRO, J. A; *et al.* Competências essenciais como fator determinante de competitividade em ambientes hipercompetitivos: um estudo do setor de telefonia celular de Minas Gerais. *Revista de Gestão USP*, São Paulo, v. 16, n. 1, p. 51-67, 2009.

ROBBINS, S. P. *Fundamentos do comportamento organizacional.* 7. ed. São Paulo: Prentice Hall, 2004.

ROBINSON, J. *6 inspiring employee handbook examples. Nasdaq.* Disponível em: https://www.nasdaq.com/article/6-inspiring-employee-handbook-examples-cm459464. Acesso em: 11 ago. 2020.

RODRIGUES, A. C. O papel do business partner. *Você RH.* Disponível em: http://vocerh.uol.com.br/noticias/acervo/o-papel-do-business-partner.phtml#.WCxN3morLIW. Acesso em: 11 ago. 2020.

ROSA, A.; BARONE; S. *Comportamento e cultura organizacional.* Rio de Janeiro: AVM, 2017.

RUSSO, G. *Diagnóstico da cultura organizacional.* Rio de Janeiro: Elsevier, 2010.

RUZZARIN, R; AMARAL, A. P.; SIMIONOVSCHI, M. *Sistema integrado de gestão de pessoas com base em competências.* São Paulo: Age, 2006.

SANTA ANNA, H. H. Engajamento e resultados em tempos de crise. *Gazeta Digital.* Disponível em: https://www.gazetadigital.com.br/editorias/opiniao/engajamento-e-resultados-em-tempos-de-crise/482658. Acesso em: 11 ago. 2020.

SANTOS, D. *6 teaching techniques you should know.* Disponível em: https://www.goconqr.com/en/examtime/blog/teaching-techniques/. Acesso em: 11 ago. 2020

SARROS, J.; GRAY, J.; DENSTEN, I.; COOPER, B. The organizational culture profile revisited and revised: an Australian perspective. *Australian Journal of Management*, 2005. Disponível em: https://www.researchgate.net/publication/228743174_The_Organizational_Culture_Profile_Revisited_and_Revised_An_Australian_Perspective. Acesso em: 11 ago. 2020.

SCHIEMANN, W. A. From talent management to talent optimization. *Journal of World Business*, 49, p. 281-288, 2014.

SEBRAE. http://www.sebrae.com.br/sites/PortalSebrae. Acesso em: 11 ago. 2020.

SENDIN, T. O RH que gera lucro: estudos recentes comprovam a ligação entre a boa gestão de pessoas e o desempenho financeiro das empresas. *Exame.com.* Disponível em: https://exame.abril.com.br/carreira/o-rh-que-gera-lucro/. Acesso em: 25 fev. 2020.

SENE, J. E. *A sociedade do conhecimento e as reformas educacionais. In*: X Coloquio Internacional de Geocrítica, Barcelona: Universidade de Barcelona, 2008. Disponível em: http://www.ub.edu/geocrit/-xcol/91.htm. Acesso em: 11 ago. 2020.

SENGE, P. M. *A quinta disciplina.* São Paulo: Best Seller, 1990.

SILVA, F. F.; LUCIO, E. M. M.; BARRETO, L. M. T. S. Treinamento, desenvolvimento e educação de pessoas em turismo: case Disney. *Revista Hospitalidade*, São Paulo, v. 5, n. 2, p. 275-295, 2013.

Referências

SILVEIRA, M. A. *Educação para inovações nas organizações*. São Paulo: CEDET – Centro de Desenvolvimento Profissional e Tecnológico, 2009.

SMITH, G. P. *Training and development leads to higher productivity and retention. Why Zen Business*. Disponível em: https://www.businessknowhow.com/manage/higherprod. htm. Acesso em: 11 ago. 2020.

SOBRAL, J. Como educar para o mercado de trabalho?. *Revista Melhor*, São Paulo, ed. 317, 2014.

SVEIBY, K. E. *A nova riqueza das organizações:* gerenciando e avaliando patrimônios do conhecimento. Rio de Janeiro: Campus, 1998.

TERRA, J. C. C. *Gestão do conhecimento:* o grande desafio empresarial. 3. ed. São Paulo: Negócio, 2001.

THAKU, A. 52 Employee engagement KPI's. *Open Sourced Work Place*. Disponível em: https://www.opensourcedworkplace.com/news/52-employee-engagement-kpi-s. Acesso em: 15 fev. 2020.

THE CASE FOR EMPLOYMENT BRANDING. Disponível em: https://www.recruiting. com/blog/the-case-for-employment-branding. Acesso em: 11 ago. 2020.

THEIS, I. M. *A sociedade do conhecimento realmente existente na perspectiva do desenvolvimento desigual*. Disponível em: http://www.scielo.br/pdf/urbe/v5n1/a10v5n1. pdf. Acesso em: 11 ago. 2020.

TODESCHINI, M. Como reter talentos: aderir à meritocracia é a melhor resposta, mas as empresas precisam mudar suas concepções e práticas. *Exame*, São Paulo, v. 10, n. 868, p. 34-36, 24 maio 2006.

TOTAH, Z. HR Trends in 2020: the future of human resource management. *Select Hub*. Disponível em: https://www.selecthub.com/hris/future-of-hr-software-trends/. Acesso em: 11 mar. 2020.

VAMPEL, D. Quando o RH é uma caixa-preta: aumentar a transparência das políticas de remuneração ainda é um desafio para os departamentos de RH. *Exame*, São Paulo, v. 10, n. 868, p. 38-40, 24 maio 2006.

VERGARA, S. *Gestão de pessoas*. 14. ed. São Paulo: Atlas, 2013.

WAGNER III, J. A.; HOLLENBECK, J. R. *Comportamento organizacional:* criando vantagem competitiva. São Paulo: Saraiva, 2009.

WARNER, P. How to measure employee experience: and improve customer experience, Too. *CMS Wire*. Disponível em: https://www.cmswire.com/digital-workplace/how-to-measure-employee-experience-and-improve-customer-experience-too/. Acesso em: 11 ago. 2020.

WEBER, M. *A ética protestante e o espírito do capitalismo*. 5. ed. São Paulo: Pioneira, 1987.

WESEEK. *Entrevista Comportamental*: 5 dicas para acertar com o candidato. Disponível em: https://blog.weseek.digital/entrevista-comportamental/. Acesso em jun. 2021.

WILSONHCG RESEARCH INSTITUTE. *Employment branding in 2018:* a Fortune 500 revenue generator. Disponível em: http://www.wilsonhcg.com/blog/infographic-employment-branding-2018-f500-revenue-generator?utm_campaign=q2%20-%20Workforce%20of%20the%20Future&utm_source=NAMMatureBuyer&utm_medium=LI. Acesso em: 11 ago. 2020.

WOODARD, A. The best and worst HR names. *Australian HR Institute*. Disponível em: https://www.hrmonline.com.au/section/featured/best-worst-hr-names/. Acesso em: 11 mar. 2020.

ZICHERMANN, G.; CUNNINGHAM, C. *Gamification by design:* implementing game mechanics in web and mobile apps. California: O'Reilly Media, 2011.

ZMORENSKI, D. *Aumente o treinamento para melhorar os resultados*. Disponível em http://www.reliableplant.com/Read/29153/training-improves-results. Acesso em: 11 ago. 2020.

ZMORENSKI, D. Increase training to improve results. *Reliable Plant*. Disponível em: http://www.reliableplant.com/Read/29153/training-improves-results. Acesso em: 14 mar. 2020.

Índice alfabético

A

Abrangência, 134
  das competências, 61
Ação(ões)
  pós-treinamento, 209
  realizada, 156
Acolher, 73
Adaptação, 262
Alinhamento entre valores
  e engajamento, 101
  pessoais e organizacionais, 99
Ambiente interno, 6
Amizade, 136
Análise
  classificação, descrição de cargos e remuneração, 185
  de rastro social *on-line*, 144
  do ambiente
    externo, 75
    interno, 75
  documental, 83
  e registro dos resultados, 209
Apoio, 113
Aprendizado contínuo, 101
Aprendizagem, 251
  não linear, 14
  organizacional, 249
Aquisição, 262
Áreas de atuação do *mentoring*, 224
Assessment, 188, 189, 83
  como aplicar o, 189
  dos líderes, 112
  ferramentas para, 188
Atendimento, 134
Ativos
  intangíveis, 56
  tangíveis, 56
Atrair, 66
Atrofia da liderança, 107
Atuação, 126
Atualização da cultura, 109
Aula dialogada, 202
Autodiagnósticos, 228
Autoidentificação, 182

Autoinstrução, 234
Avaliação
  de desempenho, 112
    com foco em competências, 179
    erros em uma, 181
    modalidades de, 179
    por competências, 178, 180
  de perfil, 188
  semestral, 169

B

Back Office versus Front Office (BOFO), 148
Bem-estar, 235, 236
Benchmarking, 83
Benitez, Christopher Jan, 235
Biblioteca de melhores práticas, 83
Business partners, 51
  novo papel do, 261

C

Calendarização dos treinamentos presenciais e *on-line*, 206
Caminhos para o bem-estar, 235
Capacitação dos líderes, 110
Capital
  intelectual, 246
    como é formado, 247
    iceberg invertido do, 246
    nas organizações, 248
  mental, 236
Captar talentos, 128
Certificação dos alunos, 208
Chefes, 107
Cláusulas do código de ética e de conduta, 191
Clima, 117
  organizacional, 105
Coaching, 217, 220, 221
  e *mentoring*
    diferença entre, 218
    mitos sobre, 222
  momento pós-sessão de, 233
  por valores, 229
  realizar planos e, 232

EMPLOYEE EXPERIENCE, GESTÃO DE PESSOAS E CULTURA ORGANIZACIONAL

terceira geração do, 231
Código de ética, 190
  para *coaches*, 239
Colaborador, 58
Compartilhar depoimentos, 138
Competência(s), 13, 58
  comportamentais, 63
  essenciais e complementares, 62
  estacionada, 60
  híbridas, 63
  organizacionais, 141
  para competir no mercado, 61
  técnicas de, 63
Competenciograma, 111
Competição interna, 98
Competitividade, 113
Complacência, 182
Comportamentos, 180
Comunicação, 227
  com candidatos, 134
  entre os colaboradores, 106
  interna repaginada, 15
Comunidades de prática, 262
Confiança, 50
Confirmação de referências, 145
Confrontação, 125
Conhecimento, 245, 258
  do negócio e participação na operação, 53
  formas de criar, 262
  organizacional, 249
  sobre como criar conhecimento, 264
Conhecimentos, Habilidades, Atitudes e Resultados (C.H.A.R), 13
  evolução do C.H.A. para, 59
  gestão por competências através do, 58
Conquista, 227
Construção, 84
Consultoria externa, 78
Conteúdo programático, 206
Contratar, 66
Controle da implementação, 84
Convergência, 251
Crenças, 106
Criação
  de experiências memoráveis, 259
  do comitê de ética, 192
Cultura, 46
  da diversidade, 14
  do acolhimento, 15
  do desempenho, 15
  e engajamento, 104

em rede, 107
hierárquica, 107
modelagem da, 109
organizacional, 5, 11, 52, 90, 93, 94
  erros sobre a, 108
  estratégias para modelagem da, 105
  questionário para medir a, 114, 115
  sete dimensões e 28 valores da, 112
Customer
  Experience, 5, 7, 44, 45
  Journey Mapping, 28
  Success, 5, 6

D

Dados, 115, 258
  organizados, 258
Decisões da cúpula, 105
Dedicação, 46
Definição dos quesitos, 122
Demonstração, 202
  de habilidades, 144
Descontinuidade dos *feedbacks* tradicionais, 17
Descrição das competências, 180
Desempenho, 113
Desenvolver, 66
Desenvolvimento
  das equipes, 112
  humano organizacional, 8
Design
  instrucional, 210
    com metodologias ativas de ensino, 207
    moldando o *Student Experience*, 210
  thinking, 66, 67, 201
    e *Employee Experience*, aliando, 68
Devolutiva para os gestores do projeto e para os avaliados, 189
Diagnóstico(s)
  amplos de gestão de pessoas, 84
  da situação
    atual, 170, 185
    desejada, 185
  do perfil desejado pelos gestores e coleta de dados do avaliado, 189
  estruturado, 82, 228
Diagrama de transição de Fisher, 124
Diferenciais em relação ao mercado, 138
Dilema, 76
Dinâmica de grupo, 143, 202
Diretrizes de gestão de pessoas, 168, 169
Divulgação interna, 122
Dramatização, 202

Índice alfabético

E

Economia
  da experiência, 242
    aplicada ao *Employee Experience*, 242
    e aprendizagem das pessoas, 243
  do compartilhamento, 247
  do conhecimento, 241
Educação corporativa, 14, 200
Educar, 73
Efeito
  de *halo* ou *horn*, 181
  de recenticidade, 182
Elaboração
  das diretrizes e aprovação com a diretoria, 171
  do manual
    de Política de GP e *workshop* de aprovação, 171
    do PCSC, implantação e comunicação, 185
  do plano de aula, 206
Embaixadores internos, 138
Embarcar, 66
Emissão de relatório, 189
Emoção, 138
Employee
  Engagement, 16, 21, 22, 23
  Experience, 5, 6, 7, 8, 16, 21, 23, 44, 45
    e *design thinking*, aliando, 68
    e lucro, 47
    Maturity Index (EXMI), 35, 38
    métricas do, 46
    sete passos para implantar o, 66
  Journey Mapping, 5, 11, 26, 28
    método 7 passos e 5 camadas do, 28
  Net Promoter Score, 120
  Success, 51
Employer Branding, 16, 21, 24, 130, 131
  resultados com a aplicação de, 132
  sete técnicas para praticar o, 133
  técnicas de, 134
Empreendedor, 58
Empresas inovadoras, 250, 253
  o *iceberg* invertido do capital intelectual nas, 246
Encorajamento, 227
Endomarketing, 132
Engajamento, 25, 101, 117, 244
  alinhamento de valores e, 101
  das pessoas, 101
Engajar, 66
Entrevista(s)
  comportamental, 143
  diagnósticas, 195

  on-line, 143
  telefônica, 143
Erro(s)
  constante, 182
  de fadiga/rotina, 182
  de "primeira impressão", 182
  de semelhança, 182
  em uma avaliação de desempenho, 181
  mais recorrentes em processos seletivos, 153
  sobre a cultura organizacional, 108
Escala
  Brasileira de Liderança, 36
  de educação corporativa, 36
Espaços de convivência, 106
Estabilidade, 113
Estacionar competências, 60
Estagiários, 161
Estilo de cultura, 138
Estratégia(s)
  da área comercial, 71
  da organização, 183
  de Talentos Humanos, 71
  e política de gestão de pessoas, 53
  para liderar, 15
  para modelagem da cultura organizacional, 105
  para sucessão, 173
  SEMEAR, 73, 74, 76
Estrutura organizacional, 111
Estudo de caso, 202
Etiqueta, 57
Evolução do C.H.A. para C.H.A.R., 59
Execução da pesquisa, 122
EXecutar, 47
Exemplificação, 202
Experiência(s)
  do colaborador, 34, 35
  memoráveis, 242
Experienciar, 73
Experimentação, 227
EXplicar, 47
EXplorar, 47

F

Facilitadora da aprendizagem, 101
Feedback(s)
  construtivo, 17
  de desempenho em tempo real, 16
  em 20 minutos, 17
  sanduíche, 17

EMPLOYEE EXPERIENCE, GESTÃO DE PESSOAS E CULTURA ORGANIZACIONAL

FeedMentor 20 Minutos, 17, 18
Fisher, John M., 124
Fit cultural, 90
Flipped classroom, 201
Foco
  no CX, 46
  no mercado, 98
Foresight, 254
Formação, 125
  de líderes, 106
Forming, storming, norming and performing, 125
Fórmula da transformação, 257
Formulário pessoal em profundidade, 82
Framework de *Employee Experience*, Gestão de Pessoas e Cultura Organizacional, 9, 10
  simplificado, 166
Funcionário, 58
Fundadores e líderes na cultura da empresa, 92
Fusão, 262

G

Gaps, 115
Gardner, Howard, 266, 267
Geração de conhecimento, 263
  explícito, 263
  tácito, 263
Gerenciamento de pessoas, 193
Gestão
  de pessoas, 5, 6, 34, 35
    diagnósticos amplos de, 84
    diretrizes de, 168, 169
    estratégias e política de, 53
    modelos de, 170
    tendências e desafios para, 13
    terceirização em, 85
  do conhecimento, 254
  estratégica, 69
    e a integração das funções organizacionais, 68
  por competências através do C.H.A.R., 58
Governança corporativa, 193
Governo do Canadá, 160
Grupos focais, 82

H

Hierarquia
  e trabalho em rede, 106
  PDMF, 168
Histórias, 106
Home office, 52

I

Ideação de recomendações, 83
  IFCX – Índice de Foco no *Customer Experience*, 38
Ilustração, 202
Imersão, 46
Implantação
  da Pesquisa CLIMA-ENGAJA, 121
  da Política de GP e treinamento dos líderes, 171
Implementação, 84
Indicador(es), 180
  de pessoas, 34
  de treinamento e desenvolvimento, 36
  GP e EX, 34
Índice de Foco no Customer Experience (IFCX), 38
Infraestrutura de treinamento, 208
Inovação, 113
Instrutores, 207
Inteligência(s), 258
  artificial, 140, 145, 244, 245
  competitiva, 254
  múltiplas de Howard Gardner, 266, 267
Intersecção entre culturas diferentes, 95, 107
Inventário, 183
  das competências organizacionais e por cargo, 180
  de valores pessoais, 103
  e mapeamento de competências, 182

J

Jogos *on-line*, 145
Jornada
  do candidato, 159, 160
  estendida, 32
  pontual, 32
Just-in-time, 72

L

Legado, 15
Levantamento de indicadores, 82
Life coaching, 235

M

Manager matching, 145
Manifesto *Student Experience*, 202, 204, 243
Manual
  de normas de conduta, 190
  de procedimentos de Talentos Humanos, 171, 186
Mapa
  de compromisso, 196
  de sucessão, 174

Índice alfabético

Mapeamento
  de competências, 182, 183
    organizacionais, 184
    por cargo, 184
  de perfil, 145
Matriz
  de potencial, 174
  Nine Box, 174, 175, 178
Maturidade das empresas, 38
Medição *in loco*, 82
Mentoria, 214, 218, 221
  dos novos contratados, 138
  em dupla, 225
  para desenvolvimento, 215
  por valores, 225
  reversa, 215
Mentoring, 217
  de carreira, 225
  de estratégia e gestão, 225
  de gestão de pessoas e liderança, 224
  de negócios, 224
  de tarefa, 225
  educacional, 225
  para CEO e diretores, 214
Método
  7 passos e 5 camadas do *Employee Journey Mapping*, 28
  FeedMentor 20 Minutos, 268
Metodologia(s)
  ágeis, 105
  ativas de ensino, 14, 201, 207, 208, 251
  para implantar treinamento e desenvolvimento presencial e *on-line*, 205
Métrica, 34, 46
  do *Employee Experience*, 46
Mindset, 6
  mudança de, 126
Mitos, 106
  sobre *mentoring* e *coaching*, 222
Modalidades
  de avaliação de desempenho, 179
  de contratação, 14
Modelagem da cultura organizacional, 109
Modelar, 73
Modelo(s)
  de avaliação de desempenho, 112
  de cinco fases da criação do conhecimento, 264
  de *design* instrucional de Kemp, 212
  de *feedback*, 112
  de gestão, 106
    de pessoas, 170

de operação TH
  centralizado, 77
  descentralizado, 77
de quatro níveis de Kirkpatrick, 212
de TH Células, 78
Dick e Carey, 211
Momento pós-sessão, 233
Mudanças
  culturais, 110
  externas às empresas, 6, 7
  internas às empresas, 6, 7
Multidisciplinaridade, 216

N

Narrativas, 106
Nome, 57
Normatização, 125

O

Objetivo organizacional, 71
Octógono de competências, 64
Omnilearning, 14
Onboarding, 16
  dos novos, 135
Onda da inovação e a competição, 252
Organização(ões)
  estratégias da, 183
  públicas ou privadas, 165
Orientação de valor, 230
Outsourcing, 85

P

Pandemia ocasionada pela Covid-19, 6
Paradoxo, 76
Parametrização, 122
Parceiro, 58
Partir, 66
Peer instruction, 201
People analytics, 14
Perfil comportamental, 146
Perguntas para se fazer aos candidatos para vagas em TH, 157
Pesquisa
  de Clima e de Engajamento, CLIMA-ENGAJA, 117, 118, 119
  de engajamento, 119
  qualitativa
    formulário pessoal em profundidade, 82
    grupos focais, 82
  quantitativa questionário, 82
Pilares da técnica de entrevista comportamental, 155

EMPLOYEE EXPERIENCE, GESTÃO DE PESSOAS E CULTURA ORGANIZACIONAL

Planejamento
  da pesquisa, 122
  estratégico, 69
    ágil, 69
Plano
  de aula, 206
  de cargos, salários e de carreira, 111, 184
  de Desenvolvimento Individual (PDI), 112, 181
  de sucessão para cargos-chave, 171, 172, 173, 174
PMO, 110
Poder do *design*, 138
Política de gestão de pessoas, 167, 169
Ponto ótimo da cultura, 95
Portal de carreira corporativo, 136
Posições-chave na empresa, 174
Postura, 134
Presencialidade, 201
Presenteísmo, 25
Prevenção e redução de conflitos, 194, 195
Problem based learning, 202
Processo(s)
  de mudança *Fisher Transition Curve*, 124
  de trabalho das consultorias estruturantes, 82
  do *coaching* em dez passos, 226
  seletivo(s)
    dicas para planejamento e realização do, 159
    erros mais recorrentes em, 153
    falha no, 152
Professores, 207
Profissional(is)
  do conhecimento, 259
  sêniores, 260
Programação neurolinguística, 268
Project based learning (PBL), 202
Projetos estruturantes, 79, 81
Proposição de valor, 137
Proposta de valor, 135

Q

Qualidades de um diamante, 129
Questionário, 82
  para medir a cultura organizacional, 114, 115

R

Razão, 138
Realizar, 66

Rebranding de Recursos Humanos, 53
  revendo nomes para o, 54
Recompensas, 138
Reconhecimento, 113
Recrutamento
  de *trainees* e estagiários, 161
  interno, 169, 171
  na academia, 158
Recursos
  dirigidos, 262
  Humanos, 51, 53, 54, 244
Redes
  de confiança, 108
  do conhecimento, 262
Reinventar, 74
Relacionamento entre as pessoas, 106
Relato, 227
Responsabilidade social, 113
Respostas de Talentos Humanos, 74
Resultados, 58, 156
  com a aplicação de *Employer Branding*, 132
Reunião inicial, 226
Revisão
  da estrutura organizacional, 111
  da governança corporativa EXGP, 192
  das competências organizacionais, 111
  do modelo de *feedback*, 112
  do plano de cargos, salários e de carreira, 111
Rigor excessivo, 182
Risco(s)
  de atrasos no projeto, 196
  de custos do projeto acima do orçado, 197
  de insatisfação com os resultados do projeto, 197
  que atrapalham os estudos, 235
  que podem ser evitados em projetos, 196

S

Saber estudar, 234
Scamper, 201
Seleção
  de pessoas, 106
  por competências, 140
  por valores, 140
Seminário, 202
Sensibilização, 226
Serviços
  de consultoria, 79
  de valor, 246
Servidor, 58

Índice alfabético

Servir, 73
Sessão(ões)
  de mentoria, 215
  individuais de *feedback*, 195
Sistema
  de reconhecimento e recompensas, 106
  vivo, 93
Situação vivida, 156
Soft skills, 260
Soluções operacionais, 79
Statements, 168
Storytelling, 202
Student experience, 20, 203, 210
Sucessão, 15
  estratégias para, 173
Sucessores, 174
Suporte para manutenção e atualização do PCSC, 186

T

Tabulação, análise e apresentação dos resultados, 122
Talento(s)
  alcançável, 129
  brilhante, 129
  escasso, 130
  lapidável, 129
  sensível, 129
  significado de, 128
  único, 130
  valioso, 129
Talentos Humanos, 8, 55
  centralizado, 77
  consultoria externa, 78
  descentralizado, 77
  estratégia de, 71
  manual de procedimentos de, 171, 186
  respostas de, 74
Técnicas
  de *Employer Branding*, 134
  de entrevista comportamental, 155
  eficazes para seleção de pessoas, 142
  FeedMentor 20 Minutos, 19
Tecnologia, 244

Tendência(s)
  central, 181
  e desafios para gestão de pessoas, 13
Terapia, 220, 221
Terceira geração do *coaching*, 231
Terceirização, 85
Teste(s)
  de conhecimento, 144
  de perfil *Front Office versus Back Office* (BOFO), 149, 150
Trabalhar-aprender, 14
Trainees, 161
Transformação
  da cultura, 109
  digital, 13
Treinamento(s)
  com metodologias ativas de ensino, 208
  de equipes, 112
  e desenvolvimento, 105
    dos sucessores e sucedidos, 174
    presencial e *on-line*, 205
  e suporte na implantação, 180
  on-line ao vivo, 208
Trilha de desenvolvimento, 206
Tuckman, Bruce, 125
Tutores, 207

V

Valores, 230
  aspiracionais, 98
  da cultura, 138
  organizacionais, 97, 98, 141
  pessoais, 96, 97, 102, 106
  praticados, 98
  sociais, 136
Valorização das experiências, 105
Vantagem competitiva, 253
  ao valor e ao resultado, 256
Vigor, 46

W

Workshop
  com a equipe, 195
  com gestores para homologação das competências, 184